珍邮背后的历史印记

刘建辉 著

中国文史出版社

CHINA CULTURAL AND HISTORICAL PRESS

图书在版编目（CIP）数据

珍邮背后的历史印记 / 刘建辉著. -- 北京：中国
文史出版社，2020.10
ISBN 978-7-5205-2277-9

Ⅰ.①珍… Ⅱ.①刘… Ⅲ.①邮票 - 中国 - 图集②中
国历史 - 通俗读物 Ⅳ.① G262.2-64 ② K209

中国版本图书馆 CIP 数据核字〔2020〕第 179719 号

主　　编：张立伟　王相伟
副 主 编：杨统连
责任编辑：窦忠如
编　　辑：李丛杉　韩雪　左依兰　赵永博
策划推广：人民政协报文化传媒有限责任公司

珍邮背后的历史印记

出版发行：中国文史出版社
社　　址：北京市海淀区西八里庄 69 号院
邮　　编：100142
电　　话：010-81136606　81136602　81136603〔发行部〕
传　　真：010-81136655
印　　装：北京新华印刷有限公司
经　　销：全国新华书店
开　　本：787 × 1092　1/16
印　　张：22.5
字　　数：272 千字
版　　次：2023 年 3 月北京第 1 版
印　　次：2023 年 3 月第 1 次印刷

定　　价：128.00 元

前　言

　　邮票，是文化传承、历史记忆、时代精神的重要载体，是经济、政治、文化、科技发展的真实缩影。中国邮票从近代发端，经历了不同的历史时期，承载着丰富的人文信息，铭刻着重要的历史瞬间。

　　新中国的成立开辟了中国历史的新纪元，标志着中国人民从此站立起来了。由中国革命的性质特点所决定，这一历史进程与人民政协紧密相连，人民政协是同新中国一起诞生的。邮票作为"国家的名片"，以新中国的成立为标志，一改过去时代的陈风旧迹，呈现出独树一帜的新气象、新风格、新境界，这一新风盛气，也以"中国人民政治协商会议"纪念邮票为肇始。

　　70多年来，在中国共产党领导下，人民政协坚持团结和民主两大主题，服务党和国家中心任务，在建立新中国和社会主义革命、建设、改革各个历史时期发挥了十分重要的作用。随着时代的发展，人民政协这一政治组织和民主形式日益显现出巨大的制度优势和旺盛的生命活力。70多年来，记载历史沧桑、反映时代变化的邮票，与人民政协的发展一路相伴、一道前行。来自各党派、各团体、各民族、各界别的政协委员，既是人民政协这一具有中国特色、中国气派政治形式的参与者、实践者，也是具有中国风格、中国气象的新中国邮票的创作者、见证者。新中国发行的纪念邮票和特种邮票中，与政协组织或政协委员相关的多达170多种。这些邮票也可谓是"政协名片"，在方寸之间记录着人民政协不同历史阶段的重要事件、重要人物及参与推动的重大决策、重大战略，记录着新中国和人民政协70多年的发展进步，是了解中国政协制度、展示社会变革成就、弘扬民族文化精神的历史画卷和生动教材。

本书精选部分珍邮及与政协相关的邮票共45枚，特邀原国家邮政局邮资票品管理司司长刘建辉先生，以亲历者、亲闻者和见证者身份讲述邮票背后鲜为人知的政协故事，以邮品展现人物事件，以人物事件反映时代变革，人物、艺术、历史交融辉映，图文并茂、活色生香，是广大集邮爱好者学习、品鉴、收藏的难得珍品。

全国政协原副秘书长

目 录

第二辑：生肖与文化艺术珍邮 /137

第三辑：轶珍揭秘与邮坛往事 /249

第一辑
重要人物与历史事件

新中国邮票上的孙中山形象

纪念孙中山先生诞辰及辛亥革命系列邮资票品的珍贵往事

孙中山，名文，字载之，号逸仙。1866 年 11 月 12 日诞生于广东省香山县（今中山市）翠亨村的农民家庭。孙中山是中国近代民族民主主义革命的开拓者，中国民主革命伟大的先行者，深受全国各族人民乃至世界人民的尊崇和敬仰。孙中山为了改造中国耗尽毕生精力，在中国近代史上留下了不可磨灭的功勋。

1905 年，孙中山发起成立中国同盟会，首举反封建旗帜，并于 1911 年 10 月 10 日发动武昌起义，"起共和而终两千年封建帝制"。辛亥革命后，孙中山被推举为中华民国临时大总统，1925 年 3 月 12 日在北京逝世，1929 年 6 月 1 日葬于南京紫金山中山陵。

为纪念孙中山这位"全心全意地为了改造中国而耗费了毕生精力"的我国资产阶级民主革命的先行者、伟大的民主主义革命家，新中国成立以后的每年 11 月 12 日是孙中山先生的诞辰日，每逢这一天国内都要举行一系列的活动，每逢十年，我国的邮政部门都会发行邮票或其他邮政用品，以缅怀他的革命功勋。除了上述邮票之外，在逢五或逢十纪念辛亥革命发行的邮票和邮资封片中，也能看到孙中山的伟大形象。

1956 年 11 月 12 日是孙中山诞生 90 周年纪念日，邮电部发行了"纪 38"《孙中

《孙中山诞生九十周年》

山诞生九十周年》纪念邮票。邮票的设计者为新中国第一代女邮票设计师卢天娇（第九届全国政协委员），印刷方式采用胶雕套印，雕刻版由我国老一代著名雕刻师唐霖坤操刀。《孙中山诞生九十周年》纪念邮票共 2 枚，均为孙中山像及题词，（2-1）是浅棕色，（2-2）是靛绿色。画面中孙中山先生目光深邃，双唇紧闭，既表现出这位伟人的忧国忧民之心，又刻画出作为革命者坚毅不拔的信心。肖像右侧有他的名言"今后之革命，非以俄为师，断无成就"。

　　1966 年 11 月 12 日，是孙中山先生诞辰 100 周年。按照毛泽东（第一届全国政协主席，第二、三、四届全国政协名誉主席）同志的意见，北京万人集会，隆重纪念这位伟大的革命先行者。周恩来（第二、三、四届全国政协主席）、宋庆龄（第二届全国政协副主席）、董必武（第二届全国政协副主席）、陶铸（第二届、三届全国政协委员）、邓小平（第五届全国政协主席）、刘少奇、朱德、李富春等出席大会，董必武主持大会并致开幕词，周恩来总理讲了话，宋庆龄发表了《孙中山——坚定不移、百折不挠的革命家》的长篇讲话。当天，邮电部发行了"纪 120"《孙中山诞生一百周年》纪念邮票。邮票由杨白子先生设计，底色为淡黄色，画面中心是身着中山装的孙中山先生的肖像，周围的空白则作为背景。邮票设计简洁明快，突出了伟人的高大形象，再现了这位伟大历史人物的风采。

　　1986 年 11 月 12 日，是孙中山先生诞辰 120 周年，邮电部决定发行纪念邮票。这是文化大革命后将要发行的第一套反映民主革命先行者孙中山诞辰的邮票。邮票虽小，但当时对于缓和两岸之间敌对状态及沟通两岸关系来说，则被赋予了更多的政治含义。那么，这套邮票究竟请谁来设计呢？这让当时的邮票发行局总设计师邵柏林先生颇为犯难，左衡量右斟酌，最后想到了老同学——我国著名的油画艺术家靳尚谊（第八届全国政协委员、第九、十、十一、十二届全国政协常委）先生。靳先生是我国当代最具影响力的油画艺术家、理论家和教育家之一。他将欧洲古典油画精髓与中国民族艺术传统相融合，开创了中国油画新古典主义学派。20世纪80年代是靳尚谊的一个创作高峰期，他在肖像画领域进行不懈的努力和探索，并以大量优美肖像作品赢得了海内外艺术家和广大观众的普遍赞誉。20世纪50年代初，邵柏林和靳尚谊都就读于中央美术学院，同期入学，同期毕业，情谊笃深。邵柏林觉得，这样一个重大题材的邮票，必须请顶尖的艺术家来创作才能反映出这位伟人的风采。1985年冬天的一个下午，邵柏林来到三里河靳尚谊的家，这是中央美院宿舍一所三间的平房。寒暄过后，邵柏林对这位老同学没有拐弯抹角，拐弯抹角不是邵柏林的风格——"请你出山创作设计孙中山诞辰120周年的邮票。"对于老同学的盛情力邀，靳尚谊面露难色，因为当年他所住的三间平房，只有大间房屋生着煤炉，画室没有煤炉，冰冷的画室如何完成这件重大题材的邮票？不过，在邵柏林一再邀约下，靳尚谊最后还是答应了。小型张的画稿尺寸要多大呢？为了给靳尚谊提供准确的画稿尺寸，邵柏林跑到美院教具室，按照小型张图稿的设计规格，订制了最好的画框和画布，连夜送到靳尚谊家，并请他放心，后期设计由其亲自上手。经过靳尚谊先生的精心创作，《孙中山诞生一百二十周年》画稿终于在1986年上半年完成。画稿正中为孙中山先生的半身像，背景为黑云压城的广州。图稿庄严肃穆，给人以历史的厚重感，再现了孙中山先生当年在广州为国家鞠躬尽瘁、不懈奋斗的峥嵘岁月。邵柏林在这件精美的油画基础上，设计了庄重大气的边饰，显得古朴典雅。小型张正上方是黄色的文字主题，文字上下各有一组中国传统纹饰，簇拥着《孙中山诞生一百二十周年》这枚邮票的主题。这是我国第一次专门以油画设计的人物邮票，也是当时唯一一套以孙中山先生为题材的邮票小型张。在1986年最佳邮票评选中，这枚邮票被评为最佳邮票和最佳印刷奖，这幅原作目前被收藏在中国邮政邮票博物馆。

《孙中山诞生一百二十周年》（小型张）

　　1996 年，为了纪念孙中山诞生 130 周年，邮电部发行了邮资明信片一枚。邮资图仍为孙中山先生晚年肖像，明信片的左下方为广州中山纪念堂。

　　2006 年 11 月 12 日，是孙中山先生诞生 140 周年，国家邮政局发行《孙中山诞生一百四十周年》邮票一套四枚，图案分别为中山大学、中山故居、中山陵、中山纪念堂。邮票为胶雕套印。邮资票品司在确定方案时，没有沿袭以肖像画为主的方案，而是以四处与孙中山革命生涯密切相关的建筑为内容，客观地展现孙中山的一生功绩，多角度给人以深刻印象。在雕版印刷时，设计者考虑到传统雕刻方式在印刷时易使邮票出现着墨不均的问题，对雕刻方式进行了大胆尝试，将形状各异的雕刻点进行有机组合来表现图案，同时调整了影写与雕刻的套印关系，将影写的色彩淡化，使之突出一个大体色彩倾向，着重于雕刻以加强整体效果。

　　2016 年 11 月 12 日是孙中山诞辰 150 周年，中国邮政与中国香港邮政、中国澳门邮政共同发行相关题材邮票,以纪念伟大的民主革命先行者孙中山先生。中国内地、港、澳三方各发行四枚邮票,同时将三方各发行的四枚邮票印成小全张一枚。

新中国为纪念辛亥革命发行的纪念邮票,大都安排在逢五或逢十周年的 10 月 10 日发行。1961 年 10 月 10 日邮电部发行了《辛亥革命五十周年》纪念邮票一套,共两枚,由泉州籍邮票设计师万维生设计。设计者以灰和黑为主色调,深深勾起了人们对辛亥革命的回忆。其中一枚以武昌起义为中心图案,票面上革命志士们为了苦难深重的中华民族,为了结束封建统治那漫漫长夜,在枪林弹雨、硝烟弥漫中奋不顾身,前仆后继,勇往直前,富于立体感的画面展现了革命先驱们抛头颅、洒热血、不怕牺牲的伟大精神,

中国香港《孙中山诞生
一百五十周年》(小全张)

中国澳门《孙中山诞生
一百五十周年》(小型张)

《辛亥革命五十周年》（首日封）

《辛亥革命七十周年》

表达了全国人民对革命先烈的崇高敬意。另一枚以棕黄色为底色，中间是孙先生身穿中山服的灰黑色肖像。同时，万维生还为中国集邮公司设计了一枚《辛亥革命五十周年》首日封。在首日封上，一把象征革命军的指挥刀，把清王朝的顶戴花翎帽刺穿并打翻在地，把辛亥革命的对象、性质表达出来，画面简洁，笔法凝练，却具有不同凡响的深刻意义，令人拍案叫绝。1982 年 10 月，该首日封被评为新中国最佳首日封。

　　1981 年发行纪念《辛亥革命七十周年》的三枚一套邮票，为影写版印刷。其中，第一枚邮票为孙先生身穿西装的肖像，左侧题词"世界潮流浩浩荡荡，顺之则昌，逆之则亡"，集中展现了孙先生不断进步的革命精神，以及在改革开放的新时代，中国人民坚持与时俱进，顺应历史发展，大步前进，创造美好未来的决心。从艺术角度而言，作者用素描手法绘制孙中山的肖像，表现了他的伟大精神和英雄气概，左侧题词使邮票主题更具体明确，并对肖像起了渲染、烘托作用。第二枚邮票中心图案是黄花岗72烈士墓。庄严肃穆的墓碑，不禁使人回忆起孙中山、黄兴等领导黄花岗起义的悲壮场面。广场上，巨大花岗石砌成的陵墓气势磅礴，雄伟壮观，庄严肃穆，使人产生沉思悼念之情。墓两边高大椰子树似卫士守护陵墓，墓顶上的自由神象征着革命烈士大无畏的精神，着力突出了革命烈士的伟大形象。第三枚邮票中心图案是武昌起义胜利后成立的湖北军政府旧址。湖北军政府是武昌起义后成立的第一个以旧民主主义为指导思想的政府，被视为辛亥革命胜利的标志。邮票上的建筑，采用严格的对称手法，给人一种庄严坚实的感觉，深刻揭示了辛亥革命使民主共和思想深入人心的伟大意义。

1986年是辛亥革命75周年，邮电部当年发行三枚一套《辛亥革命著名领导人物》邮票，影写版印刷，田黎明（第十二、十三届全国政协委员）设计。第一枚邮票中心图案为盛年时期的孙中山头像。炯炯有神的眼睛和刚毅深沉的脸孔，着重突出了他作为革命领袖矢志不渝的革命精神和崇高人格，背景是临时大总统办公地点和象征汉、满、蒙、藏、回"五族共和"的五色旗。第二枚邮票以黄兴肖像为中心，背景图案为武昌起义成功后革命军的十八星军旗。旗帜为红底、黑心、轮角，外加18颗黄星，表示18省炎黄子孙团结一致、集中革命力量的精神。第三枚邮票是章太炎（号炳麟）头像及《民报》和《驳康有为论革命书》。《民报》为当时同盟会的机关刊物，孙先生就是在《民报》的创刊词中提出了著名的三民主义，其刊登的无数篇饱含激情的革

《辛亥革命著名领导人物
·孙中山》

《辛亥革命著名领导人物
·章太炎》

命文章，有力地推动了民主革命高潮的到来。《驳康有为论革命书》是资产阶级革命宣传家章炳麟于 1903 年发表的一篇大张鞭挞保皇派、积极宣传"合众共和"的文章，在当时产生了巨大影响。这套邮票以肖像为主，着重表现人物内在的气质和性格。为使画面达到传神的效果，设计者曾多次到革命历史博物馆寻找资料、体验感受，力图通过外部形象表现人物的内心世界，刻画不同人物的性格、气质。在设计过程中，吸收了版画的一些特点，加强黑白对比度，使形象趋向单纯、概括、有力，以单纯的形式表现了丰富的内涵，整套邮票具有庄重、深沉、博大的感觉，完美地诠释了辛亥革命的历史主题。

1991 年 10 月 10 日是辛亥革命 80 周年，邮电部发行了《辛亥革命时期著名人物》

《辛亥革命 90 周年》（邮资明信片）

《辛亥革命一百周年》

《辛亥革命一百周年》（小型张）

的三枚一套邮票，设计者王书朋，影写版印刷。票面图案分别为徐锡麟、秋瑾和宋教仁，三位烈士都是孙中山先生的亲密战友，在中华民族最危急的时刻，为辛亥革命的胜利及民主共和制度的确立，献出了宝贵的生命。这三枚邮票的画面均采用油画的棕色，强烈地表现出辛亥革命的时代感和事件的悲剧性质，使画面显得更深沉、更庄重。在设计过程中，作者遇到了照片资料有限的挑战，有限的照片因年代久远已经模糊不清，为了克服以上困难，作者在背景处理上下了功夫，将人物背景色彩由浓转淡、由实转虚，一方面象征烈士革命精神的不断延伸和发扬光大，另一方面使画面内涵显得博大，又用电脑把照片进行了处理，使人物表情严肃、正义凛然，有很强的感染力。

2001 年，国家邮政局发行了《辛亥革命九十周年》纪念邮资明信片。为了做好纪念辛亥革命 90 周年的活动安排，中央和有关部门高度重视，全国政协副主席叶选平（第七、八、九届全国政协副主席）主持会议，研究纪念活动方案。我代表国家邮政局出席了会议，会后与全国政协办公厅就发行《辛亥革命九十周年》邮资明信片达成共识。《辛亥革命九十周年》邮资图是孙中山当年就任中华民国临时大总统时的肖像，在满天江霞背景的衬托下，孙中山更显得英姿勃发、气宇轩昂。背景图案为武昌起义浮雕，起义者前赴后继，如潮水般地勇往直前，向腐朽的封建王朝发起猛烈冲锋，整个画面形象生动地说明辛亥革命是孙中山先生的伟大功绩。

2011 年 10 月 10 日是辛亥革命 100 周年纪念日。中国邮政、中国香港邮政、中国澳门邮政分别发行了《辛亥革命一百周年》纪念邮票。这是继中国内地、港、澳三方邮政共同发行《北京申办 2008 年奥运会成功纪念》《中国首次载人航天飞行成功》等重大题材邮票之后，又一次联手成功的合作。中国邮政发行了《辛亥革命一百周年》纪念邮票一套两枚，小型张一枚。两枚纪念邮票的名称分别为《武昌起义》和《推翻帝制》；小型张名称为《中国民主革命的伟大先行者——孙中山》。另与香港邮政、澳门邮政共同印制同题材小型张本票一本，内含中国邮政、香港邮政、澳门邮政小型张各一枚。

这些辛亥革命周年纪念邮票，总体上来说均采用深沉、严肃的色调印制，以突出邮票的历史感和辛亥革命的悲壮色彩。从艺术设计上说，这些邮票广泛采用浮雕、照片、版画、油画的风格，突出肖像的立体感，注重挖掘人物内在气质，给欣赏者以强烈的感受。同时，在建筑物图案邮票的构图上注意层次和空间安排，给人以宏伟庄严、气势磅礴的印象，突出事件本身的象征意义。

总之，纵观新中国成立后发行的孙中山诞辰和纪念辛亥革命邮资票品中的孙中山形象，我国邮政部门都予以高度重视，都作为重大题材加以谋划，承担邮票设计的艺术家也投入了极大的热情，他们运用娴熟的设计语言，使这位民主主义革命先行者的形象更加丰满，更加生动，更加深入人心。

1968 年：
《毛主席去安源》邮票失窃大案始末

1968 年 8 月 1 日，"文 12"《毛主席去安源》邮票发行。

这套邮票的主图选自于一幅油画，这幅油画就是曾风靡祖国大江南北的《毛主席去安源》。当时发行这枚邮票的背景是什么，中国邮票史没有披露这个大案究竟是怎么回事？时间还要闪回到 50 多年前：

《毛主席去安源》油画引起轰动

1967 年夏，北京筹办"毛泽东思想的光辉照亮安源工人革命运动"展览，当时在中央工艺美术学院装潢系读书的刘春华，被选派参加展览的筹备工作。他承担的具体任务是，画一幅反映毛主席去安源的油画。刘春华当时只是一名 24 岁在校学生，没有专门学过油画。为了完成好这一任务，刘春华深入安源煤矿体验生活，采访老工人，了解毛泽东来安源的情况，同时广泛搜集反映毛泽东青年时代的文章，以及有关毛泽东革命活动的回忆录和安源工人运动史料。为了突出主题，刘春华在构图上把毛泽东的形象安排在中心位置。在动态处理上，让毛泽东每一个微小动作都有一定的含义：稍稍扬起的头和稍稍扭转的颈部，表现毛泽东不惧艰险、不畏强暴、敢于斗争、勇于

《毛主席去安源》

胜利的大无畏精神；紧握的左手，表现毛泽东的雄心壮志和必胜信念；右手挟一把雨伞，说明毛泽东风里来、雨里去，为革命不辞辛苦的工作作风……

刘春华根据主题的需要和群众欣赏的习惯，利用油画表现力丰富的特长和中国传统绘画细致的优点，大胆尝试，经过反复修改，终于在1967年国庆前夕创作出《毛主席去安源》大幅油画。由于当时社会上有一股反对个人成名成家的潮流，故作品署名为"北京院校学生集体创作"。后来有人提出，单幅油画作品很少有"集体创作"的，于是就在"集体创作"后面又挂上了个人"执笔"署名。

1967年10月1日，《毛主席去安源》油画在中国革命博物馆首度展出，立即引起轰动，受到了参观者的喜爱和赞赏，参观群众的留言就写满整整四大本。

次年5月，《人民画报》以"毛主席去安源"为名，用彩色夹页首次发表了该画。同年7月1日《人民日报》《解放军报》《红旗》杂志再次以彩色单页形式公开发表，署名为"北京院校同学集体创作、刘春华等执笔"。当时"两报一刊"代表的是中央声音，因此该画单张彩色印刷数量一增再增，累计达九亿多张（不含转载），被认为是"世界上印数最多的一张油画"。从此，《毛主席去安源》油画在全国家喻户晓，并蜚声国外。

油画变身为邮票过程中的乱象

就在《毛主席去安源》油画风靡大江南北之时，1968年7月10日邮票发行局以"急件"的方式向邮政总局提交报告，建议发行油画《毛主席去安源》邮票。报告中说，"一幅闪耀着毛泽东思想灿烂光辉的油画《毛主席去安源》创作出来了。我们热烈欢呼无产阶级'文化大革命'开出灿烂的艺术之花，这是毛主席革命路线的伟大胜利。为了更好地宣传这一伟大胜利，拟发行油画《毛主席去安源》邮票一套（8分、22分两种）"。实际上，设计室在7月8日就已开始了设计，设计者为孙传哲（第六、七届北京市政协委员）、万维生、李大玮。

对于这套邮票的设计，邮电部军代表高度关注，要求"当作政治任务来完成"，强调"原来的画面、色彩不能有丝毫的改动"。于是，设计者改变了以往按照邮票艺术的要求，对绘画原作作适当修改的做法，而是一丝不动地将原画搬上邮票，还将邮票名称定与油画同名。这种邮票名称的标注方式在新中国邮票发行史上绝无仅有。

关于这套邮票的印量，原订印8分面值2000万枚，22分面值100万枚。1968年7月27日，邮票发行局致函北京邮票厂：（1）取消原订印22分面值邮票；（2）8分面值邮票印量改为五亿枚。

五亿枚！这在任何时候都是个天文数字。为什么要印制如此天量邮票呢，这个数字是怎么出来的呢？根据档案记载，当时军管会要求全国每个人要有一枚，根据全国用邮人口五亿人这个数字作出了这个决定。但是当时北京邮票厂的生产能力没有那么大，最多只能印5000万枚。没辙，最后决定将印量改为5000万枚。

关于邮票的盖销问题，那时候印有领袖图案的邮票比较多，文化大革命中更把盖销领袖邮票当作一项"严肃的政治态度"，决不允许将邮政日戳盖到领袖面部。因此，这此要求引起各地邮政部门信销工作的混乱和广大职工的强烈反应，一些邮政职工生怕盖销邮票时不小心误盖到领袖面部，这在当时就是"反革命"行为，因此工作时胆战心惊。邮电部军管会为了避免污损领袖形象，决定该邮票票面可"不予盖销"，并以1968年（军管邮票字103号）下发通知："为了更加广泛地宣传《毛主席去安源》

形象，……并为了画面不受污损，能保持完美，决定破例在贴用邮票时不予盖销……"还为此专门发出电报，规定"如有误盖，立即换贴"。

这一在世界邮政史上都堪称"壮举"的做法，直接破坏了邮政通信工作的正常秩序，同时也让一些心术不正的人钻了"不予盖销"的空子。北京市房山县窦店邮电局一个乡邮员，从投递的邮件中把邮票揭下，再贴到其揽收的邮件上，从中进行贪污，一次就从他身上检查出揭下的邮票214枚。这种严重违背邮票使用最基本规则的做法，持续了两个多月才纠正过来。

<h2 style="text-align:center">一包《毛主席去安源》邮票不翼而飞</h2>

1968年8月1日，全国各地的邮局都张灯结彩、锣鼓喧天，庆祝《毛主席去安源》邮票发行。此时，位于今天北京王府井东方新天地位置的邮票发行局，也是一片热闹，各个群众组织纷纷向上级请领邮票，数量是一包，然后分发给大家出售。

1968年8月12日，星期一。一大早，邮票发行局值班室房子后面的"延安公社临时造反总部"办公室，有人惊异地发现，柜顶上一包《毛主席去安源》的邮票不翼而飞！一包是500版邮票，这么一大包邮票竟然被不法分子偷走，整个邮票发行局都慌了。谁有这么大胆子，竟敢偷盗《毛主席去安源》邮票？而且是一整包！在那个年代，这毫无疑问就是一件大案！

随即，邮票发行局向公安部门报警。刑侦队马上来到发行局，现场勘查，摸排嫌疑人。几天后，北京四九城的大街小巷都贴满了北京市公安局关于缉拿反革命盗窃邮票案嫌犯的通告。通告称：嫌犯 男 中等身材偏瘦 身高1米7左右 戴眼镜 操北京口音。

整包的《毛主席去安源》邮票被盗，这个案件成为当时北京市的一大要案。

可巧的是，在12日失窃邮票的前两天，正是周六和周日。邮票发行局夜班的值班人员分别是：1968年8月10日星期六，值班人：邵柏林；1968年8月11日星期日晨，万维生接邵柏林值班。

这两个值班人中，万维生是中共党员，而邵柏林是1957年的"右派"。毫无疑问，邵柏林成了最主要的怀疑对象。星期一，邵柏林一上班，就发觉单位的气氛不一样。三三两两、三五成群聊天的人，一见邵柏林来了，马上尴尬地收回目光，纷纷散去，这让邵柏林心里很不是滋味。

设计室召开的会议，气氛也非比寻常。邮电部保卫处、邮票发行局保卫科和北京市公安局东城分局的刑警一一坐在设计室内，脸色铁青，目光严肃，一言不发。

会议的中心就是让大家提供线索，帮助公安部门破案。但发言的人，你一言我一语，话里话外都指向邵柏林。坐在设计室内的邵柏林，犹如参加的是一场不点名的批斗会！

"邵柏林，你到中国图片社买过《毛主席去安源》邮票吗？"

"买过。"

"你到故宫博物院买过《毛主席去安源》邮票吗？"

"买过，怎么啦？"

邵柏林心里清楚，为朋友帮忙买些邮票是再正常不过了，难道他们暗中一一做了调查？

被人盯梢

邵柏林反复琢磨北京市公安局发布的关于缉拿反革命盗窃邮票案嫌犯的通告：嫌犯 男 中等身材偏瘦 身高1米7左右 戴眼镜 操北京口音。这些嫌犯的特征越想越觉得不是凭空来的，怎么和我的特征差不离儿？他觉得很有可能是巧了。但过了几天，他突然发觉身后多了个跟踪的人。

那是一个普通的星期六，邵柏林约好了夫人王卓倩，下班后一起到前门外给孩子买鞋。说也奇怪，邵柏林总觉得有个人跟在后头，这个人也不认识。邵柏林夫妇走，这个人也走，邵柏林停下来，他也不走了。邵柏林上车，他也跟着上车。邵柏林下了车，他也下车。邵柏林进了鞋店，嘿，他居然也进了鞋店！这不就是一个盯梢吗？最后，邵柏林索性不走了，站住了，紧盯着这个人看，那个人猝不及防，慌了手脚。只见他用右手摸了摸鼻子，灰溜溜地走了。

今天，邵柏林在讲这一段遭遇时强调：这个人猝不及防，下意识摸鼻子的动作，历经几十年仍然清晰地印在脑子里，历历在目。

邵柏林上了一辆公交车，咦！怎么又有一个人不离左右？邵柏林分析，这个人接着来盯梢，实际上是得到上一个人"摸鼻子"的信号，那个人跟不住了，这才又换了另一个。

1968 年的 8 月，邵柏林就是在这样一个环境下工作、生活的。不久，震惊北京的反革命盗窃《毛主席去安源》邮票大案终于被北京市公安局破了，这个盗窃嫌犯是个内鬼——邮票发行局邮票库工人虞东方。

虞东方的体貌特征：男 中等身材偏瘦 身高 1 米 7 左右 戴眼镜 操北京口音。

热血洒大地　方寸铸英魂

我党我军早期领导人纪念邮票发行始末

　　2001 年 6 月 28 日，《中国共产党早期领导人（一）》纪念邮票发行。邮票画面分别为王烬美、赵世炎、邓恩铭、蔡和森和何叔衡。一些对邮票选题比较敏锐的集邮者发现，人物纪念邮票的发行改章程了。没错，这次发行的邮票相比之前发行的人物邮票，不是以纪念人物百年而发行，也不是延续每个人物发行两枚的做法，而是五个人物为一组，集中发行。那么邮票发行部门究竟是怎么考虑的，为什么采取这种发行方式呢？

　　1981 年，是中国共产党成立 60 周年，当时党的总书记胡耀邦同志发表了一篇重要讲话。按照中央的指示精神，中国邮政在发行不在世人物纪念邮票时，这篇讲话中提到的人物就是依据。那么这篇讲话谈到哪些人物呢？现摘录有关部分如下：

　　　"在庆祝中国共产党成立六十周年的时候，我们深切怀念毛泽东同志。我们深切怀念同他一起为中国革命的胜利、为毛泽东思想的形成和发展作出重要贡献的党的其他杰出领导人，伟大的马克思主义者周恩来、刘少奇、朱德，以及任弼时、董必武、彭德怀、贺龙、陈毅（第三、四届全国政协副主席）、罗荣桓、林伯渠、李富春、王稼祥（第二、三、四届全国政协常委）、张闻天、陶铸等同志。我们还深切怀念我们党创建时期的重要领导人李大钊、瞿秋白、蔡和森、向警予、邓中夏、苏兆征、彭湃、陈延年、恽代英、赵世炎、张太雷、李立三等同志。我们还深切怀念早年为党为国捐躯的人民军队的杰出将领方志敏、刘志丹、黄公略、许继慎、韦拔群、赵博生、董振堂、段德昌、杨靖宇、左权、叶挺等同志。我们还深切怀念长期同我们党战斗在一起，临终前又成为光荣的中国共产党党员，本世纪伟大的女战士宋庆龄同志，现代中国知识界的卓越前驱蔡元培先生，我国无产阶级革命文化的伟大旗手鲁迅先生。我们还深切怀念一贯支持我们党的党外亲密战友廖仲恺、何香凝、邓演达、杨杏佛、沈钧儒等同志。我们还深切怀念卓越的科学文化战士邹韬奋、闻一多、郭沫若（第四届全国政协常委）、茅盾、李四光等同志。我们还深切怀念对中国人民革命胜利作出了重要贡献的著名爱国人士杨虎城、陈嘉庚、张治中、傅作义等先生。我们还深切怀念中国人民的亲密朋友、杰出的国际主义战士白求恩、史沫特莱、斯特朗、柯棣华等同志和斯诺、浅沼稻次郎、中岛健藏等先生。"

　　从 20 世纪 80 年代开始，中国邮政严格按照这篇讲话中提到的去世人物名单，在他们 90 诞辰或百年诞辰时，根据中央的安排，陆续发行了纪念邮票。但是，名单中还有一部分党的早期领导人和人民军队早期将领由于去世或牺牲时间早，很多人连后代都没有。因此，我们从来也没有接到过他们的后代或亲属提出的发行邮票的要求。特别是这些先辈或先烈，在建党初期和创建人民军队的过程中，为中华民族的解放事业，殚精竭虑，英勇无畏地献出了他们年轻的生命。他们没有看到迎风飘扬在天安门广场上的五星红旗，也没有看到今天祖国晴朗、蔚蓝的天空。但是没有他们，就不会有天安门广场上的五星红旗，就不会有今天祖国晴朗、蔚蓝的天空。

　　我们推算了一下，如果这些先辈是 20 岁左右参加革命的话，到 2001 年，也就是建党 80 周年时，他们应该正好是百年诞辰。虽然他们的后代或亲属没有提出发行邮票的要求，但作为邮票发行工作的管理部门，不能忘记他们，不能忽略他们。在社会主义祖国的方寸上应该有他们的位置，这样不仅当代人能够记住他们，缅怀他们的丰

《中国共产党早期领导人（一）》

功伟绩，就是我们的子孙后代也能够通过邮票熟悉他们，记住他们。由于他们的出生年代相对集中，建议采取几人一组的发行方式。那么先发行哪几位？建党初期的领导人和建军初期的我军将领是一起发行，还是分开发行？这些问题我们是不能做主的，当然也做不了主，必须要请示中央相关部门。于是，我们在 2000 年正式以国家邮政局的名义向中共中央党史研究室发文请示，建议从 2001 年起的十年间，陆续印制发行尚未发行过的党的早期领导人和早期革命将领的邮票，并希望上级部门能提出纪念邮票发行的具体参考意见。

2001 年初，中央党史研究室正式回复国家邮政局，提出了党的早期领导人和早期革命将领的判断标准，并分别列出了各组发行的建议名单：

一、党的早期领导人

判断标准

（1）出席中共一大的代表；

（2）中共二大中央执行委员会委员，三大、四大中央局委员，六大前政治局委员，六大中央政治局常委；

（3）胡耀邦在建党 60 周年大会上开列的名单中尚未发行过邮票的。

排列顺序

第一批公布：参加建党，以牺牲先后排序。

（1）王烬美（1925）　　（2）赵世炎（1927）

（3）邓恩铭（1931）　　（4）蔡和森（1931）

（5）何叔衡（1935）

第二批公布：早期工农运动领导人，以牺牲先后排序。

（1）高君宇（1925）　　（2）王荷波（1927）

（3）苏兆征（1929）　　（4）彭湃　（1929）

（5）邓中夏（1933）

第三批公布：1927年以后牺牲的党的各方面负责人，以牺牲先后排序。

（1）陈延年（1927）　　（2）张太雷（1927.12）

（3）罗亦农（1928）　　（4）恽代英（1931）

（5）项英　（1941）

二、早期革命将领

判断标准

（1）中央军委公布的36位军事家；

（2）早期武装起义的代表人物，红军、八路军、新四军的重要将领；

（3）胡耀邦在建党60周年大会上开列的名单中尚未发行过邮票的。

排列顺序

第一批公布：长征以前牺牲的，以牺牲先后为序。

（1）黄公略（1931.9）　　（2）许继慎（1931.11）

（3）蔡申熙（1932.10）　　（4）韦拔群（1932.10）

（5）刘志丹（1936.4）

第二批公布：长征途中或后期牺牲的，以牺牲先后为序。

（1）赵博生（1933.1）　　（2）谢子长（1935.2）

（3）曾中生（1935.8）　　（4）段德昌（1933.5）

（5）董振堂（1937.1）

第三批公布：抗日战争、解放战争时期牺牲的，以牺牲先后为序。

（1）杨靖宇（1940.2）　　（2）左权（1942.5）

（3）彭雪枫（1944.9）　　（4）罗炳辉（1946.6）

（5）关向应（1946.7）

　　根据中共中央党史研究室的批复精神，中国邮政按照《中国共产党早期领导人》和《人民军队早期将领》两个系列，分别安排发行了纪念邮票。

一、《中国共产党早期领导人》三套纪念邮票分别安排在：

　　1、2001 年 6 月 28 日，志号（2001—11）发行了《中国共产党早期领导人（一）》纪念邮票五枚，分别是：王烬美、赵世炎、邓恩铭、蔡和森、何叔衡。

　　2、2006 年 6 月 30 日，志号（2006—14）发行了《中国共产党早期领导人（二）》纪念邮票五枚，分别是：高君宇、王荷波、苏兆征、彭湃、邓中夏。

　　3、2011 年 2 月 21 日，志号（2011—3）发行了《中国共产党早期领导人（三）》纪念邮票五枚，分别是：陈延年、张太雷、罗亦农、恽代英、项英。

二、《人民军队早期将领》三套纪念邮票分别安排在：

　　1、2002 年 8 月 1 日，志号（2002—17）发行了《人民军队早期将领（一）》纪念邮票五枚，分别是：黄公略、许继慎、蔡申熙、韦拔群、刘志丹。

　　2、2005 年 8 月 1 日，志号（2005—26）发行了《人民军队早期将领（二）》纪

《人民军队早期将领（一）》

念邮票五枚，分别是：杨靖宇、左权、彭雪枫、罗炳辉、关向应。

3、2012 年 8 月 1 日，志号（2012—18）发行了《人民军队早期将领（三）》纪念邮票五枚，分别是：赵博生、段德昌、谢子长、曾中生、董振堂。

其中《人民军队早期将领（二）》的发行时间正值中国人民抗日战争暨世界反法西斯战争胜利 60 周年，而第三组中的杨靖宇（牺牲时间为 1940.2）、左权（牺牲时间为 1942.5）、彭雪枫（牺牲时间为 1944.9）等三位烈士都是在抗日战争中为国捐躯的，因此将第三组提前安排在抗战胜利 60 周年时发行，既是对烈士们最好的告慰，也是对他们最好的纪念。

每次翻看这张名单，都是对自己心灵的一次洗礼。看看他们壮烈牺牲时的年岁：

王烬美，生于 1898 年，1925 年为国捐躯，时年 27 岁；赵世炎，生于 1901 年，1927 年英勇就义，时年 26 岁；邓恩铭，生于 1901 年，1931 年英勇就义，时年 30 岁……

看着这张名单，再看看他们为民族解放、为新中国的建立牺牲时的年龄，不禁想起牺牲时也是 26 岁的匈牙利爱国诗人裴多菲的著名诗句："生命诚可贵，爱情价更高；若为自由故，两者皆可抛。"

今天，可以告慰先辈的是，你们的英名将通过邮票一代一代传下去；你们的革命精神，必将化作无穷的力量，激励我们为中华民族的伟大复兴，为实现两个一百年的中国梦而努力奋斗！

开国元勋　战功赫赫

《中国人民解放军大将》纪念邮票发行始末

　　2005 年 9 月 27 日，原国家邮政局发行了《中国人民解放军大将》纪念邮票，这套邮票以连印的方式纪念十位开国元勋。这十位大将分别是粟裕、徐海东、黄克诚（第五届全国政协常委）、陈赓、谭政、萧劲光、张云逸（1950.11.02—1953.12.04 任广西省政协主席）、罗瑞卿、王树声、许光达。

　　说起十位大将的授衔时间，还要追溯到 68 年前。那是中华人民共和国成立后的首次授衔。1955 年 9 月 27 日，中共中央在国务院举行授衔典礼，周恩来总理把大将军衔的命令状授予粟裕等将领。授衔的顺序是：以功劳最多、资历最高的粟裕为首，并按此标准排序，依次是徐海东、黄克诚、陈赓、谭政、萧劲光、张云逸、罗瑞卿、王树声、许光达。十位大将个个身经百战、出生入死、战功赫赫，很多都参加过北伐战争，在土地革命、抗日战争、解放战争中为中国人民的解放事业建立了卓越功勋。请看他们辉煌的履历：

（一）粟裕（1907—1984）

　　中国无产阶级革命家、军事家。侗族。湖南省会同县人。1927 年加入中国共产党。

《中国人民解放军大将》

　　曾参加南昌起义、湘南起义和高邮、孟良崮、淮海等重大战役。先后担任中国工农红军第十军支队长、红四军参谋长、红七军团参谋长、闽浙军区司令员、新四军第一师师长兼政治委员、苏浙军区司令员兼政治委员、华东军政委员会副主席、中国人民解放军总参谋长、国防部副部长、军事科学院副院长和中共中央军委常委等职。第一、二、三届国防委员会委员，第三、四届全国人大常务委员会委员，第五届全国人大常委会副委员长，中国共产党第七届候补中央委员，第八、九、十、十一届中央委员。在中国共产党中央顾问委员会第一次全体会议上被选为中央顾问委员会常务委员。

（二）徐海东（1900—1970）

　　中国无产阶级革命家、军事家。湖北省黄陂县人。1925年加入中国共产党。

　　曾参加北伐战争、黄麻起义、汀泗桥、周家岗等战役和长征。先后任中共黄陂县委军事部部长兼区委书记、黄陂县补充第六师师长、中国工农红军红四方面军独立第四师师长、红二十五军军长、第七十四师师长、红二十八军军长、八路军一一五师三四四旅旅长、新四军江北指挥部副指挥兼第四支队司令员、中共中央华中局委员、人民革命军事委员会委员等职。第一、二、三届国防委员会委员，中国共产党第八、九届中央委员。

（三）黄克诚（1902—1986）

中国无产阶级革命家、军事家。湖南省永兴县人。1925 年加入中国共产党。

参加过北伐战争、湘南起义和长征。曾任中国工农红军团长、师政委、军政治部主任、红三军团政治部代主任等职。

抗战期间，任八路军总政治部组织部部长，第三四四旅政委，第二、四纵队政委，第五纵队司令员兼政委，新四军第三师师长兼政委，苏北区党委书记，东北野战军第二兵团政委。天津解放后，曾任中共天津市委书记。中华人民共和国成立后，任国防部副部长，中共中央军委秘书长兼中国人民解放军总参谋长等职。第一、二届国防委员会委员，中国共产党第七届中央委员，第八届中央委员、中央书记处书记，第十一届中央委员。在中国共产党中央纪律检查委员会第一次全体会议上被选为中央纪律检查委员会常务委员、第二书记。

（四）陈赓（1903—1961）

中国无产阶级革命家、军事家，国家和中国人民解放军的优秀领导者。原名陈庶康。湖南省湘乡县人。1922 年加入中国共产党。

1924 年入黄埔军校第一期学习，毕业后留校任副队长、连长。参加过东征、南昌起义、淮海战役、长征、解放南昌、歼灭"天下第一师"胡宗南的整编第一旅，帮助越南军民进行抗法战争，并参加抗美援朝。曾主持过中共中央特科的情报工作。先后任中国工农红军四方面军第十二师师长、红军步兵学校校长、八路军一二九师三八六旅旅长等职。新中国成立后，任中国人民解放军副总参谋长、国防部副部长等职。第一、二届国防委员会委员，中国共产党第七届候补中央委员、第八届中央委员。

（五）谭政（1906—1988）

中国无产阶级革命家、军事家。原名谭世名。湖南省湘乡县人。1927 年加入中国共产党。

参加了湘赣边界秋收起义、漳州战役、南雄水口战役、中央历次反"围剿"和长征。先后任红一军团政治部组织部部长、总政治部副主任、东北民主联军政治部主任、第四野战军第三政治委员兼政治部主任等职。新中国成立后，任中国人民解放军总政治部主任、国防部副部长、福建省副省长等职。第一、二、三届国防委员会委员，第一、二、五届全国人民代表大会常务委员会委员，第五届全国人大法制委员会副主任，中国共产党第七届候补中央委员，第八届中央委员、中央书记处书记，中央军委顾问。

（六）萧劲光（1903—1989）

中国无产阶级革命家、军事家。湖南长沙人。1922 年加入中国共产党。

曾参加北伐战争和长征。曾任红七军团政治委员等职。抗日战争爆发后，任陕甘宁晋绥联防军副司令员。抗日战争胜利后任东北民主联军副总司令兼参谋长、湖南军区司令员等职。新中国成立后，任中国人民解放军海军司令员，并兼第一海军学校校长。1954 年任国防部副部长。十二届一中全会，当选为中央顾问委员会常委。是中共第九、十、十一届中央委员，第一、二、三届国防委员会委员，第三、四届全国人大常委会委员。

（七）张云逸（1892—1974）

中国无产阶级革命家、军事家。原名张运镒，又名张胜之。广东省文昌县人。1926 年加入中国共产党。

曾参加辛亥革命、讨袁护国战争、北伐战争、百色起义、长征，并参与组建、整编新四军。先后任国民革命军旅长、师参谋长、中国工农红军第七军军长、新四军副军长、华东军区副司令员等职。新中国成立后，任中共广西省委书记、人民政府主席、中共中央监察委员会副书记等职。第一、二、三届国防委员会委员，第一、二、三届全国人民代表大会常务委员会委员，中国共产党第七、八、九、十届中央委员。

（八）罗瑞卿（1906—1978）

中国无产阶级革命家、军事家。四川省南充县人。1928年加入中国共产党。

1929年参加中国工农红军。土地革命战争时期，历任红四军纵队、师、军政委，第一军团政治保卫局局长。长征中任中央红军先遣队参谋长，陕甘支队第二纵队政治部主任。抗日战争时期，任中国人民抗日军政大学教育长、副校长，八路军野战政治部主任。解放战争时期，任北平"军事调整处执行部"中共代表团参谋长、华北军区政治部主任兼第二兵团政治委员等职。新中国成立后，任中央人民政府公安部部长、国务院副总理等职。第一、二届国防委员会委员，第三届国防委员会副主席，第一、二、三届全国人民代表大会代表，第五届全国人大常委会委员，中国共产党第七届候补中央委员，第八届中央委员、中央书记处书记，第十一届中央委员。

（九）王树声（1905—1974）

中国无产阶级革命家、军事家。原名王宏信。湖北省麻城县人。1926年加入中国共产党。

曾参加黄麻起义、指挥挺进大巴山、挫败国民党军发动的"六路围攻"、指挥嘉陵江战役，并参加过长征。先后任第七十三师师长和第三十一军军长，第四方面军副总指挥等职。抗日战争时期，任晋冀豫军区副司令员、河南军区司令员等职，开展抗日游击战争。解放战争时期，历任中原军区副司令员、第一纵队司令员兼政治委员等职。新中国成立后，任湖北军区司令员、人民解放军总军械部部长、国防部副部长、军事科学院副院长兼第二政委、中央军委委员，第一、二、三届国防委员会委员，中国共产党第八、九、十届中央委员。

（十）许光达（1908—1969）

中国无产阶级革命家、军事家。原名许德华。湖南省长沙人。1925年加入中国共产党。

1926年入黄埔军校学习。参加过南昌起义，土地革命战争时期，任中国工农红军第六军参谋长、八师师长等职。1932年入莫斯科列宁学院、东方大学汽车训练班学习。抗日战争全面爆发后回国，历任中国人民抗日军政大学训练部部长、教育长，中央军委参谋长、八路军第一二〇师独立第二旅旅长兼晋绥野战军第三纵队司令员、西北野战军第三军军长，第一野战军第二兵团司令员等职。新中国成立后，任中国人民解放军装甲兵司令员兼坦克学校校长、装甲兵学院院长、国防部副部长等职。第一、二、三届国防委员会委员，中国共产党第八届中央委员。

1955年，十位中国人民解放军大将都被授予一级八一勋章、一级独立自由勋章、一级解放勋章荣誉。

说到《中国人民解放军大将》这套邮票，不能不提一位老同志。这位老同志就是原邮电部离休老干部陆逸，陈赓大将的弟媳。2002年12月16日，年届80的陆逸给原信息产业部吴基传部长写了一封信，正是这封信引发了后面十大将亲属希望发行邮票的提议。

基传部长：您好！

2003年2月份是陈赓同志的100周年诞辰纪念。

纪念会拟在2003年2月27日召开。中央有关领导即时出席。由于活动时间紧迫，原先也未考虑周到，邮票已来不及报批制作，故只好采取简要办法，出个"纪念封"及"个性化"邮票，以作为历史纪念意义的标记。想请您大力支持与资助。"纪念封"及"个性化"邮票的出版特请您定夺。当否？敬请批示，为盼。

信产部邮电离退休干部局

离休干部　陆逸

这封信的后面附着陈赓大将的夫人傅涯（第五、六、七届北京市政协常委）写给当时中央领导同志亲笔信的复印件及中央军委办公厅呈报军委领导的批示件。

吴基传部长即刻将此件批转给当时国家邮政局局长刘立清：请立清同志予以协助。是出个"纪念封"还是"个性化"邮票，请你商定。陆逸同志她会来找你，时间由你定。她的电话在信上。

12月24日上午，刘立清局长亲自请陆逸同志到国家邮政局，就发行陈赓大将纪念封事与她进行了沟通。当时在国家邮政局邮资票品司任职的我，参加了这次会见。寒暄之后，刘立清局长让我介绍了"纪念封"和"邮票个性化服务"的特点和业务流程，刘立清局长建议制作一枚纪念封较好。经过商谈，陆逸接受了刘立清局长关于为陈赓大将制作一枚纪念封的建议。最后商定，制作纪念封由邮资票品司安排，有关纪念封的纪念文字材料及陈赓大将的标准像请陆逸同志提供。会后，邮资票品司向集邮总公司下达了制作陈赓大将诞生100周年纪念封的任务，这件事算是比较圆满地解决了。

2003年，陈赓大将的纪念会开过不久，十大将的亲属联名给当时的信息产业部部长王旭东写了一封信：

王旭东同志：

1955年9月27日，毛泽东主席授予粟裕、徐海东、黄克诚、陈赓、谭政、萧劲光、张云逸、罗瑞卿、王树声、许光达大将军衔。1988年和1994年，中央军委审议通过了以毛泽东、周恩来、朱德、邓小平等为代表的36人为军事家，以上十大将均位列其中。1955年授衔的元帅、大将都已成为历史。

我们十大将的亲属和后代希望在2005年9月27日授衔50周年之际，能够出版一套十大将的纪念邮票，并分别为十大将每人出版一套邮折和纪念封，以缅怀他们的历史功绩。

郝治平（签字）　　楚　青（签字）　　黄　楠（签字）　　邹靖华（签字）

杨　炬（签字）　　肖纪龙（签字）　　张远之（签字）　　徐文伯（第八届、九届全国政协委员）（签字）

傅　涯（签字）　　谭泽代（签字）

在这封信上签字的十大将亲属分别是：郝治平，罗瑞卿大将夫人；楚青，粟裕大将夫人；邹靖华，许光达大将夫人；杨炬，王树声大将夫人；傅涯，陈赓大将夫人；徐文伯，徐海东大将长子；黄楠，黄克诚大将长女；张远之，张云逸大将长子；肖纪龙，萧劲光大将幼子；谭泽代，谭政大将长子。

由于各位大将的亲属对邮票发行工作不太熟悉，将邮票发行与制作发行邮折、首日封，误写为"出版"，也情有可原。但"门"却找对了。当时邮票发行工作由尚未政企分开的国家邮政局负责，而信息产业部就是国家邮政局的顶头上司。王旭东部长见到信后，将信批转到国家邮政局。国家邮政局接到王旭东部长的批示后，当即指示我：速研究并联系中央有关部门，提出意见。

邮资票品司在征求了中央有关部门及部分同志的意见后，由国家邮政局正式向中共中央宣传部行文请示：建议在 2005 年适当时机发行《中国人民解放军大将》纪念邮票一套十枚（每人一枚）。时隔不久，国家邮政局即接到同意发行的回复，发行邮票的工作提上了日程。

发行这套邮票的任务下达给邮票印制局后，编辑这套邮票的工作迅速展开，最后确定负责这套邮票的编辑是秦巍。邮资票品司和邮票印制局相关部门经过论证后，确定了此套邮票基本方向：

一、采取以十位大将戎装照为蓝本，进行再创作的设计方法，其原因有三：1. 戎装照能够明确地表明十位大将的特殊身份；2. 更好地表现出十位大将威武的军人风采，突出邮票主题；3. 考虑到邮票枚数较多，统一以戎装照为蓝本，容易把握整套邮票的协调性。

二、关于邮票名称及规格：

邮票名称：中国人民解放军大将

枚数：一套十枚

规格：30mm×40mm

邮票内容（按照授衔顺序排名）：

1. 粟裕　2. 徐海东　3. 黄克诚　4. 陈　赓　5. 谭　政 6. 萧劲光　7. 张云逸　8. 罗瑞卿　9. 王树声　10. 许光达

三、设计手法：以绘画为主。

采用毛笔与皴加碳笔手绘，追求硬朗的效果，文字部分用电脑设计。整套邮票统一为正面半身像，黑白人物，土红色文字点缀。人物尽可能突出大将的军衔特征，减去不必要的元素，着力刻画十位将军的个性风范。

根据这套邮票的设计特点，确定采取特约设计者的方案，由中央美术学院教授马刚担纲设计。

邮票设计不同于绘画，它是一种命题作画，即必须按照设定的题目去设计。对于十大将邮票设计来说，首要的就是要找到十位大将于 1955 年授衔时身着戎装的半身像。编辑秦巍犯难了，这些大将的亲属都深居一个个大院，怎么才能一个不落地找到他们呢？恰在此时，一个突然出现的人，帮了秦巍的大忙。这个人叫徐文慧，徐海东的女儿。徐文慧是个热心人，一听秦巍的诉说，马上一口应允：秦巍，你放心，联系十大将亲属，包在我身上。原来，十大将的亲属们，由于父辈特殊的经历和战争时期的生死之交，一直交往不断。尽管十大将相继离世，但后辈们至今都情同手足。

在徐文慧的帮助下，从十大将的亲属手里得到了非常珍贵的照片。但由于时间久远，照片的质量不太理想。为了找到更好的照片，为下一步设计打好基础，秦巍又分别走访了中国人民解放军总政治部、解放军画报社、中国人民革命军事博物馆、国家博物馆、新华社等单位。功夫不负有心人，最后在解放军画报社的大力协助下，十大将半身戎装照全部找到！

马刚对十大将的照片仔细揣摩、消化之后，设计稿如行云流水，一气呵成。2004年 11 月 8 日，国家邮政局第一届邮票图稿评议委员会第十七次会议对这套邮票图稿进行了评议。专家评议认为，素描画得不错。建议修改如下：1. 大将的头像大小要一致，着装及勋章的佩戴应统一。2. 增加姓名和生卒年。评议结果：同意特约设计者修改。

设计者依据评审委员会和十位大将家属的意见，对图稿作出了相应的调整。1. 调整十位人物占整个画面的比例，十幅图稿基本保持一致。2. 修改勋章位置，统一佩戴在十位大将的右侧，斜着成一条直线依序排列，依次是一级八一勋章、一级独立自由勋章和一级解放勋章。3. 增加姓名和生卒年。4. 依据张云逸大将家属建议，对人物的面部进行处理，使其显得更加年轻。

2004 年 12 月 27 日，修改后的邮票图稿再次征询十位大将家属意见，大部分认可设计方案，部分家属也提出了部分修改建议。根据家属意见，马刚再次进行修改并获得了十大将家属的认可。与此同时，图稿的图案也通过了军事科学院专家蒋凤多的认可和鉴定。

这套邮票定在什么时间发行呢？2005 年 9 月 27 日，恰是十大将授衔整整 50 周年，这也是十大将亲属们的愿望和呼声。邮资票品司根据雕刻版雕刻预留的时间和胶雕套印的印制时间，最后确定发行时间为：2005 年 9 月 27 日。

2005 年 8 月 1 日，就在中国人民解放军建军 78 周年的当天，国家邮政局正式下达了发行《中国人民解放军大将》纪念邮票的通知。

新中国邮票从这里起步

《庆祝中国人民政治协商会议第一届全体会议》邮票的筹备发行过程

随着中国人民解放军以雷霆万钧之势摧毁了国民党反动派蒋家王朝,中国大陆插遍红旗已指日可待。在中共中央的倡议下,中国人民政治协商会议第一届全体会议于1949年9月21日至30日在北京隆重举行。中国共产党及各民主党派、人民团体和无党派民主人士等各个方面的代表(含候补代表)共662人参加了会议。会议的主要内容是,通过了《中国人民政治协商会议共同纲领》,选举中华人民共和国中央人民政府委员会,选举毛泽东同志为中央人民政府主席。大会决定以五星红旗为国旗,以《义勇军进行曲》为代国歌,以北平为首都并将其改名为北京,采用公元纪年。大会还决定在首都天安门广场建立一座人民英雄纪念碑,以表示对革命先烈的无限崇敬和缅怀。这次会议无疑成为我们人民共和国的奠基礼。

由于当时中央人民政府邮电部尚未成立,筹备发行新中国第一套邮票《庆祝中国人民政治协商会议第一届全体会议》和《中华人民共和国开国纪念》邮票的任务就交由华北解放区的华北邮政总局来承担,于1949年10月8日发行"纪1"《庆祝中国人民政治协商会议第一届全体会议》,全套四枚。为了便于邮票发行管理和集邮者收集,首创了邮票志号,并印在纪念、特种邮票上,成为新中国邮票的显著特色之一。

邓连普当时是华北邮电局联络员,他接受筹备发行《庆祝中国人民政治协商会议第一届全体会议》邮票的任务后,就找到了从延安来的、曾任陕甘宁边区美术家协会主席的著名画家张仃及钟灵,请他们来设计"纪1"邮票图稿。两位画家连夜赶画出

《庆祝中国人民政治协商会议第一届全体会议》

了一张铅笔图稿，图稿上方是充满喜庆气氛的大宫灯，上绘有中国人民政治协商会议的会徽，主图是欢庆解放的游行队伍浩浩荡荡通过雄伟的天安门，另外还绘有正飞翔在天空的人民空军银鹰。

张仃（1917－2010），号它山，辽宁黑山人。中国现代艺术家、教育家、清华大学教授，曾任中央工艺美术学院院长。

1932年入北平美术专科学校国画系，抗日战争爆发后投身"抗日宣传队"，以漫画宣传抗日。1938年赴延安，在鲁迅艺术学院任教，并任陕甘宁边区美术家协会主席。1942年参加了"延安文艺座谈会"。1945年任华北大学三部美术系平津学生班班主任和东北画报社总编辑。

1948年沈阳解放，被派到沈阳参加东北鲁迅艺术学院的筹建工作。1949年夏季，到北京为中央军委主编《解放军三年战绩》画册。画册编完，参加第一届全国文代会。紧接着参加设计人民政协会徽与第一届全国政协会议纪念邮票，负责和参与开国大典、全国人民代表大会美术设计工作，以及设计改造怀仁堂、勤政殿，设计天安门广场大会会场，他还是中华人民共和国国徽设计提议者之一。

45年后，张仃回忆当年设计新中国第一套邮票时的情景："当我接受了周总理提出要为全国政协会议设计邮票的任务时，我只是个30刚出头的小青年。平生第一次设计邮票，对方寸邮票的特点、规律一概不知，但任务就是命令。当时工作头绪很多，我住在瀛台，一会儿要跑到怀仁堂，一会儿又要跑到勤政殿，抽时间查找和翻阅了大量的图片、资料。记得那时邮电部还没有成立，是华北邮政总局承担邮票工作，与我联系的是现在著名的邮票设计师孙传哲先生。我从孙先生那儿了解了一些邮票设计须知，以后便在16开纸上画出铅笔稿。从接受任务到画出图稿，仅用了4天时间。那个时候，我们的工作仍然保持战争年代那种雷厉风行的作风，组织上交给任务，一般只给两个内容：一是什么任务，二是时间要求。一切自己去创造，在干中学习，克服困难完成任务。"

当时，北京承印邮票的印刷厂，只能采用雕刻版一种印刷方法。而雕刻版印刷工艺比较复杂，整个工序完全由手工操作，雕刻制作一枚邮票图稿，需要较长时间，在当时这是不允许的。而采用胶版印刷，制版工艺简单得多，可以大大缩短印刷周期。为了尽早发行新中国第一套纪念邮票，决定在上海商务印书馆用胶版印刷。但是，这两位画家对邮票设计的要求不甚了解，画出的图稿无法制版。心急如焚的邓连普匆匆赶到上海，将图稿交给上海商务印书馆。接着，解放军驻沪供应处代表找到了设计师孙传哲，请他为这套邮票绘制出合乎印刷要求的平凹版图稿。

孙传哲（1915-1995），浙江宁波人。出身于书香门第，1930年考入上海美术专科学院西洋画系，两年后入南京中央大学艺术系深造，师法徐悲鸿、潘玉良等，1936年毕业。1947年考入南京交通部邮政总局驻沪邮政供应处，任专职邮票设计员。1949年中华人民共和国成立后转入邮电部，从事专业邮票设计工作。1952年至1969年，先后担任邮电部邮政总局邮票设计制作组负责人、邮票发行局设计室主任、邮票设计师、高级工艺美术师。从1947年3月参与设计中华民国《招商局创建75周年》邮票开始至1985年，他共设计或参与设计了150余套邮票。

孙传哲具有丰富的邮票设计实践经验，他在《情系方寸——我的邮票设计道路》一书中有一段论述，从中可以看出他对邮票设计艺术的深刻理解："邮票设计师有两支笔：一支是设计师亲手掌握的画笔，另一支是邮票印刷机。邮票设计师应以适合印刷的构图方法、色彩来驾驭'印刷机器'这支画笔，使印出的邮票尽量如实地还原画稿，甚至锦上添花。因此可以这样说，一个优秀的邮票设计师往往也是一个优秀的画家，而一个优秀的画家却不一定是一个优秀的邮票设计师。"

自民国元年（1912）就为南京临时政府印过邮票的商务印书馆，对承印"纪1"

邮票十分重视，随即抽调业务骨干组成印制管理和印刷技术团队。据当年参与此项工作的老同志回忆，邮票图稿到厂后，先由照相间缩拍成阴版并翻晒到照相纸上，修整后再次缩拍成与邮票一样大小的阴版。依此阴版制成 25 枚（5×5）子模组，子模组复制四次后，拼成 100 枚（10×10）子模的阴版，然后翻制阳版，最终制成镀锌平凹版的印版。

印刷采用美国制造的海力斯全张胶印机，使用对开纸，一印刷全张裁切为四个邮局全张，再用电动打孔机完成打孔。

上海市闸北区职工集邮协会编写的《新中国第一套邮票——"纪1"的印制史》中，详细介绍了新中国第一套邮票在上海印制的经过。

1949 年 5 月上海解放后，华东邮政管理总局供应处在沪招标印制邮票。当时著名的私营出版、印刷、发行综营的文化单位——商务印书馆股份有限公司正处在任务不足、经济困难之际，其凭借曾有多次印制邮票等有价证券的经验，在招标竞争中获胜，取得了承印新中国的第一套邮票——《庆祝中国人民政治协商会议第一届全体会议》邮票（纪1）的光荣任务，9 月 18 日双方签订承揽印制合同。

商务印书馆曾拥有我国规模最大、设备最先进的印刷厂。1932 年"一·二八"之役，被日本侵略者炸毁。之后，商务印书馆采取缩小规模在市区分散办厂的方式迅速恢复营业，其中一处是租借南京西路 694 号大楼开设制版印刷厂，此处以承接彩色印件为主。

在厂长王雨楼的领导下，由分管工务的副厂长胡维永分管制版印刷。总管理处抽调了一位过去常为商务担任监印邮票的老职工陈铭勋下厂任总监印，上海华东邮政管理总局供应处派军代表祝存恕驻厂监督。

邮票印刷用纸由华东邮政管理总局供应处运送来厂，是进口的 70 克左右的胶版纸（道林纸），当时国内还不具备生产这种纸的条件。

当时是用对开白纸在全张胶印机上印刷的，按照印制合同要求"纪1"邮票分为各地贴用及东北贴用各四种，共印 800 万枚，须在政协会议期间分送各地发售。中途因"纪1"邮票图稿改动（邮票铭记由"华北"改为"中华"而重新制版）致使印制时间非常紧迫。后经职工节日加班，日夜奋战，使"纪1"邮票首批成品于 10 月 4 日出厂，10 月 12 日全部印制完成。"纪 1"邮票从签约到印制完成仅 24 天，应算高效率。

"纪 1"邮票的印刷质量在当时应属达到很高水平，其中也曾出现过一点小毛病。在"纪 1"邮票加工结束一年之后，华东邮政管理总局曾退回整包邮票，因其中有一张严重褪色的整张邮票。当时，厂长用放大镜仔细观察隐约可见"纪 1"邮票痕迹，辨认出商务厂在邮票上做的暗记，证实确是商务厂在照相制版承印之品。经分析后认为，因为在印刷过程中，印版上有杂物，须用药水清洗，而当停机清洗之后，操作工未用清水彻底洗净版面上的药水就匆忙开机。时间久了，药水与油墨发生化学变化，使油墨淡化褪色。

值得一提的是，《庆祝中国人民政治协商会议第一届全体会议》邮票上的邮政铭记是"中华人民邮政"，与现在发行邮票上的邮政铭记"中国邮政"不同。以"中华人民邮政"铭记发行的新中国早期邮票只有三套，除了《中国人民政治协商会议第一届全体会议》外，还有"纪 2"《中国人民政治协商会议》和"纪 3"《世界工联亚洲澳洲工会会议纪念》。从"纪 4"《中华人民共和国开国纪念》开始，邮票上的铭记改为"中国人民邮政"，一直延续到 1991 年。从 1992 年开始，我国邮票的邮政铭记根据万国邮联的相关规定，改为"中国邮政 CHINA"，沿用至今。

1949 年 10 月 8 日，新中国发行的第一套邮票——"纪 1"《庆祝中国人民政治协商会议第一届全体会议》正式发行，全套四枚，采用同一图稿，颜色分别为蓝（30 元）①、红（50 元）、翠绿（100 元）、紫（200 元）。为了便于邮票发行管理和集邮者收集，邓连普先生首创了邮票志号，并印在纪念、特种邮票上，成为新中国邮票的显著特色之一。

全国刚解放时，东北地区与关内的货币不同，互相不能通用，因此在发行这套邮票的同时，又发行了加印有"东北贴用"字样的一组邮票。1955 年 1 月 10 日这两组邮票都曾再版印刷，因此这套邮票创下两项"第一"：这套邮票是新中国纪念邮票中第一套分两个组别的邮票，这套邮票的第一枚下方印着"纪 1、4-1（1）"，是首次使用新中国纪念邮票志号的邮票。

注：①指旧币面值。

粟裕与中国邮票出口公司

谨以此文纪念粟裕将军逝世三十九周年（注）

　　这篇文章的题目一定令不少人纳闷，是啊，粟裕是我国著名的军事家，在为中华民族的解放和新中国的成立，披肝沥胆，战功卓著。1955 年被授予中国人民解放军大将军衔，且位列十大将之首。新中国成立以后，粟裕长期在军队工作，在我军的革命化、正规化、现代化建设上多有建树，是一位深受全国人民爱戴的军队领导同志。那么，他和一个小小的邮票出口公司有什么关系呢？

　　这件事发生在 20 世纪 70 年代初，即交通部主管邮政总局和邮票发行工作时期。这句话可能让一部分年轻的集邮者搞不懂了，邮政总局一直在邮电部的领导之下，何时改换门庭了？这是尘封 50 多年历史的往事，为了叙述清楚，还是简单回顾一下 20 世纪 60 年代末，国家调整邮电管理体制方面的情况。1969 年 11 月 5 日，国务院、中央军委下发了《关于邮电体制改革的意见》。根据《意见》的要求，自 1970 年 1 月 1 日起邮电部撤销，分别成立中华人民共和国邮政总局和中华人民共和国电信总局。邮政总局划归交通部领导，电信总局划归解放军总参谋部通信兵部领导。

　　1969 年 12 月 1 日，邮电部军管会、铁道部军管会、交通部军管会、军委总参通信部完成了工作衔接。1970 年 1 月 1 日，新组建的交通部邮政总局开始办公，并启用

《中国人民解放军大将》之粟裕

新的印章。1972 年 12 月 9 日，交通部报请国务院批准正式成立交通部邮票发行局，主管邮票发行工作。1973 年 3 月 3 日，国务院、中央军委向中共中央提出关于恢复邮电部的报告。3 月 6 日，中共中央批准了这个报告。6 月 1 日，恢复邮电部。邮政总局从交通部划出来，归邮电部领导。

　　20 世纪 60 年代后期，粟裕将军根据周总理的要求参加国务院业务组，协助周恩来分管部分工作。这一变动，其实是周恩来保护粟裕免遭造反派冲击的一个策略。据《粟裕年谱》记载，周恩来向毛泽东报告了《关于中央和国家机关精简方案设想》，提出成立国务院业务组，拟由周恩来、李先念、李德生、李富春、余秋里、粟裕、苏静等人组成，周恩来为组长，李先念为副组长。当日，毛泽东在报告上批示：原则同意。至此，粟裕进入国务院业务组工作。

　　1971 年 3 月，周恩来总理正式交代粟裕由他参与国务院交通口的工作。5 月 5 日，粟裕为便于就近了解掌握交通系统的情况，将自己的办公室直接迁到交通部办公楼内。粟裕分管交通邮政工作以后，对邮票工作非常重视。1971 年 6 月，粟裕亲自听取邮政总局汇报工作，当邮政总局领导谈到我国自 1969 年 2 月停办集邮业务后，国内外反映强烈，许多外国朋友和侨胞写信索要中国邮票，还有一些人寄来外币要求购买中国邮票。粟裕边听汇报，边翻阅国外集邮爱好者的来信，随后说：集邮本是一项群众性非常广泛的有益活动，在外国不管是老头、老太太还是娃娃都很喜欢集邮，他们希望得到一枚新中国邮票，我们停办集邮业务，违背了集邮爱好者的愿望，人家当然有意见。

粟裕接着说：开办集邮业务，恢复出口邮票，可以扩大新中国邮票在世界人民中的影响，外国人和华侨可以在方寸邮票中增加对新中国的了解，增进对中国人民的感情，同时又可以为国家创造外汇收入，这样的好事为什么不办呢？粟裕最后明确指出：以交通部名义给国务院写一个恢复邮票和集邮业务的报告。这次汇报后，粟裕先后三次派人到邮政总局督促抓紧落实恢复邮票出口和集邮业务。交通部考虑，在当时的社会环境和氛围下，全面恢复邮票出口和集邮业务，有些操之过急，恐遭非难，不如分两步走，先恢复邮票出口，待时机成熟后再恢复集邮业务。1971 年 8 月 9 日，外交部、交通部联合向国务院呈报《关于邮票出口问题的请示》。8 月 13 日，国务院批准了这个报告。1972 年 1 月 1 日 "中国邮票出口公司" 正式开业，隶属于北京邮政局。1 月 3 日，北京邮局下发京邮办字第元号《关于成立中国邮票出口公司的通知》：

> 根据上级指示，我局决定成立中国邮票出口公司，专营对国外出口批发订购及对国际友人的门市零售业务，已自七二年一月一日开始营业。该公司直属市局领导，地址在东安门大街 28 号。希各有关单位知照为荷。

1972 年 12 月 8 日，交通部下发《关于邮票出口几个问题的批复》，进一步明确出口邮票的业务范围、出口地区、出口品种等。文件规定，只办理邮票出口业务，不办理外国邮票进口业务。在办理出口业务时，以批发为主，个人预定业务可适当处理，但不对外宣传。中国邮票出口公司开办以后，犹如在平静的湖面抛入了一个石子，不仅引起各国驻华使馆及归国华侨的重视，也引起了国外集邮者的关注。虽然当时交通部对中国邮票出口公司出售邮票的规定非常严格，但随着中国邮票出口公司的影响力逐渐扩大，一些外宾和归国华侨对出售的品种已不满足。为此，交通部又批准中国邮票出口公司向国外出售盖销邮票。随着盖销邮票和邮票盖销业务的开展，一些外国集邮者对出口公司经营的品种又不满足了，提出要购买中国的首日封。当时中国邮票出口公司对此要求非常谨慎，认为过去发行的首日封有图案和纪念戳，是纯粹的集邮品。上级不允许经营，同时交通部又允许出售盖销邮票，不如用普通信封，贴上邮票，盖上邮政日戳，当做盖销邮票出售，既满足了外商对首日封的需要，增加外汇收入，又不违背"不经营集邮业务"的规定。经请示邮政总局并得到同意后，中国邮票出口公司利用本公司的中英文公事信封，贴上当时发行的编号邮票等，盖上邮政日戳，做成首日封出售给外商。为避集邮之嫌，只按邮票面值销售，连信封的成本都不收。当时，这些首日封只提供给外宾和海外侨胞，改革开放以后，随着国内集邮者和国外交往日渐增多，这些珍贵的首日封才回流到国内。这也让国内的集邮界开始关注被历史尘埃淹没半个多世纪的邮坛奇事。

往事不能如烟。今年是国务院批准开办邮票出口报告整整 50 周年，也是粟裕将军逝世 39 周年。这段史实不应该被集邮界忽略，同时粟裕将军关心集邮事业的这段往事也应该被集邮界记住。在"四人帮"横行的日子里，邮票和集邮被打入另类。那阵子，凡是手头藏有邮票的，哪个心里头不打鼓呢？在"黑云压城城欲摧"之时，粟裕将军实事求是，坚持真理，不畏强权，敢于挺身而出拨乱反正，并亲自督办，才促成中国邮票出口公司的成立。尽管由于种种原因，没有对国内集邮者开放营业，但对当时万马齐喑的集邮事业来讲，不啻是一丝难能可贵的曙光！我相信当时喜欢邮票的人，一定也相信只要有这个门市部存在，它总有一天会敞开大门，迎接久违的国内集邮者！

注：粟裕将军生于 1907 年 8 月 10 日，1984 年 2 月 5 日不幸离世。距今整整 39 年矣。

参考资料：《粟裕年谱》当代中国出版社出版，《中国邮票史》商务印书馆出版。

记录国家发展历程的"名片"

国庆题材系列邮票诞生记

2014 年，在中华人民共和国第 65 个生日之际，中国邮政决定发行以《长江》为题材的特种邮票一套，向祖国母亲 65 岁华诞献礼。至此，新中国成立以来共发行国庆题材邮票 24 套 143 枚，小型张四枚，小全张两枚。这些邮票浓缩了人民共和国所走过的历程，也将共和国创造的辉煌永远定格在方寸之中。

国庆邮票发行有规律

我国国庆题材邮票发行始于 1950 年 7 月 1 日，邮政部门发行了"纪 4"《中华人民共和国开国纪念》邮票；1950 年 10 月 1 日发行了《中华人民共和国开国一周年纪念》邮票；但从 1959 年，即新中国成立十周年开始，国庆题材邮票呈现这样一个特点：每逢五或逢十周年发行，其间则不再安排发行，这一原则延续至今。

1959 年是新中国成立十周年，这一年是发行国庆题材邮票最多的一年。这一年共发行了纪 67、纪 68、纪 69、纪 70、纪 71 等五套邮票，名称均为《中华人民共和国成立十周年》。

1964 年 10 月 1 日，我国发行了"纪 106"《中华人民共和国成立十五周年》纪念

《中华人民共和国成立十周年》

邮票一套三枚，采用三枚连票方式，面值均为 8 分。另发行邮票小全张一枚，小全张中的三枚邮票相连处无齿孔，这是我国发行的第一枚国庆题材邮票小全张。

1974 年 10 月 1 日，我国发行了两套纪念邮票，由于从这一年开始邮票的志号进行了更改，两套国庆题材邮票的志号由汉字的"纪"打头变为了汉语拼音"J"字打头，即"J2"和"J3"。名称为《中华人民共和国成立二十五周年》。J2 为一套一枚，J3 为一套三枚。

1979 年 10 月 1 日，是人民共和国成立 30 周年，也是粉碎"四人帮"、结束十年文化大革命动乱之后迎来的第一个国庆。这一年，我国连续发行了 J44、J45、J46、J47、J48 五套纪念邮票，名称为《中华人民共和国成立三十周年》。同时，还发行了 J45M 小型张一枚。

1984 年 10 月 1 日，发行了"J105"《中华人民共和国成立三十五周年》纪念邮票一套五枚。

1989 年 10 月 1 日，我国发行了"J163"《中华人民共和国成立四十周年》纪念邮票一套四枚，另发行了小型张一枚。

1999 年，人民共和国迎来了 50 周年华诞。这一年，我国发行了 1999—11《中华人民共和国成立五十周年——民族大团结》纪念邮票一套，共 56 枚。每一枚代表一个民族，全套 56 枚印制在一个整版上。这是迄今为止，我国发行枚数最多的一套邮票，创造了单套邮票枚数世界之最。

2004 年 10 月 1 日，我国发行了 2004—23《中华人民共和国国旗国徽》特种邮票

《中华人民共和国成立五十周年——民族大团结》

一套两枚，同时推出了新的品种——不干胶邮票。这一年，还发行了2004—24《祖国边陲风光》特种邮票一套12枚，另发行邮票小全张一枚。

2009年10月1日，是人民共和国成立60周年。这一年的国庆节，在天安门广场举行了隆重的庆祝活动和阅兵式。我国发行了两套纪念邮票，一套为《中华人民共和国成立六十周年》，共发行四枚邮票，另发行小型张一枚。同时，发行了《中华人民共和国成立六十周年首都阅兵》纪念邮票一套四枚。

我国国庆题材邮票逢五或十（周年）发行的周期，只发生了一次例外。1969 年是人民共和国成立 20 周年，这一年却没有发行国庆邮票。因为处于文化大革命动乱之中的祖国，没有正常秩序，没有纪念活动，邮票发行也被取消了，这在我国邮票发行史上留下了一个永远的遗憾。

推迟发行的《开国纪念》邮票

浏览过《中华人民共和国邮票目录》的读者，都发现了一个有悖常理的现象：《中华人民共和国开国纪念》邮票不是在 1949 年 10 月 1 日发行的，而是在第二年的 7 月 1 日发行的。这究竟是怎么回事呢？这还要从新中国成立之前的一次极其重要的会议说起。

1949 年 9 月，中国大陆除西南地区外，已基本得到解放，商讨中华人民共和国大计遂提上日程。1949 年 9 月 21 日，由中国共产党发起并领导的中国人民政治协商会议第一届全体会议在北平召开。中国共产党及各民主党派、各人民团体、无党派民主人士，为了中华民族的未来，齐聚一堂，共商国是。会议代行全国人民代表大会的职权，确定了新中国的国体、政体，表决通过了国旗、国歌，选举产生了第一届中央人民政府组成人选。会议于 9 月 30 日闭幕。1949 年 10 月 1 日上午，中央人民政府委员会在北京中南海举行第一次会议。下午 3 时，首都北京 30 多万军民在天安门广场隆重举行开国大典，毛泽东主席庄严宣布：中华人民共和国中央人民政府成立了。

根据 1949 年 9 月 27 日通过的《中央人民政府组织法》第十八条规定，邮电部于 10 月 1 日成为当天成立的中央人民政府下辖的一个部门，职责是对全国范围内的邮政和电信事业进行统一领导与管理，当然也包括承担邮票发行方面的职责。实际上，为开国设计纪念邮票的工作早在北平和平解放之后就已着手酝酿，鉴于当时邮电部尚未成立，筹备工作临时由华北邮政总局负责。但是，开国纪念邮票的画面怎么画、画什么？却没有参照物。特别是这样一个重大题材的邮票，画者慎重，审者更慎重。所以，在首都举行开国大典之前，始终没有理想的方案。1949 年 10 月 1 日在天安门举行的阅兵式，给了设计者以灵感，张仃先生和钟灵先生设计的初稿很快成型。张仃、钟灵设计的邮票图案为横型，右边为毛主席侧面像，背后为五星红旗，下方为天安门城楼，城楼前有坦克编队驶过，天空有飞机。

1949 年 11 月 1 日，中央人民政府邮电部正式组建成立。从全国各地及解放区调来的专业干部陆续报到，邮电部机关随即开始运转。1950 年 1 月 1 日，邮电部邮政总局成立，并在邮政总局下设邮票科。1 月 14 日，邮政总局发出通令，规定邮票由邮电部邮政总局统一印发。邮票的设计与发行工作正式由邮政总局接手，从此邮票发行工作正式走入正轨。邮政总局对张仃和钟灵设计的《中华人民共和国开国纪念》邮票图稿进行了审议，并提出了修改意见。据此，版图绘制人孙传哲将图稿中的毛主席侧面像改为正面像（参照画家黎冰鸿所绘毛泽东素描像），又将呈平面型的五星红旗改为凌空飘扬的形式，邮票票幅改为竖式，使邮票的画面更稳重庄严，突出了"中国人民从此站立起来了"的气势。这期间，邮票的铭记也由"中华人民邮政"更改为"中国人民邮政"。经过一系列的调整，邮票图稿最终获得审查通过，邮政总局将邮票图稿下达给"大东书局上海印刷厂"印制，推迟了整整 9 个月的《中华人民共和国开国纪念》邮票终于在 1950 年 7 月 1 日正式发行。

《中华人民共和国开国纪念》邮票真实地记录了开国大典的盛况，那红彤彤的主色调，再现了天安门广场上红旗、红灯、红海洋般的情景，昭示着中华人民共和国的成立开辟了中国历史新纪元。

《中华人民共和国开国纪念》

《中华人民共和国开国一周年纪念》

国庆题材邮票内容丰富　新颖精美

纵观新中国成立以来发行的国庆题材邮票，具有选题广泛、内容丰富、新颖精美等特点。

首先从选题方面看，中华人民共和国国旗、国徽、国歌曾出现在多套邮票上，成为共和国国庆题材的主角。其中印有国旗图案的邮票有 16 枚，印有国徽图案的邮票有 9 枚。如 1950 年 10 月 1 日发行的"纪 6"《中华人民共和国开国一周年纪念》邮票，共有 5 枚，规格为一大四小，图案都是迎风飘扬的国旗。对于刚刚成立的新的人民政权，消除旧政权的影响，通过当时普遍使用的信函通信方式，贴上印有五星红旗图案的邮票，飞向千家万户，让共和国的国旗在广大人民群众中扎根，无疑是最好的方式。

采用著名艺术家的作品作为国庆题材邮票的内容，也是特点之一。1959 年 10 月 1 日，邮政部门发行的"纪 71"《中华人民共和国成立十周年》邮票，是根据著名画家董希文（第二届全国政协委员）的油画《开国大典》而设计的。画面上，毛泽东主席手握讲稿，党和国家领导人站在他的背后，天安门城楼下红旗招展，人山人海。邮票以磅礴的气势、宏大的场面、绚丽的色彩，勾画出以毛泽东为首的新中国的缔造者栩栩如生的光辉形象，记录了中国人民最激动、最难忘的伟大时刻。1979 年，"中国邮票展览"在香港展出,这枚邮票成为最轰动的展品之一,很多当地观众在展品前合影留念。这套邮票被评为新中国成立30周年最佳邮票之一。

邮票历来被称为"国家的名片",它的设计者理所当然的应是中国美术界的翘楚。浏览一下参与国庆题材邮票设计的一串名单,中国当代美术界的著名画家张仃、张光宇、钟灵、丘陵、陈汉民、周令钊、杨白子等赫然在列。著名电影导演张艺谋(第十、十一届全国政协委员)也曾客串过国庆题材邮票的设计,在《中华人民共和国成立六十周年》邮票的两名设计者中,就有张艺谋的名字。

在其他国庆题材邮票上,社会主义建设成就也有较充分的反映。新中国成立以后,在党和政府的领导下,彻底摆脱"三座大山"压迫的工人、农民和知识分子,建设新中国的热情空前高涨,无限的工作热情必然激发无限的创造力。新中国的第一个十年,各项事业都取得了突飞猛进的发展。1959年10月1日发行的"纪69"《中华人民共和国成立十周年》的8枚邮票中,选取了"钢铁"、"煤炭"、"机械制造"、"交通运输"、"农业"、"水利电力"、"纺织工业"及"化学工业"等画面,反映了这一时期国民经济欣欣向荣的特点。

党的十一届三中全会以后,我国的工作重心转到以经济建设为中心的轨道上来。1979年10月1日,是新中国成立30周年,在发行的"J48"《中华人民共和国成立三十周年》(第五组)中,用画面诠释了四个现代化的蓝图。4枚邮票分别是"农业现代化"、"工业现代化"、"国防现代化"和"科学技术现代化"。2009年10月1日,是新中国60周年华诞,在2009-26《中华人民共和国成立60周年国庆首都阅兵(J)》中,发行了4枚不同军兵种参加阅兵的画面,分别为"徒步方队"、"陆军和二炮装备方队"、"海军装备方队"和"空中梯队",从一个侧面反映了我军新时期建设的成果。

"欢庆",在国庆邮票中属于常青的题材。从1949年到1965年的16年间,几乎每年的国庆节都要在天安门广场举行群众游行,晚上还要举行首都群众大联欢。当时,笔者的学校就在天安门附近,有幸多次参加了学生方队的游行和国庆之夜的大联欢。这些欢乐的场景,给了邮票设计者无限的遐想。1964年10月1日发行的"纪106"《中华人民共和国成立十五周年》纪念邮票一套三枚,采用连票的方式,再现了节日的天

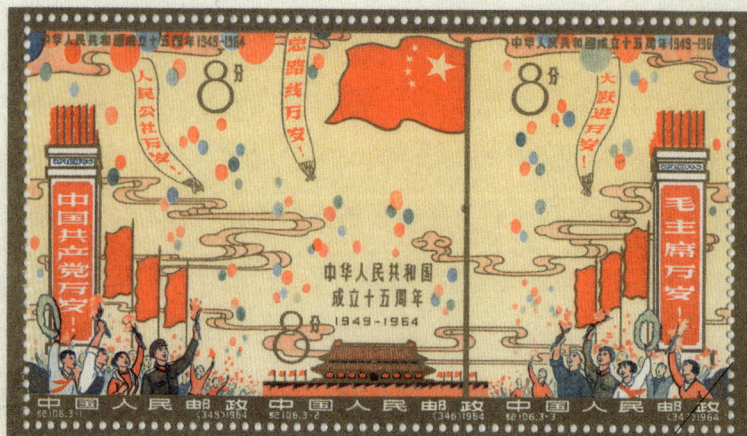

《中华人民共和国成立十五周年》（小全张）

安门广场及首都各界群众手持花束和花环欢庆的场面。与此同时，还发行了同图案的小全张一枚。小全张中的三枚邮票相连处未打齿孔，使欢庆画面更加完整。由于小全张发行量只有四万枚，今天已成为我国邮票中的珍品，它也理所当然地成为收藏者追逐的对象。

在"欢庆"题材的国庆邮票中，最著名、最有创意的要数《中华人民共和国成立五十周年——民族大团结》纪念邮票。这是一套包括 56 枚邮票的大套票，56 个民族各有一枚，邮票上标明各民族的正式族称。画面表现的是各族青年男女身着民族盛装、载歌载舞、欢度国庆的瞬间。邮票中 112 个人物的服饰、乐器和舞姿，各具特色，绝不雷同。这套邮票创造了中国单套邮票枚数之最，也创了世界单套邮票枚数之最。为了准确地表现各民族舞蹈及服饰的细节，设计者周秀清走访了各民族聚集地，邮政部门又请各个少数民族地区（旗、盟、县）进行审查把关，从衣服的装饰到舞蹈手势的比划，每一个细节都做到了权威鉴定、准确无误。这项大工程，光设计、审查就花了一年多的时间。这样一套 50 年一遇的精品，理所当然地成为收藏界的新宠。

《长江》邮票背后有故事

2014 年 9 月 13 日，中央美院教授、著名艺术家袁运甫（第九届全国政协委员）倾尽半生心血创作的《长江万里图》，将设计成 9 枚一套的《长江》邮票，向共和国 65 周年华诞献礼。对于袁运甫先生来说，为了让这幅画完整地面世，他整整等了 40 年。

袁运甫，祖籍江苏南通。1949 年，他以 16 岁之龄考入杭州国立艺专，师从林风眠、潘天寿等。1953 年，袁运甫转读于徐悲鸿为院长的中央美术学院，师从张光宇、张仃。袁运甫不仅拥有扎实的中西绘画功底，同时横跨了设计学与美术学两大领域。

1972 年，袁运甫接受了一项任务，为即将开工建设的新北京饭店大堂创作一幅壁画。这幅壁画长达 60 米，为当时国内公共艺术之最。袁运甫选择了"长江"，他认为没有比长江更适合、更切题的！长江的激荡与雄伟、开放与包容，正是中华民族特有的本质。他将想法报告给主抓新北京饭店建设的北京市领导万里，没想到万里告诉

《长江》

他，你的意见和我们的设想完全一致！

袁运甫，这个在长江边上长大的画家，用手中的笔淋漓尽致地把对长江的挚爱绘制在纸本上。一个月后，一幅《长江万里图》的效果草图和室内装饰模型，送到了北京市政府。

在周总理主持下，新北京饭店的总体设计和大堂壁画画稿顺利通过。会议后不久，万里将袁运甫找去，询问完成这幅画稿还有什么要求？袁运甫提出，这幅画稿要放大成与壁画 1∶1，就要补充素材，长江上的很多细节需要进一步深入生活，实地考察。万里很赞成，并批准了袁运甫提出的沿江写生的建议。

将近三个月的写生，袁运甫获得了大量实景、实地的写生稿，为即将修改完善的60 米长卷打下了基础。袁运甫回到北京后，避开了嘈杂的运动，一头扎进了《长江万里图》的二度创作之中。沿长江三个多月的采访与写生，使袁运甫对长江有了更深刻、更感性的认识，沿途写生的一百多幅作品，已不是纯自然的描摹，而更多是袁运甫对母亲河流露出的一种挚爱。这一年的夏天，袁运甫将灌满心血的《长江万里图》送上审查。一周后，袁运甫终于等来了消息，但这个消息却是兜头一瓢冷水。原来，周总理在主持审查新北京饭店建设的有关事项中，《长江万里图》遭到了江青一伙疯狂的反对。江青及其爪牙在会上带头发难：你们不去画工业学大庆、农业学大寨，却画这些没有阶级性的山水，新北京饭店必须要反映工农兵！《长江万里图》就这样被搁置下来。

改革开放以后，《长江万里图》的局部陆续成为首都机场、北京建国饭店、人民大会堂金色大厅的装饰壁画，但是《长江万里图》的完整画稿却仍然沉睡在历史的尘埃中。

2014 年，年逾八旬的著名艺术家袁运甫听到《长江》邮票即将发行的消息后，激动不已。融进半生心血的壁画原稿得以重见天日，是他做梦也没有想到的。但是，今日长江与 40 年前之长江相比，已发生天壤之巨变。袁运甫的年龄已不允许第二次再走长江，他把续写长江的责任郑重地交给了儿子袁加。

袁加，毕业于中央工艺美院，目前已是颇有建树的壁画与装饰艺术家。他不仅亲眼看见了袁运甫一笔一笔完成《长江万里图》的全过程，也参与了北京人民大会堂金色大厅《长江》壁画的创作，当袁加郑重地从父亲手中接过接力棒后，认真地进行了考察和各种资料的准备。

2014 年初，袁加郑重地将修改完成并经袁运甫认可的《长江》邮票图稿交给了中国邮政。至此，袁运甫父子联袂完成的当代《长江万里图》终于画上了句号。

上山下乡　时代印迹

《知识青年在农村》邮票设计始末

我曾经和邵柏林先生有过一次对话，对话内容涉及他所设计的几十套邮票。

刘：邵老师，在您所设计的几十套邮票中，您最喜欢的，或者说最中意的作品是哪一套？

邵：（笑了一下）你猜猜？

刘：您所设计的优秀邮票太多了。比如，《齐白石作品选》《牡丹》《西周青铜器》……

邵：（摇了摇头，又笑了）都不是。

刘：那一定是《故宫》？

邵：也不是，《故宫》仍有改进的空间。

刘：这也不是您中意之作？您的中意之作是——

邵：《知识青年在农村》。这套邮票是我 1964 年设计的，一转眼过去五十多年了。

刘：这真是让我大感意外，我搜肠刮肚也没有想到会是这套邮票。

"知识青年"对于我来讲，真是一个久违了的名词，因为我也曾是这个群体中的一员。

说起"知识青年"这个特殊的、容易联想起那个动荡年代的称谓，估计现在 40

岁以下的年轻人，在他们的字典里恐怕找不到这个名词。

我查了一下，《知识青年在农村》这套邮票的发行时间是在 1964 年 9 月 26 日。当时为什么要下达这么一套选题呢？这恐怕和 20 世纪 60 年代初国家大力宣传知识青年上山下乡的典型，鼓励知识青年到农村去这项政策不无关系。

1955 年，河南省郏县大李庄乡有一批中学和高中毕业生回乡参加农业合作化运动，报上发表了《在一个乡里进行合作化规划的经验》，报道了这个乡的事。毛泽东主席读了很兴奋，亲笔写了按语："一切可以到农村中去工作的这样的知识分子，应当高兴地到那里去。农村是一个广阔的天地，在那里是可以大有作为的。"

20 世纪 60 年代，我国计划经济体制所暴露出来的问题日益突出，劳动就业的出路越来越窄。另外，由于长期忽视计划生育，我国人口呈几何比例上升，城市人口激增，升学就业的问题更是积重难返。同时，由于政策失误，20 世纪 60 年代又连续出现饥荒，我国经济进入了空前的困难时期，再加上中苏关系开始恶化，苏联的援建项目陆续下马，导致大量裁减职工。苏联又催还贷款，致使我国经济出现低谷。面对如此的内忧外患，党中央就缓解城市的压力，解决我国人口众多、经济文化发展不平衡的问题，把知识青年上山下乡作为一项在全国范围内有组织、有计划开展的长期工作确定下来，随着经济建设的不断发展，这一做法逐渐成为调节城乡劳动力的重要一环。从 1962 年秋到 1966 年夏，这四年共有 129 万知识青年下放到农村。这一举措适应了发展国民经济总方针的要求，减少了城镇人口，支援了农业生产和边疆建设。在这些知识青年中，有一些是主动响应党和国家号召，放弃了升学、就业的机会，立志从事农村和边疆建设的青年。他们在知识青年建设农村和边疆的事业中，起到了开拓者的作用，是有志青年学习的榜样，比如全国闻名的回乡知青徐建春、吕根泽，城市下乡知青王培珍、邢燕子及侯隽等。

我当时是 65 届的老初三毕业生，毕业前夕学校请来北京知识青年的榜样侯隽，到学校作报告，鼓励毕业生到农村去。所以，中央宣传部当时下达这样一个选题到邮票发行局，是党和国家当时的政策所决定的。

邵："没错。这个题材是中宣部下来的政治任务，发行局非常重视。就是说，不

《知识青年在农村》

仅要完成，而且要完成好。但是，这个题材到了设计室后，没有一个人报名设计这个选题。"

刘："为什么呢？"

邵："难！表现起来太难。这个选题上级要求表现的是：一、农村广阔天地大有作为；二、知识青年上山下乡接受贫下中农再教育；三、强调表现阶级斗争、生产斗争、科学实验三大斗争。"

方寸之地的邮票要表现和承担如此重大的内容，它不仅仅是邮票的难题，放到任何人肩上都是一个不堪重任的难题。

刘："谁都没有报这个选题，最后怎么让您来设计呢？"

邵："没有人报这个选题，局里的领导犯难了，宋兴民找到我：老邵，还是你来吧。最后，没有让革命同志去画，反而让我这个当时的'右派'分子来完成这个任务。"

刘："我知道您是1957年被打成右派的，一直到1979年才经胡耀邦同志过问，被平反的。"

邵："是的，我将永远感念胡耀邦同志的明镜高悬。右派的帽子我戴了整整22年，一边接受改造，一边还要完成革命任务，好在我有多年在农村劳动的'生活'。"

刘："我看了邮票，4枚，有收麦、植树，这肯定是表现生产斗争的。戴白羊肚毛巾的老汉和知识青年正交流的这枚是科学实验，那阶级斗争是怎么表现的呢？"

邵："你看看第三枚这一枚是表现阶级斗争的。"

刘："这上面是一张打开的《人民日报》啊，那不是读报学习吗？怎么是表现阶级斗争呢？"

邵："对，这是1964年2月4日《人民日报》发表的"九评"中的第"七评"。"九评"是当时中共中央对苏联赫鲁晓夫修正主义集团公开发表的九篇批判文章。我设计这套邮票时，正赶上中共中央发表第七篇批判文章。图中摊开的《人民日报》正是当时"七评"的版面（见图）。你想想，我能画斗地主、斗资本家吗？60年代最大的阶级斗争是什么，是和"苏修"的论战，因此用这样的画面反映阶级斗争不是既含蓄又恰当吗？"

这套邮票我用的是杨柳青年画的形式，杨柳青年画本身来自农村，来自民间。它的特点是简洁、古朴、色彩对比又强烈，是反映农村题材的好形式。这套邮票设计几易其稿后，我就带着图稿去请教老师，中央工艺美院的院长张仃先生。张仃先生看后，用少有的肯定口气鼓励我："《知识青年在农村》邮票用杨柳青年画的形式表现很好，但要注意出新，新的内容、新的杨柳青年画形式、新的时代精神。"

按照张仃先生的意见，我对邮票图稿又进行了部分调整，最后呈报给了局里。

当时邮票发行局的领导是宋兴民，他亲自带着《知识青年在农村》邮票图稿到中宣部宣传处送审报批。宣传处的负责人一边看一边问："这是中央美院周令钊教授画的吗？"

"嗯，不是，是我们自己人画的。"宋兴民得意地摇摇头回答。

中宣部宣传处只对第四图提出意见，认为科学实验图把知识青年画在上方，贫下

修改前图稿

中农画在下方，不妥，至少应当改为平起平坐。（附修改前图稿）

《知识青年在农村》邮票原方案

根据中宣部的意见，我又对《知识青年在农村》邮票的第四图进行了调整。

邵："这里我想强调说明的是：邮票领域里的政治题材绝不是哪个人有感而发，而是"命题之作"。希望喜欢邮票的人们，多从特定的角度、"考官"的角度，观察分析作者是如何破茧而出、破题而作的。"

1964年9月26日，《知识青年在农村》特种邮票发行。

普24甲（红佛）小型张发行的来龙去脉

1989年，在改革开放的大潮中，迎来了新中国成立40周年的大庆。为此，中华全国集邮联合会（以下简称中华全国集邮联）秘书处提出拟于10月中旬在北京举办全国性集邮展览。

接到集邮联秘书处的请示，邮电部分管邮政工作的朱高峰同志召集相关部门专门召开会议，听取邮展筹备工作的汇报。当汇报到邮展需要部里下拨经费时却卡住，集邮联秘书处提出，由于这届邮展比前两次邮展（集邮联曾分别于1983年和1985年举行过两次邮展）规模要大。租用中国美术馆的价格也比较高，故所需经费开支比预想的要高很多。那么这笔经费从哪儿出呢？朱高峰同志也犯难了。从邮电部当时的情况看，国家在计划经济的体制下，邮电通信不是重点投资的部门，因而欠账较多。改革开放以后，随着党和国家的工作重点转移到以经济建设为中心，过去从来不起眼的邮电部门，瞬间成为了香饽饽。为招商引资着急上火的各地政府，突然发现通信紧张成为引进外资的一道跨不过去的坎！怎么办？找邮电部呗。于是，各地政府纷纷派人到北京，向邮电部要电路的，希望加大市内电话建设的……不一而足。当时，邮电部在巨大的内外压力下，正集中力量解决因邮电通信不足而不适应改革开放大潮这一囧状。

现在要拿出大量的资金办邮展，首先与国家部委的财务规定明显不符，其次当时部里的财务状况也是捉襟见肘。在会上，朱高峰同志提出一个"取之于民，用之于民"的想法，即为这届邮展单独发行一枚邮票，供集邮者购买。用筹集来的资金办邮展，如有结余，今后可以继续用于举办邮展或其他大型集邮活动。这个想法一出，大家纷纷举手表示赞成，认为这是一个两全其美的好主意。

原则定下来后，邮票发行局就对选题做了研究。由于当时距离邮展只有五六个月，重新设计新选题已经来不及。时任邮票发行局党委书记的许宇唐想到一个既节省时间又易出彩的办法。提到许宇唐，集邮界的不少人对他有些陌生。许宇唐原任邮电部办公厅副主任，喜欢收藏和研究邮票。1985 年，邮电部对中国邮票管理体制进行改革，将原中国邮票总公司里的政府发行和管理职能划分出来，成立邮票发行局，许宇唐被任命为邮票发行局党委书记（正局级）。在 1986 年举行的中华全国集邮联合会第二次代表大会上，许宇唐被选举为副会长。

许宇唐想到的，是刚刚发行的一套高值普票《中国石窟艺术》（普 24）。这是邮电部于年前采用影雕套印工艺发行的一套 4 枚高面值普通邮票，由北京邮票厂印制，群峰设计。4 枚邮票分别是：

第 1 枚《云冈石窟·北魏·大佛》，图案采用云冈露天大佛坐像。云冈石窟位于山西省大同市以西 16 公里的武周山南麓，因山势逶迤，似一抹青云，故得名"云冈"。石窟依山开凿，东西绵亘 1 公里。

第 2 枚《龙门石窟·唐代·力士》，图案采用了龙门石窟中奉先寺卢舍那像龛中

《云冈石窟·北魏·大佛》

的金刚力士雕像。这尊高 13 米的力士造像，头顶梳小椎髻，攥拳怒目，赤膊袒胸，透着一股阳刚勇猛的气势。

第 3 枚《麦积山石窟·西魏·菩萨》，图案采用了第 127 窟内的侍奉菩萨像。麦

《龙门石窟·唐代·力士》

积山是甘肃天水境内西秦岭山脉小陇山中的一座奇峰，海拔仅 142 米，因其状如堆积的麦秸垛，故得此名。峭壁上洞窟层叠错落，密如蜂房。

第 4 枚《大足石刻·宋代·养鸡女》，图案采用了大足宝顶山摩崖造像之一"养鸡女"

《麦积山石窟·西魏·菩萨》

。大足石窟分布在四川大足县城西北 2 公里的北山上，共 290 个窟龛。为晚唐、五代、宋代开凿，现存石刻造像 5 万多尊。

"普 24"《中国石窟艺术》发行不久，这套高值普票就获得集邮界的赞誉，社会

《大足石刻·宋代·养鸡女》

反映也不错。因此，许宇唐书记向朱高峰副部长汇报：如果重新确定选题，再找人设计，周期太长，怕时间来不及。建议是否采用"普24"中的一枚图稿设计成小型张？朱高峰当即同意了这一建议。

这套邮票的发行正式进入倒计时。许宇唐找到1988年设计《中国大龙邮票发行一百一十周年》邮票小型张并获得当年最佳邮票奖项的年轻人王虎鸣，把任务交给了他，并向他交代，设计一枚小型张，将"普24"中的《麦积山石窟·西魏·菩萨》一枚作为小型张中的邮票图案，并一再嘱咐要抓紧时间设计。

《麦积山石窟·西魏·菩萨》一枚由北京邮票厂第三代邮票雕刻师李庆发雕刻。邮票中的菩萨一手下垂，一手平举，头部微微低下，长眉细目，挺直的鼻梁上接眉际。由于麦积山地区少数民族与汉族长期杂居，所以石窟的雕像、壁画都带有比较明显的汉文化色彩，这尊雕像也不例外。雕刻版很好显示了菩萨嘴角向上翘起的笑容。由于在面部刻画上避免了高突明显的眉骨，眼睑与眉骨间的距离也大为缩短，并在其间和上下唇间刻出了斜面和深槽，使得整个雕像的面部更加生动自然。

王虎鸣为了突出麦积山石窟·西魏·菩萨的美丽形象，边饰采用邮票中不常用的砖红色，很好地诠释了这枚菩萨像的端庄、典雅和恬静。在菩萨像的上端，王虎鸣设计了金黄色的荷花状的团花。边饰采用影写版印制，这样与雕刻版的菩萨像套印后，使之珠联璧合融为一体。

这套邮票虽然是专门为全国邮展发行的小型张，但没有用"J"字头邮票志号，而是用了一个特殊的邮票志号——普24甲。这也是中国邮政在历次全国邮展发行邮票

"中华全国集邮展览89·北京"（小型张）

中唯一的例外。

　　1989 年 10 月 12 日，由邮电部、文化部、全国总工会、共青团中央、全国妇联和全国集邮联合会联合主办的"中华全国集邮展览·1989·北京"，在中国美术馆隆重开幕，这是中华全国集邮联 1982 年成立以来，规模最大的一次展览，共展出邮集 204 部、集邮书刊 85 种，总计 1060 个展框和 20 个展柜。经评审委员会评审，获奖展品共有 180 项，其中金奖 12 项、镀金奖 23 项、银奖 39 项、镀银奖 40 项、铜奖 66 项。

　　邮展开幕的当天，以普 24 第 3 图《麦积山石窟·西魏·菩萨》为主图的"中华全国集邮展览89·北京"小型张 1 枚（志号：普 24 甲）正式发行。邮票边饰上的砖红底印有"中华全国集邮展览'89·北京"的金字，面值 10 元。这枚小型张主要供集邮协会会员收藏。由于小型张边框饰以砖红色，故民间俗称之为"红佛"张。

普 24 甲邮票的发行，是在邮电部的大力支持下，为中华全国集邮联合会举办大型集邮活动筹措资金的一次有益尝试，是以"邮"养邮，以"邮"办邮的一次成功实践，对于我国集邮事业的发展以及维护集邮者的权益都有借鉴意义。

惊心动魄的难忘经历

《北京申办 2008 年奥运会成功纪念》邮票发行策划始末

题记：2001 年 7 月 13 日 22 时 11 分，一个特大喜讯降临中华大地：2008 年第 29 届国际奥林匹克夏季运动会的主办权归属中国，属于北京。"7·13"之夜是我国申办奥运会成功之夜，也是我终生难忘的欢乐与泪水交织之夜。

更快、更高、更强，这不仅是奥林匹克的精神和口号，更是 13 亿中国人追求的目标和方向。但是，中国申办奥运会的道路充满曲折，并不平坦，凡是经历过 1993 年申奥失败的国人，无不对当年 9 月 24 日凌晨的那一幕记忆犹新。

加拿大蒙特利尔圣路易二世体育馆，国人通过电视荧屏，既兴奋又惴惴不安地盯住主席台上的国际奥委会主席萨马兰奇。凌晨 2 时 27 分，萨马兰奇的嘴唇终于吐出了"悉尼"一词，这意味着出席国际奥委会第 101 次会议的 89 名委员们在当天的秘密无记名投票中，选择了悉尼作为 2000 年第 27 届奥运会的举办城市。北京申办失败。这个结果，对于已经被点燃激情的中国人来说，是极其残酷的，是难以用任何一个词汇表达当时心情的。我们只能默默承受，但是我坚信，在这个占有世界五分之一人口，有 960 万平方公里陆地国土和五千多年文明史的东方国家，奥运会五环旗高高飘起的日子，一定会来到！

1998 年 11 月，中央决定，由北京再次申办 2008 年奥运会。

1999 年 4 月 7 日，中国正式向国际奥委会主席萨马兰奇递交了北京申办 2008 年夏季奥运会的报告。

2000 年 2 月 2 日，国际奥委会在洛桑宣布：接受十个城市向国际奥委会提出的申办 2008 年奥运会的申请。这十个城市是：中国的北京、泰国的曼谷、土耳其的伊斯坦布尔、马来西亚的吉隆坡、古巴的哈瓦那、埃及的开罗、日本的大阪、法国的巴黎、西班牙的塞维利亚和加拿大的多伦多。这意味着，2008 年奥运会的主办权将是一场空前激烈的博弈和拼杀！

2000 年 5 月 15 日，国际奥委会评估委员会正式对外公布：北京、巴黎和多伦多能够"出色"举办 2008 年奥运会，从而击碎了一些西方媒体所谓"多伦多和巴黎领先于北京"的传闻。

评估委员会主席维尔布鲁根对记者表示，北京奥申委的申奥报告"非常出色"。

一个又一个好消息不断传来，不仅令国人兴奋不已，对于邮票发行部门来说，眼前的题材，无疑打开了令人遐想的空间！

一个大胆的设想在悄悄地酝酿之中。

北京秋日的一个下午，北京宣武门西大街国家邮政局 1105 办公室，一个即时发行邮票的方案已经呼之欲出！

我主持会议，参加会议的有邮资票品司发行处、中国集邮总公司和邮票印制局的相关人员。会议有分析、有探讨、有争论。在发行方式上，有人提出，能否打破以往的发行模式，即时发行，即申奥成功，立即在全国发行。这在中国邮票发行史上从未有过的创意，立即引来满堂热议。即刻发行邮票，会产生极大的轰动效应，是对申奥成功最及时的庆贺与祝福。这就要求邮票的设计、印制、发运，要以投票当天作为发行日，倒计时来进行安排。但奥运会申办是否成功，面临着极大的不确定性，即承担着巨大的风险！参加会议的每一个人都知道，一旦方案批准，压力会何其大！但是，没有一个人说"不"，没有一个人退缩！如果奥运会申办成功的那一刻，没有发行相关的邮票,那才是我们的失职、失责,那我们才是向全国谢罪之人! 15 年后的今天,我在朋友的一条短信中找到了佐证:压力都是自己要的。确切,真是太确切了!

会议在肯定这一充满激情的发行方式时,也提出了实施这一方案必须面对的一系列重大挑战。首先,必须在绝密的情况下,完成立项、报批、设计、印制、包装、发运等一系列准备工作,中间不能有一点闪失。否则,不仅会对邮票发行的成功带来致命打击,还会对我国申奥工作产生极为不利的影响。为了破解这个难题,邮票印制局立即组成专门小组,一个环节一个环节地提出了确保安全的方案。

连续几个半天的会议,讨论逐步深入,方案渐趋明朗。这时,有人提出随着香港和澳门陆续回归祖国,申奥成功成为包括港澳同胞在内的全体中国人期盼的大事。比照与国外联合发行邮票的方式,与香港、澳门邮政联合发行这套重大题材的邮票,这又是一个在中国邮票发行上史无前例的举措。经过激烈的探讨,方案逐渐一致,香港和澳门是中国行政区内的两个特别行政区与国家邮政局发行同一题材的邮票,不能混同于中国邮政与其他国家邮政"联合发行"这一名称,比较准确的方案为:中国大陆、香港特别行政区、澳门特别行政区"三地共同发行"。经请示国务院有关部门,方案获得通过,"三地共同发行"的名称一直沿用到现在。但在当时,这个建议是否能得到香港邮政局和澳门邮政局的同意,却是个未知数。

还有一个重要议题:设计。由谁设计,三方共同设计,还是指定专人设计?首先排除一种方式:邀请社会美术家。一是邮票印制局自己的设计队伍完全可以胜任;二是必须防止千万分之一的不慎而导致的泄密!为了尊重香港邮政和澳门邮政的选择,

《北京申办 2008 年奥运会成功纪念》

三方决定共同完成图稿设计及本地整版邮票中的过桥，经最终评审定夺。设计者则建议香港邮政、澳门邮政选择邮政内部人员，中国邮政负责该套邮票设计者为王虎鸣。

邮票图案。陈绍华先生设计的"申奥徽志"，是这套邮票的最佳图案。

但是中国邮政、香港邮政、澳门邮政三方用同一图案，邮票如何区别？必须另辟蹊径。我提出了一种大胆的方案，即用主票加副票相组合的办法解决。中国邮政，主票即主图为申奥徽志，副票即附图为牡丹；香港邮政，主图为申奥徽志，附图为紫荆花；澳门邮政，主图为申奥徽志，附图为荷花。这个方案，三方既可以同时使用"申奥徽志"作为邮票的主图，又可以通过副票上的不同图案加以区别。紫荆花为香港特别行政区的区花，荷花为澳门特别行政区的区花，中国大陆使用民间喜欢的代表幸福与美满的牡丹，三地相得益彰。众人皆认可，但方案尚需港、澳邮政方面认同。

志号，志号怎么办？申奥一旦成功，属于重大题材的纪念邮票自不必说，但是年度邮票发行计划和排序一般头一年就要公布，而该套邮票属于机密，不能对外公布。如届时成功发行，必然会打乱后面所有待发邮票的志号。经过讨论，不约而同的看法是：类似这种特别重大的题材，不宜再列入普通的纪、特邮票年度发行序列，应延续"特1"序列，使用"特别发行"的志号，即"特2—2001"。

几天的热议，与会众人始终充满着对申奥的期盼，充满着对申奥成功的憧憬。最后一天的晚上，当方案跃然纸上时，窗外已华灯初上。有人提出愿自掏腰包，举杯庆贺一下。众人皆拦下，"革命尚未成功，同志仍需努力"。击掌，对！击掌既是对方案的祝福，也是互勉！我再一次将食指紧贴双唇，告诫大家：保密，保密，保守好机密！

签报起草后，在我的办公桌上整整压了一天一夜。我担心的不是行文过程中的保密问题，国家邮政局有完备的保密程序，我担心这个在绝密情况下运作的巨大方案有没有纰漏，有没有瑕疵，能否保证万万一失？开弓没有回头箭啊！签报是三页纸，分量却十分沉重。

签报送上的当天，我即联系国家邮政局刘立清局长的秘书，有要事向领导报告。当晚7点多，刘立清直接打来电话，要我马上去他办公室。报告他刚刚看过，并提出了几个关键环节，要我再做详细介绍。我详细地把整个方案、关键环节及可能出现的最坏结果、损失情况、应对措施等，一一做了汇报。刘立清一边听，一边插话提问，不知不觉已到深夜。

我从办公大楼出来，望着夜空中的点点繁星，心中安静了许多——我们的梦想是做梦吗？不！梦想绝不是梦，两者之间的差别有值得人们深思的距离。

第三天一大早，刘立清局长通知我，党组的同志们批准了这个方案。并嘱，这件事的成败，关联着申奥成功这件大事，邮资票品司要做总牵头，周密策划，周密运筹，周密调度，万无一失，确保成功，我立即将刘立清局长和党组的指示精神向邮资票品司及相关单位作了传达。

尽快和香港邮政、澳门邮政进行沟通是当务之急。为了保密，寄向两家邮政同行的公函，都隐去了会谈的内容，只是点明有"集邮业务合作方面的相关事宜"。会谈的地点，经协商后选择在距离香港和澳门最近的深圳。我始终不能理解，世界上果真有"灵犀相通"吗？这次会议，就是例证！本来这是一次邮票业务方面的会议，国家邮政局代表团共由八人组成：邮资票品司司长刘建辉、票品司发行处处长邓慧国、票品司综合处马洪科、中国集邮总公司副总高山、总公司邮品公司经理芮书香、邮票印制局副局长王振宏、印制局计划调度部主任韩淑敏、印制局图稿创作部副主任王虎鸣等。香港邮政署代表团和澳门邮政局代表团，不仅包括集邮业务部门的经理，还有重量级人物：香港邮政署署长陆炳泉；澳门邮政局局长罗庇士和副局长刘惠明。

3月21日晚，由国家邮政局邮资票品司做东，宴请港澳邮政同行。刘惠明副局长第一个到宴会厅，我们是老朋友，多日不见，甚是亲热。寒暄过后，她看看左右，小声对我说：奥运邮票吧？我还没反应过来，她已开心大笑：哈哈！这个机灵鬼，猜到啦！我猛然悟到，港澳邮政重量级人物过来是要拍板啊！

第二天上午，会议准时进行。为了防止泄密，一切闲杂人员，包括服务员，不准进入会议室。会议室门外，由深圳邮政局办公室的工作人员负责把门，端茶倒水，自给自足。

会议进行得非常顺利，基本上按照我方提出的方案，达成了一致。主要内容如下：

一、邮票名称、发行时间和枚数

三方邮票名称为"北京申办 2008 年奥运会成功纪念";发行时间为 2001 年 7 月 14 日;一套一枚。

二、 邮票内容与版式

三方邮票由主图和副图组成,邮票主图内容均为北京申奥徽志,规格均为 40×30mm;副票内容为:中国邮政——牡丹、香港邮政——紫荆花、澳门邮政——荷花,规格均为 20×30mm;整版枚数均为 12 枚。整版邮票中的过桥由三方各自选择本地具有代表性的事物,以中国邮政提供的版式效果图为准。香港邮政署和澳门邮政局需尽快办理使用申奥徽志有关手续。

三、邮票设计

三方根据对方提供的有关资料,各自设计一套邮票图稿方案供评审选择,具体时间安排为:4 月 5 日前交换邮票副图内容资料,4 月 30 日前三方完成各自设计,5 月 8 日三方共同评审。

四、邮票面值

中国邮政的邮票面值为人民币 80 分;香港邮政的邮票面值为港币 1.30 元;澳门邮政的邮票面值为澳门币 1 元(即国内、特别行政区内平信资费)。

五、邮票印制、发行方式和发行量

该套邮票的印制由北京邮票厂承担,香港、澳门邮政原则同意北京邮票厂所报印制价格。中国邮政采用特 2(2001)编号发行,香港邮政、澳门邮政自行决定邮票发行方式,自行确定邮票发行量并通知北京邮票厂。

有关三方邮票的结算、发运、进出口、集邮品制作,以及申奥如不成功的销毁工

中国邮政、香港邮政署、澳门邮政局三方代表签署合作协议

作，都做了具体的规定。合作成功，大事笃定。陆炳泉和罗庇士忙于公务，提前离境。三方达成的协议，以会谈记录的方式形成纪要。3月23日，由我以及香港邮政署邮票与集邮科高级经理林兆明、澳门邮政局副局长刘惠明，代表三方在会谈记录上签了字。签字后，三方热烈地握手、击掌，庆祝首次会议成功，期盼祖国申奥成功！

　　时光在期盼中流逝，煎熬于静静的等待。和中国奥申委的联系，是我们获得官方信息的唯一渠道。为了掌握最新的动态，把握邮票前期的各项准备，几乎每天都要和奥申委通气。奥申委对中国邮政准备在第一时间发行北京申奥成功邮票的这一举措，非常赞赏。他们认为，这个创意体现了中国邮政非凡的魄力和智慧。在办理有关申请、徽志使用等一系列涉及奥申委批办的事宜中，奥申委一路绿灯，特事特办，给予了鼎力支持。作为邮票发行部门，是多么希望在运筹期间，得到奥申委肯定的答复：申奥有百分之百的把握！而奥申委的回答却始终如一：只有百分之五十的把握。的确，在竞争如此激烈的申奥战场，谁敢，又有谁能打这个保票呢？

　　2001年5月9日，国家邮政局、香港邮政署、澳门邮政局三方代表第二次会议如期举行。会议首先对三方设计的图稿进行了评审，经过讨论，一致认为中国邮政方面

国家邮政局、香港邮政署、澳门邮政局同时发行的《北京申办2008年奥运会成功纪念》三方邮票连印的版票

的设计比较好，建议三方共同采用。这次会议达成的主要内容如下：

一、关于邮票图稿和文字

三方邮票图案采用同一内容，文字版式由三方各自设计。邮票面值的文字国家邮政采用红色、香港邮政采用黑色、澳门邮政采用绿色，其他文字均采用黑色。香港邮政、澳门邮政提供准确文字版式给邮票印制局，由邮票印制局统一制作，邮票的副图增加相应底色。

二、邮票的版式

三联版邮票版式，根据三方意见将边饰调整为欢快、热烈的色调，并增加有关体育运动形象，具体运动项目将征求国家体育总局意见。设计总体要求：适合印刷，色彩协调，由邮票印制局组织设计完成。三方单版邮票边饰自行设计，所用颜色不超过四色。三方邮票版张的过桥分别为中国邮政——北京天坛、香港邮政——中银大厦、澳门邮政——大三巴牌坊。

由于会议进行得非常顺利，原定一天半的会议，只用了一天就全部搞定。经过紧张的整理，会议会谈记录于晚间 6 点半左右打印完成，我和香港邮政署署长陆炳泉、澳门邮政局局长罗庇士共同签署了第二次会谈记录。在会谈的间隙，我曾试探过陆炳泉署长：从你们的角度看，这次采用即时发行邮票，您认为风险如何？陆署长一下子变得严肃起来："我们知道这是有风险的，但这是国家的大事，无论如何也要参与，我相信北京申奥一定会成功的。"

香港回归祖国 4 年来，随着两地交流的加深，祖国发生的变化一定在香港邮政同行之间，已产生了质的升华。他们相信祖国，相信祖国有这个实力。

进入 6 月，天气如同北京申办奥运的气氛一样，越来越热。到了下单的时候了，是按发行量全部印制，还是印制一半，甚至只印少量，只在发行日"撒点胡椒面"？这是不得不面对的课题了。如果按发行量全部印制，在发行的当天，全部供应市场，将引起极大的轰动，进一步烘托了申奥成功的热烈气氛。但风险也大，如不成功，成本损失将达 300 多万元！如果只印少量，多数地方见不到，不仅起不到烘托的作用，还会在窗口引起用户和营业员的纠纷。但是如果申奥失利，损失则最小。各个方案的利弊，像一块巨石横在胸口。焦虑，和着滚滚热浪，上攻三焦，嘴里、咽喉长满了泡，进食都成了问题。我再一次召开了相关部门的碰头会，经过争论，大家的基本倾向是，邮票不要一次性全部下单印完。可以先印制一部分，供应窗口和预订户，申奥成功后，连夜赶印剩余部分下发。至于先印多少，则有分歧。部分人建议先印制一半，也有人认为此时正是扭亏的关键时刻，少量印制先供应大城市为妥。办公室里的会议结束了，我脑子里的会议仍然在进行。现在距申奥投票不足45天，已经没有哪怕是一天的退路！我决定，除了年册用票之外，暂按最保守的发行量下厂，一旦成功，再做调整。邮资票品司每年按照集邮客户预订票、邮品用票、出口票、年册用票等方面的总和来确定一年的发行量，年册邮票的数量大致占三分之一左右。这部分用票只有到年底才派上用场，暂时不印无碍大局。但我也做了最坏的思想准备：毕竟是 200 万至 300 万元的真金白银啊，一旦申奥不成功，这么大的损失，必须有人埋单。我是第一责任人，只能以辞职谢罪！主意确定，身上仿佛轻松了许多。

2001 年 7 月 2 日，距离国际奥委会最终投票的日期只有 11 天了，邮票生产也进入了倒计时。我和邮票印制局主管生产的王振宏副局长，几乎一天一个电话。北京邮票厂有个传统，凡有重要任务，不用动员，不用奖金刺激，一准儿冲锋陷阵，任何"堡垒"都能攻破！不愧是老国企的干部职工！今天一上班，振宏就兴奋地报告：经连夜的加班抢印，香港和澳门的邮票已全部印制完成，凌晨已装车发运！国家邮政局的邮票也已收尾，即将入库。中国集邮总公司副总经理高山、邮品部芮书香经理也赶到了票品司，报告了按三方合同约定，邮品已全部秘密生产制作完成的好消息。

好！万事俱备，只欠东风。7 月 2 日当天，国家邮政局下发了自成立以来的第一份绝密文件"关于北京申办 2008 年奥运会成功纪念邮票及相关邮品发行、销售工作的通知"。这份绝密文件，第一次向各省通告了将要发行申奥成功邮票这个消息。除了该套邮票的相关信息外，主要规定了在绝密情况下，邮票发运、接收、开箱、出售等方面采取的特殊措施和运作要求。在这里，我不得不提一下刘立清局长部署的周密和细致。为了保证该套邮票的发行不出任何意外，他提出申奥邮票的接收人由每次发给邮票公司，改为发给各省、自治区、直辖市邮政局的局长，由他们担当这次邮票发行的第一责任人。正是这个决定，使得日后邮票在 31 个省区市的发行周密顺利，没有发生任何撒气漏风现象。

绝密文件在邮票的发运环节，也做了具体规定和说明：邮票印制局在此套邮票包装箱上贴印有"未接国家邮政局通知，不得自行开启"文字的标签。邮票印制局邮袋使用白底红色边框袋牌，以区别于其他装运邮票的邮袋（其他邮袋使用白色袋牌）。中国集邮总公司下发的未贴票首日封及纪念戳，其外包装邮袋也使用白底红色边框袋牌，空邮折外包箱贴印有"未接国家邮政局通知，不得开启"文字标签，以区别于其他邮件、邮品。申奥成功邮票包装箱所使用的特殊文字标签和特殊袋牌，都是印制局计划调度部韩淑敏等师傅经过认真分析薄弱环节后采取的极为有效的措施。这些措施是新中国成立以来首次使用的，也是邮票管理方面最为严格的规定。最后，绝密文件提出了几点要求，主要内容如下：

1. 为做好安全保卫工作，在确定北京申奥成功之前，除本通知外，国家局将不再下发有关文件，各省局不得下发有关文件和文字材料（本句话为粗线黑体字）。国家局与各省局及相关部门电话联系有关问题，使用"714邮票"作为代号。

2. 各省局局长作为第一责任人，负责组织此套邮票、邮品的接收保管、销售、退缴等工作。若申奥成功，各省局收到此套邮票发行销售通知后，由省局局长下达开启邮袋的命令。若申奥失利，在收到国家局要求退缴的通知后，由省局局长组织按要求退缴。如果省局局长出差，应委托主管副局长负责。

3. 在7月13日投票表决揭晓北京申奥成功之前，要求所有相关人员不得对外，特别是对新闻界透露发行此套邮票及相关邮品的消息，不得接受新闻界对有关问题的采访（前三句话，为粗线黑体字）。否则，要严肃查究相关人员和单位负责人的责任。

4. 各省局局长、省局办公室、省邮资票品处、省集邮公司、省会市邮政局、省会市集邮公司、部分市（地）邮政局、集邮公司在7月13日晚，即国际奥委会对申奥城市表决期间要坚守岗位，做好一旦北京申奥成功后，邮票及相关邮品发行销售的各项准备工作。

5. 如申奥失利，国家局将立即通知各省局将邮票、邮品及纪念戳按原包装退还，并以机要件的方式退缴至邮票印制局，国家局监印小组负责协助印制局交接、清点、开拆、销毁。

申奥投票的日子一天天临近，心也一点点提起。日有所思，夜有所梦。晚上，我常常被申奥已成功的梦境所惊醒，望着窗外蒙蒙的夜色，只好失望地躺下。

7月13日清晨，生物钟已被打乱。5点刚过，已全无睡意。到达机关，还不到7点。我把全天的工作按时间排好后，票品司各办公室都有了动静。这么早？我到各办公室转了一下。司长早！哦，大家早！一看，全部到齐。我心里升腾出一种感动：好样的！

8点30分，我在票品司召开了临战前的最后一次动员会。所有准备工作已全部就位，每个人的职责也分工明确。晚上投票后，两份准备发往各地的传真电报已摆在我的案头。一份是申奥成功后下发的部署邮票、邮品开拆、销售的紧急通知；一份是申奥失利，立即回收下发邮票、邮品的紧急通知。我签署后，交综合处立即送办公室，呈领导签发。

我嘱，务必在下班前办好，送管理处备用。

　　10点40分，办公室的门突然打开，综合处处长急急地走进来，报告说：法新社的记者从香港打来电话，询问中国大陆是否要发行申奥邮票？我的脑子"轰"一声。消息怎么出去了，是哪个环节出了纰漏，是不是港澳方面走漏了消息？根据奥申委的估计，今晚角逐的主要对手是法国巴黎。法新社记者这时候跳出来，肯定来者不善！如果他把这个消息捅到今晚的大会上，将出现何种结果？香港邮政和澳门邮政，当时都按公务员管理，严格和清廉是出了名的。他们内部会出这个纰漏吗？难道港澳邮政有内鬼？不太可能，最大的可能是试探！

　　"告诉他，无可奉告。"这句典型的外交辞令，此时可能是最恰当的答复。

　　紧接着，我拨通了香港邮政和澳门邮政的电话，他们的回话坚定了我的判断。到目前为止，港澳邮政在内部仍按机密事件处理，知道此事的只有极少数人，不可能泄露出去。

　　处理完这件事后，我的心仍无法平静下来。我看看表，已将近下午1点。饿吗？饿，的确肚子在叫。饭点已过，大师傅正在收拾。一看我还没有就餐，服务员急忙就去张罗。饭菜端上来，我却一口也吃不下，勉强把一碗汤喝下去，再也不想动了。

　　当晚在莫斯科举行的国际奥委会会议，中央电视台采用现场直播的方式，向国内全程直播。国家邮政局决定，邀请香港邮政署署长陆炳泉先生和澳门邮政局局长罗庇士先生到北京，共同见证申奥投票的那一刻。迎接两位嘉宾的国际司官员早已出发，我必须赶到宾馆，向他们介绍晚上活动的内容和具体安排。一旦申奥成功，他们将分别代表香港邮政署和澳门邮政局在首发仪式上致辞，这些需要他们提前做个准备。

　　让我意想不到的是，陆署长和罗局长的文稿早已准备好。哈哈，是有备而来。

　　中央电视台的直播是19点开始。17点整，国家局的宴请准时在民族宫饭店举行。据我所知，陆署长和罗局长都对红酒感兴趣，我提议用红酒为晚上的成功举杯。我的话音刚落，罗庇士马上站起来，"不要，不要！"他的脸通红，操着生硬的中国话，拦住我。

　　"为什么？"

"现在不，晚上，茅台！"他冲我狡黠地一笑。

我明白了，他是要在申奥成功后，用茅台酒来庆祝。

对这个葡萄牙老头儿，我向来非常尊敬。罗庇士一直服务于澳门邮政局，1999年澳门回归祖国后，他没有返回葡萄牙，而是继续留在了澳门，仍然担任邮政局局长。罗庇士对中国传统文化的喜爱，达到了痴迷的程度。澳门邮政发行的邮票，鲜明的特点是，浓郁的中国传统文化和民间文化元素。这都得益于罗庇士这个邮票发行的掌舵之人。更让我刮目相看的是，从21世纪初澳门每年连续发行的《易经》邮票，竟是一位葡萄牙人策划的！这套《易经》邮票，共发行八组，每一组为一套，一套八枚，按八八六十四卦来安排。邮票外形为六边形，八枚六边形邮票在版张上组成"哑铃"状，煞是新颖。有一次，我到他的办公室参观，案头放着一本厚厚的《易经》，封皮已翻得很旧，看得出是经常翻阅的缘故。我奇怪地问："你在看吗？"

"对，"他用生硬的中国话回答，"易经，很难，很难！"

随后，又补充一句："但是，但是，很有意思！"

作为一个中国人，我对《易经》这类生涩难懂的书，都退避三舍，没想到一个外国人竟然接受了，还通过邮票画面使中国古老的《易经》形象化。我的确十分钦佩眼前的这个葡萄牙老头儿。

"好，晚上，用茅台酒来庆祝！"我大声应道。

晚上6点刚过，位于西便门的国家邮政局一楼大厅，已布置一新。彩绸、气球、红色横幅，处处洋溢着欢庆的气氛。各部门的干部员工，已早早来到会场。新安装的电视屏幕，将见证13亿人牵肠挂肚的那一刻！

刘立清局长和党组的全体成员、陆炳泉署长夫妇、罗庇士局长落座之后，活动开始。首先观看从莫斯科传回的画面，等待那激动的时刻。时间过得好慢，简直就像凝固了一般。我趁机又返回办公室，再一次查看准备情况。李滨处长和管理处的全体人员都已就位，办公室的电视已打开，传真机前放着两份内容截然不同的传真电报。

时间终于定格在22点11分。萨马兰奇宣布，2008年奥运会的主办城市：北京。霎时，我的泪水夺眶而出，是心酸，是欢乐，是解脱，还是激动？这些都不重要了，

国家邮政局领导参加中国邮政、香港邮政署、澳门邮政局三方签署邮票发行协议

耳边填满的是震耳欲聋的欢呼声和歌唱祖国的音乐。

刘立清局长、陆炳泉署长、罗庇士局长已经拥抱在一起，他们手里摇着小型的五星红旗，像孩子一样蹦啊跳啊。今夜的国家局是狂欢的一夜，人们将把这一夜永远留在心底。

22 点 12 分，《关于北京申办 2008 年奥运会成功纪念邮票及相关邮品销售工作的通知》以传真电报的形式，随着电波传向各地，传向四面八方……

《北京申办 2008 年奥运会成功纪念》邮票首发式结束后，在国家邮政局局长刘立清和党组全体成员的见证下，由我、陆炳泉署长和罗庇士局长共同签署了三方邮票及邮品最终发行量文本。

我知道，这一晚，茅台和啤酒是少不了的助兴剂。

夜深了，国家局的办公大楼渐渐恢复了平静。

我步出已空无一人的国家局大楼。远远的，从长安街上传来的欢呼声十分清晰。走，去长安街！转过复兴门立交桥，我不由自主地融入了狂欢的人流和车流之中……

这一夜，北京无眠。

非典灾难十八年祭

《万众一心　抗击非典》邮票诞生全记录

2002 年底，一个幽灵似的病毒，悄悄地降临在中国这块充满活力的大地上。这个令全世界谈虎色变的病毒，以极快的速度，在中国、南亚、北美迅速地传播，截止到 2003 年 4 月 20 日，中国大陆被感染的人数已飙升至 1807 人！这个惊动了世界卫生组织的大疫情，经过专家夜以继日的病理分析，得出了最权威的疫情名称："非典型性肺炎"，即日后人们非专业性但很上口的称谓"非典"，英文简称"SARS"。

4 月 20 日。12 时 45 分，我从郑州乘坐中国国际航空公司的航班返京。全国集邮业务座谈会上午结束，代表分头去了洛阳和嵩山。我没有一点兴致去观赏千姿百态的牡丹，此时的目的只有一个：尽快赶回北京国家邮政局总部。电视和广播中一遍又一遍地播出卫生部新闻发言人关于非典疫情的通报，通报中快速增长的感染人数和死亡人数，像钢针一样戳向心脏！

飞机上乘客寥寥，不少人戴着白色或淡蓝色的医用口罩，这是在当时乘坐交通工具时常见的风景。所有的人表情凝重，压抑和困顿写在每个人的脸上……

下午 3 时 40 分，车子驶进城区。奇怪，道路出奇地畅通，路边三三两两的农民工提着包，扛着行李，急匆匆地赶路。

他们去哪儿？

回家。北京，太危险了，家在外地的都走了。司机如是说。

出差仅仅三天，迥然天地一般。北京俨然成了非典疫情的重灾区，全国每天感染人数的近一半出自北京！面对看不见的病毒，北京乃至全国，已然成了战场。这场战斗，没有炮火，没有硝烟，但却是实实在在同来势汹汹的"敌人"展开一场争分夺秒的搏斗！

4月20日，中共中央总书记、国家主席胡锦涛在考察军事医学科学院和中国科学院时，强调要发扬爱国奉献、勇攀高峰、为民造福的精神，运用科学力量战胜非典型性肺炎。

4月23日，温家宝总理主持召开国务院常务会议，决定成立国务院防治非典型性肺炎指挥部。在党中央、国务院的具体部署下，一场全面抗击非典的人民战争打响了。

4月25日傍晚，国家邮政局邮资票品司接到了一个远在美国的越洋电话，电话的另一端是旅居加利福尼亚州的老华侨，他用浓重的广东话，忧心如焚地表达对国内疫情的焦虑心情，并建议发行一套相关的邮票，使更多的人了解非典，避免感染。

4月26日，《山西集邮报》第一版刊登了集邮爱好者建议发行抗击非典邮票的文章。发行抗击非典邮票的上述建议，与国家邮政局上上下下的想法不谋而合！邮资票品司数天前已在考虑如何用邮票这种方式记载这一段惊心动魄、荡气回肠的历史！

4月27日下午，国家邮政局党组召开紧急会议，会议决定紧急发行一套抗击非典题材的邮票，并将邮票发行的全部收入捐赠给卫生部门（其中包括500万元现金和价值500万元的邮票和邮品），用以支持抗击非典斗争，并作为医务工作者参加这场战斗的珍藏纪念。

4月28日晨，邮资票品司即刻召集中国集邮总公司、邮票印制局和司内各处处长，拟定了抗击非典邮票的名称、枚数、规格、图案要求、发行数量等一系列技术问题。邮票的名称，暂定为《万众一心 抗击非典》。发行时间为5月19日，这个时间距离发行首日，只有整整20天！这个往日连设计都难以完成的时间，却必须涵盖邮票生产的整个流程：设计、审核、报批、下厂、工艺、制版、打样、签样、印刷、打号、入库、发运……我确实为此捏了把汗。会议将各部门的分工和任务进一步明确以后，我强调，在 20 天内要完成发行邮票任务一年的工作量，绝非易事。同志们，国家当前遭此大难，我们的同胞一个个离我们而去，心痛啊！中国邮政要助力全民抗击非典这场战斗，这就是最大的政治！大敌当前，务必勠力同心，严禁扯皮推诿。

会议结束，邮票印制局副局长王振宏拎起背包，一双大手握住我：任务领了，放心吧！这个印刷工人出身的国企干部，朴实、干练，再大的困难面前，从不喊孬。这个表态，让我的眼睛好一阵湿润。

4 月 28 日 17 时 20 分，我再一次拨通了邮票印制局王振宏副局长的电话。我担心这套邮票的第一道难关就是"图稿"，邮票"图稿"的质量关乎这套邮票的成败，必须打破常规，才能在第一轮设计中发现好苗。我郑重地告诉振宏副局长，设计约稿要不拘一格，打破常规，不管是局内的专职设计人员，还是局外的社会美术家，都可以参加。局里从事图稿编辑的人员，凡是愿意参与这套邮票设计的，也欢迎。争取在最短的时间内，完成这一次特殊的邮票发行任务。

4 月 29 日，邮票印制局召开紧急会议，对抗击非典邮票的生产任务进行部署。一方面，责成相关部门迅速查找资料，组织动员全体编辑、设计人员参与邮票图稿的设计；另一方面，在保证《苏州园林——网师园》等邮票正常生产的基础上，对抗击非典邮票的纸张、油墨及必需的物资提前进行准备。

此刻，死亡人数和感染群体两组数字的攀升，已使北京成为全球关注的非典疫区。避免群体交叉感染，遏制非典疫情的蔓延，已成为北京市政府头等紧迫的大事！小学、中学、大学陆续停课，歌厅、影院、剧场一切娱乐场所的活动戛然而止，企事业单位员工开始采取轮休，餐厅、酒楼的厨师及服务员像逃难一般，蜂拥离京，往日炫目的霓虹灯一个一个悄悄地熄灭了……

而此时，邮票印制局图稿编辑部和设计室的全体人员，早已把五一长假扔在脑后，他们要在最短的时间内，用画笔形象地完成体现"万众一心 抗击非典"的平面设计。就在此时，北京的清华工艺美术学院，有两位美术家也在和时间赛跑。一个激动人心的创作灵感，使他们的画笔已分不清现在是夜晚还是白昼。两个可爱的年轻人，一个叫何洁，一个叫冯小红。

5月6日，上午9时，短短的6天时间，邮票设计师完成的多达50幅图稿上交到编辑部。邮票设计师们眼眶猩红，面容憔悴，在我的眼里他们分明也是战士，也是刚刚走下战场的一群可爱的战士。在他们身后的工作间里，留下的是一堆堆方便面包装袋、饼干面包的包装纸……

5月6日，上午10时40分，所有的图稿已摆在邮资票品司司长的办公室里。我召集相关人员立即对图稿进行初评，初评出了主选图稿和五幅备用图稿，图稿迅即上报国家局党组。

上午11时45分，正在召开的国家邮政局党组会议中断议程，破例加入审核邮票图稿议题。经研究，邮资票品司推荐的何洁、冯小红设计的邮票图稿获得通过，并要求立即征求国家卫生部的意见。

当天下午，何洁、冯小红设计的《万众一心 抗击非典》邮票图稿送达卫生部。这幅图稿以多个"心"形构成通用的禁止符号，鲜明地体现全国人民万众一心、众志成城抗击非典的斗争。图中非典英文的两个残缺，既体现病毒传播的特点，又象征终被击碎和消灭。设计总体一目了然，极具力度和视觉张力。红黑两色的组合，象征警示和战斗。红色是一种鼓励与激励，烘托出整套邮票设计的主题。

5月8日，距离邮票发行还有整整11天，在焦虑与期待中等待国家卫生部的回音。

5月9日上午，国家邮政局领导拜访卫生部，与高强副部长就邮票图稿的选用、捐赠等事宜进行商谈，并达成了一致意见。与此同时，邮资票品司起草的《关于发行〈万众一心 抗击非典〉邮票有关问题的通知》于当日上午11时整送达国家局办公室待批。

13时55分，国家邮政局向全国邮政系统部署发行抗击非典邮票的第一份传真电报发出。15时30分，经国家卫生部认定的邮票图稿正式交付邮票印制局。

紧急制作500万元邮品的任务交给了中国集邮总公司邮品分公司，这批邮品必须在5月15日前完成，以便在邮票首发日的当天，赠送给全国卫生战线的白衣天使。短短6天，包括设计、工艺、生产制作、插票、贴票、装运……要完成36万枚首日封、27万枚邮折、11万套邮票个性化邮折，何其难啊！这支队伍的带头人叫芮书香，业务纯熟、点子多是他的特点，重担压不垮是他多年历练出来的韧劲。为了使邮品的

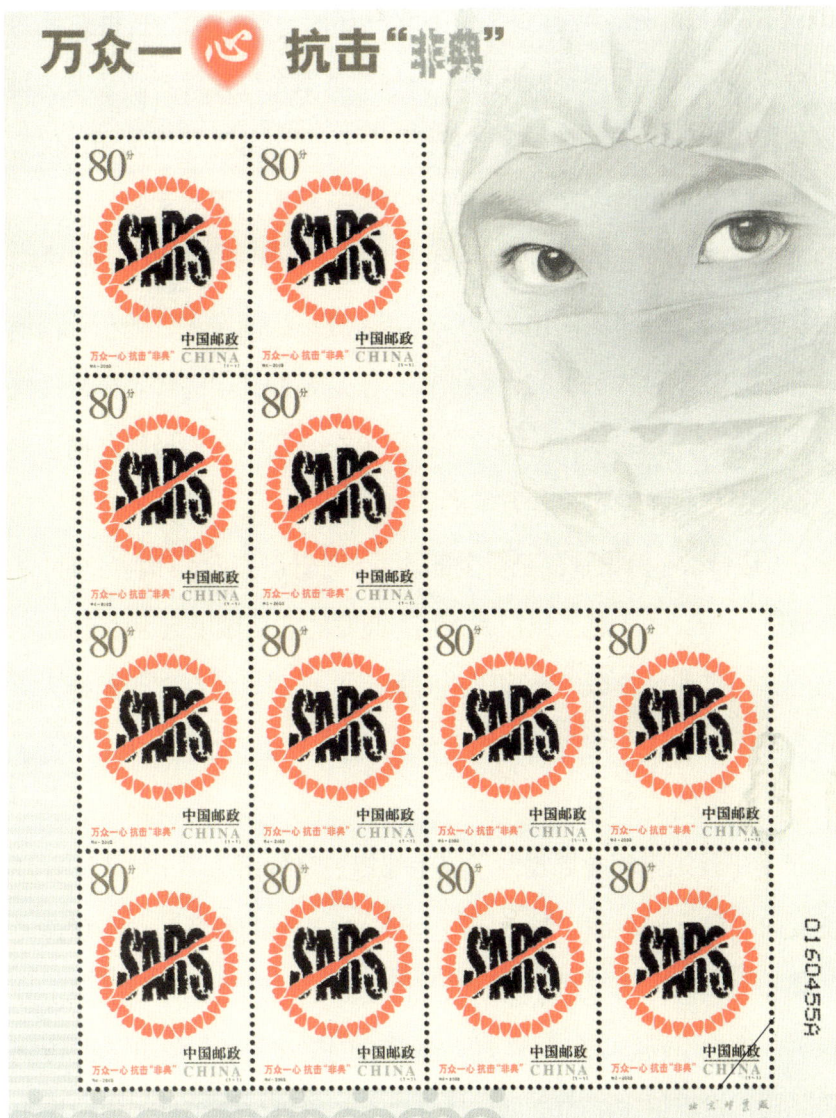

《万众一心 抗击"非典"》

制作与邮票生产同步完成，邮票图稿确定后，5月9日当晚邮票首日封和邮折等邮品的设计工作全面展开。

5月10日清晨，忙碌一夜的芮书香从设计公司打来电话，邮品的设计经过一整夜的奋斗，初稿已经全部完成，为了给下一步巨量的邮品生产预留时间，希望我代表邮资票品司到现场进行审查，敲定后即刻下厂。

5 月 10 日，9 时 30 分，我赶到了位于北三环的设计公司。三种邮品的设计稿已然在电脑中合成。一种是邮票整版邮折，一种是邮票个性化邮折，还有一种是邮票首日封。首日封和邮折的主图，是一个戴着大口罩的女医务工作者头像，仅露出大眼睛和眉毛，沉稳、坚定、果敢，又不失女性之柔美，具有很强的视觉冲击力。面对这场生死考验的疫情，参与救治患者的女护士、女医生、女护理人员的人数大大超过男性。她们站在治疗和护理非典患者的第一线，远离家庭，远离亲人，无私无畏地投入了这场伟大的战斗。这位戴着大口罩的无名女性，就是她们其中的代表！个性化邮折的封面是一只握紧的拳头，这只拳头的特写，象征决心、团结和力量，占据了整个画面的三分之一，很震撼！我在肯定设计方案的同时，也提出了几处修改意见。我们与设计者一边讨论，一边修改。待设计稿获得全部认可，时针已指向 14 时。此时，方感到"饥肠辘辘响如鼓"，一行 11 人赶紧出门找饭店。此时的北京城里大大小小的饭馆、酒楼，十之八九已然关门歇业，吃饭俨然成了当时最大的难题。好在"天无绝人之路"，步行几条街后，终于有家还在营业的餐馆，偌大的厅堂无一食客。众人像见了救星，三下五除二，个个肚子填了个饱。

5 月 10 日下午，国家邮政局收到了卫生部规划财务司《关于接收国家邮政局捐赠的函》，主要内容是：卫生部"对贵局向全国抗击非典的医务工作者赠送《万众一心抗击非典》邮品表示由衷的感谢。根据贵局的意愿，将此批捐赠物品做了分配（拟订方案见附表），如无不同意见，请做好上述单位的交接手续"。此函的传真件立即转到了邮资票品司，根据卫生部的意见，邮资票品司管理处李滨处长很快提出了分配方案（见表 1、2、3）。按此方案，将由各省邮政局接到邮品后，立即转交给当地卫生部门，由他们分发至一线的医务工作者手中。

5 月 11 日，中国集邮总公司邮品分公司全体动员，共组织七家单位进行会战，各路人马分兵把守，连夜苦战，确保全部邮品按时保质完成。

5 月 12 日，是国际护士节。国家邮政局正式对外宣布：定于 2003 年 5 月 19 日特别发行《万众一心 抗击非典》邮票一套一枚，编号为特 4-2003，发行量为 1250 万枚，邮票面值 80 分。国家邮政局决定，将邮票发行的全部收入捐赠给卫生部门，用以支

《万众一心　抗击"非典"》

持抗击非典斗争，并作为医务工作者参加这场战斗的珍藏纪念。翌日，首都新闻媒体和集邮报刊迅速做了报道。

5月13日清晨，邮资票品司收到了一份传真，这是5月12日深夜从邮票印制局发来的急件：

急件，请速交司长。

经过邮票印制局全体干部职工的努力，截止到2003年-5-12晚6点，抗击非典邮票已全部打包发运完毕。

邮票印制局

2003-5-12

从5月9日下午到5月12日18时，仅仅三个昼夜75个小时，就完成了邮票从工艺研究、制版、打样、印刷、打号、打包、装袋、发运等所有工序，整整1250万枚啊！真的令人匪夷所思！我不能不对邮票印制局这一老牌国企刮目相看，不能不对全厂700多名员工肃然起敬！当非典肆虐、国难当头之时，正是他们——支撑我们国家根基的工人阶级，用他们的默默奉献，践行着中央的号召！我拿起电话，感动潮水的冲击，令我一时把王振宏副局长的电话号码忘得一干二净。电话接通，另一头传来振宏铿锵而又深情的答话：大难当头，工人们抢着上啊！

5月13日16时，国家邮政局的一封慰问信，发到了邮票印制局的各个车间：你们是一支政治合格、作风过硬、能打硬仗、能打胜仗的队伍，向你们表示亲切的慰问和祝贺！

5月15日晚，中国集邮总公司副总经理高山打来电话，报告邮品生产进度：抗击非典的邮品，已全部完成，开始陆续发运。至此，连续十几天的日夜奋战，1250万套《万众一心 抗击非典》邮票、36万枚首日封、27万枚邮折、11万枚个性化邮折、增加制作的5000枚卡折，终于画上了句号。

5月19日上午，国家邮政局在一楼大厅举行了隆重的《万众一心 抗击非典》邮票首发仪式。与此同时，各省、自治区、直辖市邮政局根据国家邮政局下达的捐赠品种与数量，向各省卫生部门正式进行了交接。

《万众一心 抗击非典》邮票的发行，记载了进入新世纪后中国发生的一段极不寻常的历史，也记载了国难当头中国人民万众一心、战胜一切困难的英雄气概！

揭秘抗击非典"红封"的来龙去脉

兼谈实寄"红封"问题

　　在中共中央的统一指挥下，一场抗击新型冠状病毒肺炎的阻击战正在全国上下展开。一批批医务工作者将生死置之度外，义无反顾地冲向抗击疫情的最前线，挽生命于将倾，救生灵于疾患，成为可歌可泣的新时代的英雄群体。这一幕不禁让人想起了2003年我们共同经历过的非典。对于当时肆虐的非典疫情，首都北京成为当时的重灾区。面对疫情，全国人民同仇敌忾，展开了一场抗击非典疫情的生死战。对邮政部门来说，用什么方式来支援这场没有硝烟的战争，用什么方式来记录这一重大公共卫生事件？最好的方式就是邮票。

《万众一心　抗击"非典"》

　　20 年前的 2003 年 4 月下旬，我从外地出差回京，首要任务就是策划抗击非典的邮票。在邮票图稿设计、评审、报审几个最主要的前期工作完成之后，国家邮政局于 2003 年 5 月 12 日，即"护士节"的当天，向社会正式发布了将于 5 月 19 日特别发行 "T4—2003"《万众一心 抗击非典》邮票的有关信息，并宣布将 1250 万套邮票（当时邮票面值为 80 分）的全部收入捐赠给卫生部门。邮票发行的当天上午，将在国家邮政局总部大楼举行该套邮票的首发式和捐赠仪式。

　　5 月 13 日，为了尽快落实国家邮政局的决定，我紧急召集了国家邮政局邮资票品管理司各相关处室、中国集邮总公司和邮票印制局的领导，着手研究邮票首发式的筹备工作。会议决定，首发式现场的准备工作由国家邮政局邮资票品管理司办公室等相关部门来安排，议程和讲话稿由国家邮政局邮资票品管理司负责；中国集邮总公司负责邮票版式放大样、首日封放大样的准备和首发式纪念品的准备。邮票版式的放大样在首发式时供领导揭幕使用，首日封的放大样供出席首发式的来宾签名使用。首发式纪念品的数量按 5000 个准备，嘉宾每人赠送一枚，余下的由卫生部进行分配。随即，中国集邮总公司的相关同志赶往公司，组织三项任务的落实。

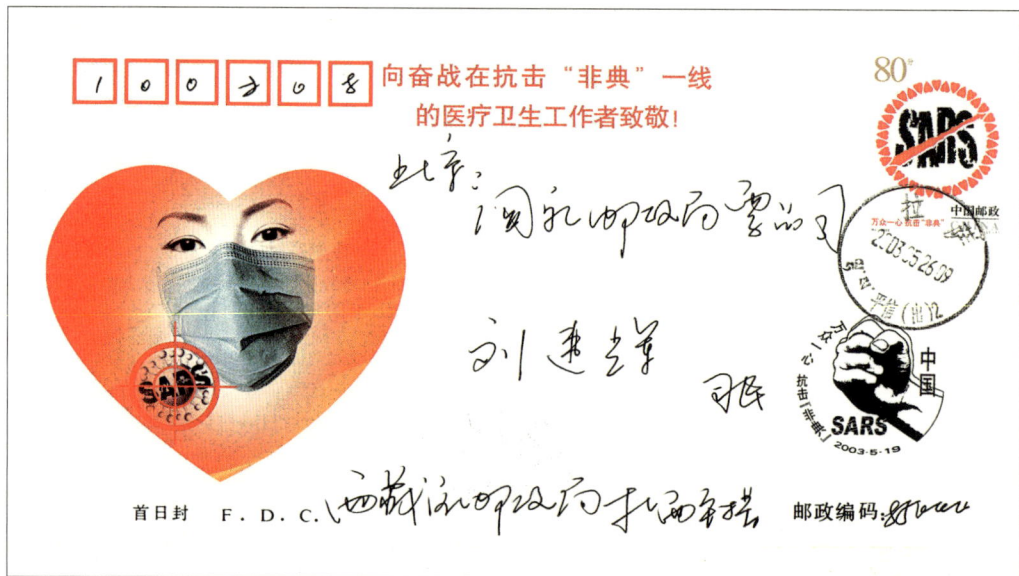

西藏自治区邮政局局长扎西平措给作者寄来的实寄封（红封）

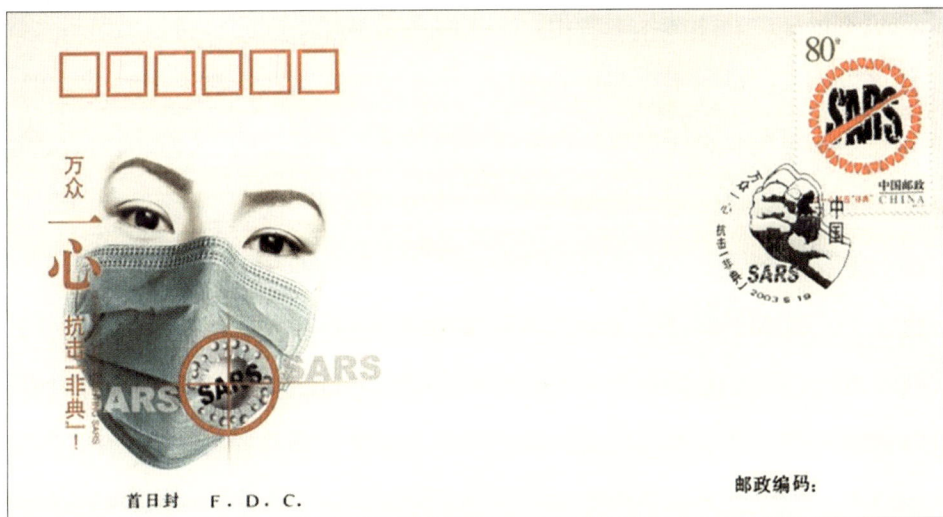

中国集邮总公司发行的首日封（绿封）

　　翌日，中国集邮总公司便拿出了纪念品的方案和设计稿，纪念品的方案为《万众一心　抗击非典》邮票卡折，内装一版邮票和一枚首日封。邮票卡折内的首日封，与中国集邮总公司对外出售的首日封略有不同。中国集邮总公司正式对外发行的首日封，左下角的图案为一位戴着绿色大口罩的女医务工作者的头部特写，左侧是文字"万众一心 抗击非典"，以点明图案的主题。用于邮票首发式卡折内的首日封左侧有了些许变化，戴绿色大口罩的头像缩小，增加了红色心形图案，并在首日封的上方加印了等线体文字：向奋战在抗击非典一线的医疗卫生工作者致敬！

　　这批卡折和首日封按照邮资票品管理司的要求，共制作了 5000 枚，主要用于赠送给参加邮票首发式的来宾和新闻单位的记者，余下的全部交由卫生部分配，赠送给抗击非典一线的医务工作者。考虑到一线的医务工作者无法在邮票发行的首日得到邮品，故没有盖销邮票，而是把戳子图案直接印在贴邮票位置的下方，使其日后可以继续使用。这枚带红色心形图案的首日封，日后邮友给它起了个好听的名字——"红封"（以下简称"红封"），而另一枚主色调为绿色的公开出售的首日封，则对应地称为——"绿封"。

　　2003 年 5 月 19 日上午，《万众一心　抗击非典》邮票首发式在国家邮政局一层大厅隆重举行。信息产业部部长王旭东，卫生部党组书记、副部长高强出席首发仪式并剪彩。信产部相关部门、卫生部相关部门、国家邮政局机关干部及首都新闻单位四百多人见证了特殊时刻、特别发行的这套邮票的首发。首发式的最后一项内容是请来宾在放大的首日封上签名，这个放大的首日封是按"红封"设计的。王旭东部长、高强党组书记分别在上面签了名。此封已经成为那个特殊时期的历史见证。

5000 枚邮票卡折，除了在首发式现场赠送了近 500 枚外，其余的由卫生部接收并进行分配。当时，卫生部提出了一个小要求，因卫生部派遣了一支医疗队在西藏服务，希望国家邮政局通过西藏邮政局将珍贵的邮票卡折转交给这支医疗队，用于慰问医疗队的全体成员。国家邮政局欣然同意，并责成我来落实。首发式结束以后，我找到中国集邮总公司邮品部经理芮书香，请他落实此事。并嘱，西藏邮政局将"抗击非典"纪念邮品向医疗队赠送的任务完成后，请向邮资票品管理司汇报。接到任务后，西藏自治区邮政局举行了简短的仪式，将部分邮票卡折转交给卫生部医疗队。西藏自治区邮政局局长扎西平措马上从其中的一个卡折中，取出一枚"红封"实寄给我，表示此事已圆满完成。

最近，我又翻看了网上关于"红封"的微信、微博，信息量蛮大的，讨论的焦点有这样几个：一是大量的疑问集中在"红封"的发行范围。二是"红封"发行数量究竟是多少？这两个问题我在上面的叙述中已有了答案，不再赘述。除了讨论"红封"的发行数量和发行范围外，还有一个大家议论最多的问题是，究竟"红封"是否属于首日封之列？从首日封的概念来看，必须具备三个条件：首日发行的邮票、信封，在邮票上加盖首日邮政日戳或特制的首日纪念邮戳。严格地说，"红封"只具备了两个条件，即首日发行的邮票和信封，虽有特制的首日纪念邮戳，但并未盖在首日发行的邮票上。从采取的不在邮票上加盖邮戳的措施看，主要还是考虑到当时不少医务工作者都在抗击非典的第一线，无法及时得到有关的慰问邮品。为了他们日后能有继续使用的机会，遂采取了这个在特殊时期不得已的特殊措施。那么这种封是否仍属于首日封，我认为仍属于首日封，如果要求再确切一些的话，可称作"专用首日封"。专用一词在过去的邮政词汇中已多次使用，如我们常提到的专用邮票，即指军人贴用邮票、个性化专用邮票等。此名称是否合适，欢迎大家进一步探讨。

还有一个问题是，"红封"为什么实寄的非常罕见？从"红封"赠送的范围来看，除了四百多枚赠送给了参加邮票首发式的嘉宾和部分首都新闻界的记者外，余下的四千五百多枚基本上都是在疫情的后期或结束以后医务工作者才领到的，这也成为曾参与那场惊心动魄非典阻击战凯旋战士们最珍贵的纪念。您想，谁还愿意把这么珍贵的记忆轻易地寄出去呢？这恐怕是实寄"红封"难得一见的原因吧。

非典疫情过后，有邮友曾请我看过一枚从国家邮政局寄出的"红封"照片，落款是国家邮政局××部门，令人捧腹的是，国家邮政局从来就没有这么个部门。为了核实国家邮政局邮政所（原国家邮政局大楼的一楼有专设的邮政所）有没有收寄过抗击非典的首日封，我专门询问了邮政所的两位工作人员。他们告诉我，从邮政所的邮筒中取出的基本都是公函，私信极少，你拿的这种信封从来就没见过。因此，如果邮友碰到有人出售所谓从国家邮政局实寄的"红封"，一定要慎之又慎。

不经意间，非典这一突发性的公共卫生灾难已经过去了20年，当年奋战在抗击非典一线的医务工作者，你们现在可好？经历过那场灾难的每一个家庭、每一个同胞，都会永远铭记你们为共和国、为14亿同胞，乃至世界人民所作出的伟大贡献！我也相信，《万众一心 抗击非典》的邮品，一定会成为你们投身那场惊心动魄战斗的记录和珍藏！

《全国山河一片红》撤销发行五十五周年祭

披露发行过程中鲜为人知的背后细节

> 按：1968年，邮电部撤销发行《全国山河一片红》邮票。时光荏苒，物是人非。不知不觉间，距今已整整55年。抚今追昔，感慨万千。谨以此文来纪念那个混乱年代仍坚持工作的邮票发行战线上的同行们。

《全国山河一片红》是中国知名度最高的邮票之一。围绕它的话题，向来不缺少。

为什么当时要发行这套邮票呢？应该说，由头是《人民日报》、《解放军报》两报联合发表的一篇社论。1968年9月7日，《人民日报》、《解放军报》用通体红色大字联合发表两报社论："无产阶级文化大革命全面胜利万岁——热烈欢呼全国（除台湾省外）各省、市、自治区革命委员会全部成立。" 文章说："'全国山河一片红'，是夺取文化大革命全面胜利进程中的重大事件，它标志着整个运动已在全国范围内进入了斗、批、改的阶段"。无疑，这在当时是一件举国欢庆的大事。根据邮电部军管会"1968年国庆节前要发行新邮票"的指示精神，发行部门最终将这个最应景的题材"无产阶级文化大革命全面胜利万岁"列为了1968年10月1日发行新邮票的计划，志号为文14。

《无产阶级文化大革命的全面胜利万岁！》未发行

一人设计，还是几人合作？

《无产阶级文化大革命全面胜利万岁》这套邮票最终没有发行，原因是 1968 年 9 月 27 日，周恩来亲自主持召开了中央宣传工作会议，主要内容是纠正不正确宣传毛泽东和毛泽东思想问题。这次会议因属于内部会议，没有对外报道。邮电部属于工交口，不属于宣传口，因此未能参加会议。邮电部军管会会后接到会议精神的传达，立即做了两条决定：一、今后不准在邮票上印制毛主席像、语录、诗词等，已经印制好未发行的停止发行，已经发行的可继续使用。二、停止计划于 10 月 1 日国庆节发行的《无产阶级文化大革命全面胜利万岁》和《黑题词》两套邮票，并电告各省、市、区邮电管理局革委会。

《无产阶级文化大革命全面胜利万岁》这枚未发行邮票的样票，我在邮票博物馆曾近距离接触过。那是我在国家邮政局邮资票品司工作期间到邮票博物馆调研，馆长给我看过博物馆珍藏的这枚样票的一个整版。这个整版样票从未对外展示过，当然这是邮票博物馆的镇馆之宝。样票的画面是毛泽东和手持红宝书的林彪在天安门城楼上向工农兵群众挥手致意，前方是天安门广场上的红色海洋，一串串气球下悬挂有大幅标语，以及广大工农兵群众热烈欢呼的场面。邮票下部横框内印有纪念文字"无产阶级文化大革命的全面胜利万岁"，右边印有"中国人民邮政"，下面印有面值"8 分"字样。样票的规格是 60mm×40mm，这种规格在文化大革命期间的邮票中属于最大的票幅。

我查阅了有关《无产阶级文化大革命全面胜利万岁》（以下简称：《全面胜利》这

套邮票设计、印制的文章，几乎众口一词地谈到设计者，只有一个人：万维生。可是却还有一种声音认为，《全面胜利》最初的邮票图稿是几个人一起合作完成的。真是如此吗？那么究竟是几个人合作完成的，都有谁，是专业邮票设计者还是与社会美术家一起合作完成的？

现在，万维生先生已作古，找谁才能还原这一时期的真相呢？这也是时时困扰我不得其解的原因。

但是，无所不能的互联网帮了我的大忙。在众多的有关介绍"一片红"的文章中，有一篇是万维生接受媒体采访的报道。万维生说："《无产阶级文化大革命全面胜利万岁》邮票是计划于 1968 年 10 月 1 日发行的党的'九大'邮票，由我、邵柏林和尹定邦设计；由于种种原因，《无产阶级文化大革命全面胜利万岁》邮票没有发行。"

万维生先生这段话，是摘自记者采访中的内容。我认为其中最重要的一点应该是搞混了，《无产阶级文化大革命全面胜利万岁》之所以列入选题，就是为了纪念全国 29 个省、市、自治区全部成立了革命委员会这一重大事件。选题的名称是《人民日报》和《解放军报》的社论名称，计划发行日期就是 1968 年 10 月 1 日。因此，这套邮票的选题和"九大"没有丝毫的关系。但后面的一句话，却令人振聋发聩。《全面胜利》这套票"由我、邵柏林、尹定邦设计"。啊，设计者居然不是一个人，而是三个人！由于这句话不是出自万维生先生自己的文章，只是记者的采访报道，更何况《全面胜利》选题和"九大"选题都搞混了。这句话的可信度有多高呢？可惜的是，今天已无法和万维生先生对话，怎么办？还是找今天健在的老同志核实吧。

5 月中旬的一天下午，和邵柏林先生的一次对话，终于揭开了谜底。

邵柏林先生首先肯定，确有其事。当时邮票设计者最发怵的就是画领袖人物，每个人都有一种莫名其妙的恐惧。生怕哪一点不注意被人抓住小辫子，不光是本人身败名裂，一家子恐怕都要受牵连。几个人合作，互相补台，不失为一种妙招。三个人中的尹定邦，大家可能不熟悉。尹定邦是杨白子的爱人，1940 年 5 月出生在湖北武汉，1965 年广州美术学院五年制本科毕业，并留校任教，历任助教、讲师、教授、博导，设计学院创始人、院长，美术学院副院长，广东省美术家协会副主席。文化大革命中

《全国山河一片红》（大一片红）未发行

尹定邦的个人才华就已经显露出来，基本功好，扎实。尤其人物画，画得非常好。尹定邦和杨白子同出一门——广州美术学院。尹定邦比杨白子大两届，毕业后杨白子被分配到邮电部做邮票设计工作，尹定邦则留校当了老师。结婚后，劳燕分飞南北，尹定邦就成了北京的常客。一来二去，尹定邦和设计师们也都熟悉了，并且成了朋友。所以，一起合作就顺理成章了。由于这套邮票未发行，所以除万维生继续参与邮票图稿的修改外，邵柏林和尹定邦两个人都未参与后来"大一片红"和"小一片红"的设计与修改，他们的名字就被历史的尘埃湮没了。

　　《全面胜利》邮票被叫停发行的原因是图案上出现的毛泽东和林彪的头像，不符合中央宣传工作会议精神，但这套邮票的选题没有毛病。邮票图稿修改的任务还是确定由万维生来完成。万维生在接到图稿要修改的通知后，一时无从下笔，究竟把毛主席、林彪的像拿下来后怎么设计？ 60mm×40mm 这么大的票幅空下来的位置放什么？这让万维生绞尽脑汁也不得其解。恰在此时，1968 年 10 月 1 日，是中华人民共和国成立 19 周年，首都北京举行了盛大的群众游行。当然，各省、自治区、直辖市全部成立革命委员会这样一个无产阶级文化大革命全面胜利的"标志"自然也成为群众游行队伍中的主题。在浩浩荡荡的群众游行队伍中，有一副大型的模型由十几个人肩扛，上面是三合板"抠"出来的一副中国地图的轮廓图。红底上面有"全国山河一片红"字样，万维生觉得这幅图对于要修改的邮票来说就是及时雨！用这幅图是再恰当不过了。一来，《无产阶级文化大革命全面胜利万岁》邮票的选题就是纪念全国 29 个省、自治区、直辖市全部成立了"革命委员会"而发表的社论名称；二是用这幅图非常形象地解读了"无产阶级文化大革命全面胜利万岁"这个两报的社论。

"十一"国庆节之后，万维生立即对原图稿进行了修改，将原图中的毛主席和林彪半身像去掉，按照游行队伍中地图的模型设计了新的图稿。新设计的图稿仍为60mm×40mm，邮票的中心位置是一幅中国地图，红底上有"全国山河一片红"字样，图下是工农兵群众手举红宝书欢呼胜利的场景。万维生根据两报社论中提到的"整个运动已在全国范围内进入了斗、批、改阶段"这句话，在中国地图左侧的群众队伍中，增加了一幅"掀起斗、批、改新高潮"的标语模型，原放在右侧的"中国人民邮政"六个字则改在了左侧。这幅邮票图稿就是民间俗称的"大一片红"。

很快，万维生将修改好的邮票图稿上交领导。北京邮票厂根据这幅图稿，印制了邮票样票，并将邮票样票和请示一并送邮电部军管会审定。请示是两张纸，和邮票样票一起用曲别针别好。（这张样票若干年后露头，仍有人清晰地看到样票上曲别针 U 形的压痕）文件呈报后，迟迟没有音讯。

原来，邮电部军管会收到北京邮票厂的请示和邮票样票后，并没有贸然批准。当时邮电部军管会的主要负责人之一是马克绍，他和几位军管会领导研究后，决定还是将这套邮票的样票送审，等领导批准后再行印刷。1968 年 10 月 8 日，邮电部军管会正式向国务院呈递请示："根据中央首长 9 月 27 日在中央宣传工作会议的重要指示，我们在邮票宣传工作上立即进行了研究和改进。最近邮票设计人员和工人同志共同设计，以工农兵为形象，热烈欢呼全国山河一片红的新邮票图案：《无产阶级文化大革命全面胜利万岁》，我们准备向全国大量发行。"国务院副总理李富春当天批示："请邮电部军管会直送中央文革审查。"然而，这个请示报告却阴差阳错地送到了周恩来总理处。周总理对此票的设计做了指示，大意是这枚邮票还是要发行，但要修改，不要贪大求全①。

万维生根据上级的指示精神，第二次对邮票图稿进行了修改，将横构图改成了竖构图，票幅由原来的 60mm×40mm 改为 30mm×40mm，将原稿下部的"无产阶级文化大革命的全面胜利万岁"和画面中的部分标语口号去掉，这就是后来下发又被撤销

《全国山河一片红》（小一片红）撤销发行

发行的"小一片红"。

原定发行一枚，还是一套两枚

《中华人民共和国邮票目录》在第三部分"文"字邮票的最后一页，刊登了"附录"：撤销发行的"文"字邮票。

全国山河一片红（原编号文 14）

原定发行日期 1968.11.25　影写版

30mm×40mm　50(10×5)

(1) 8 分　工农兵和地图　1 全

　　目录上标注的这套邮票，就是"小一片红"邮票的有关资料。1 全，这是什么意思呢？全套一枚。那么当时是准备发行一枚吗？不是。1968 年 9 月 14 日，邮票发行局向北京邮票厂订印"文 14"《无产阶级文化大革命全面胜利万岁》的通知中，明确提出《无产阶级文化大革命全面胜利万岁》纪念邮票一套两枚，票幅为 60mm×40mm。面值 8 分的印制 1 亿枚；面值 22 分的印制 200 万枚。[②]

　　1968 年 9 月 24 日，在邮电部军管会向各省发出的"发行通知"中，也有"一套 2 枚，

8分和22分"的内容。

这个通知，虽然下达印制的是《全面胜利》邮票，但《全面胜利》胎死腹中。"大一片红"又被修改成"小一片红"，所以文14的志号就落在"小一片红"的头上。一套两枚没有变化，规格却变成了30mm×40mm。

那么为什么在"小一片红"撤销邮票资料中没有"22分"的踪影呢？在我找到一位关键人物时，这个谜底才彻底打开。1968年参与印制"大一片红""小一片红"全过程的退休职工韩淑敏道出了原委。

原来，文化大革命期间整个北京邮票厂只有三部印刷机，即一号机、二号机和三号机，且只有三号机可以印制四色影写。"大一片红"和"小一片红"都是在三号机上印制的。在生产安排上，是先印制8分面值的。由于印量大，工人们日夜加班，直到听说这枚邮票有错误并下令停止印刷时，1亿枚的生产指标还没有完成，所以22分根本就没来得及印。这也就是至今尚未见到同图案"小一片红"22分邮票的原因。

那么，原本计划发行22分面值究竟对应的是哪种邮政资费呢？我仔细查了人民邮电出版社的《邮票目录》，"文"字邮票共发行19套，面值的设置中，分别有4分、8分、10分、35分、43分、52分，但唯独没有22分面值的，1970年之后发行的"编号"邮票中倒有22分邮票面值的踪迹。按照原邮电部的相关规定，每个资费种类的设置，都应有对应的邮政服务业务。这个22分究竟对应的是哪种邮政业务呢？我不得其解。恰巧，我所住原邮总的宿舍，22层楼里百分之九十住的是原邮总的工作人员。现如今，大部分人已另谋新居，坚守者不足一二。就在这不足一二里，有一位资深的邮政干部——秦佩，年近古稀，但身体硬朗。我一提此事，老秦脱口而出：国际，国际平信资费。真是邮政的活字典！

我纳闷了。国际资费怎么这么便宜呢？按照当时的资费标准，国内平信是8分，国际是22分。国际资费不足国内资费的三倍，而现在国际资费是国内资费的五倍呀！但转念一想，文化大革命时中国的朋友都是亚非拉的穷朋友。今非昔比呀！

究竟"小一片红"是在哪儿被发现的

首先要肯定的是，发现这枚地图标注不规范的"小一片红"，并负责任地向上级反映的是原地图出版社的编辑陈潮同志，这是不容置疑的。但是陈潮究竟是在哪儿发现的？我却先后听到过两种截然不同的版本。

第一个版本是，原定于 1968 年 11 月 25 日对外发行的"小一片红"，北京一些支局所收到下发的邮票后，自作主张，提前对外开卖了。11 月 23 日，喜欢买新邮票的陈潮在地图出版社外面的邮亭里买到了"小一片红"邮票。职业习惯让陈潮发现邮票图案中边界的走向存在重大问题，陈潮当即向地图出版社的领导汇报。地图出版社一边打电话给邮票发行局领导，同时又打电话向中央文革作了反映。中央文革小组打电话给邮电部，立即引起了邮电部军管会的高度重视。邮电部领导立即通知邮票发行局："全国山河一片红"的邮票图案有问题，赶快通知各省局，不准发行，把票扣下，在省管局集中保存③。

随即，邮电部军管会以生产指挥部名义向各省、市、区邮电管理局革命委员会发出急电："全国山河一片红邮票地图不准确，请立即收回封存，已售出的要设法收回"④。这就是众所周知的发现过程的第一种版本。

第二个版本，陈潮发现的过程与第一个版本大相径庭。一位朋友介绍：第一种版本"说的不是那回事"，应该是陈潮在北京邮票厂的机台上发现了这枚设计有问题的邮票。

文化大革命中的宣武区，共有三个敏感的印刷厂，分别是 541 厂（印钞厂）、北京邮票厂和中国地图出版社印刷厂。这三个印刷厂文化大革命前都有严密的门卫和管理制度，文化大革命一造反马上变了模样。北京 541 厂印制的是钱币，哪能让它乱呢？在周总理的安排下，实施了军事管制。外面乱哄哄，里面仍然秩序井然，生产按部就班，没有受到太大的影响。另外两个厂则和社会上的厂矿企业一样，大字报糊满墙，企业领导被批斗，管理规定已形同虚设，本来应该严禁外人进入厂区的规定也被冲垮了。当时，比较时兴的"革命做法"叫"串联闹革命"，单位与单位互相串联，中国地图出版社的编辑陈潮恰巧在邮票厂赶印"全国山河一片红"这套邮票时到邮票厂参观。在印刷机前，职业习惯让陈潮对正在印制的"小一片红"提出了一个又一个的问号，特别是发现这套邮票的地图标注存在严重问题，应该立即停止发行！陈潮同志立即向邮票厂有关部门反映了此事，这才有了后面撤销发行和电令收回的结果。

面对第二种截然不同的版本，我想还是要慎重地进行核实。作为我们在文化大革命中参加工作的一批人，可以说是邮票发行事业承前启后的一代。20 世纪 50 年代、60 年代曾经叱咤风云的一代，随着时光的流逝，均已退休并年届古稀。如果现在不对这件事的真实性进行负责任的考证，那我们真的是一种失职。

话又说回来，如果第二种版本实有其事，那就颠覆了文化大革命邮票史中的一个重要情节。好在 1968 年距今只有 55 年，当年在机台上工作的工人应该大有人在。

拨通了邮票印制局离退休处的电话，接电话的同志一下子就听出了我，"司长，您有什么吩咐？"电话那头的师傅姓殷，邮票厂的老人。在票品司工作的时候，邮票厂也是我常去的地方，所以很多师傅都很熟悉。

"殷师傅，想请您帮我推荐几个'文革'期间在机台上工作过的老师傅，并提供一下他们的联系电话。"

很快，一位名叫连俊的老师傅的联系电话发了过来。我拨通了连俊家里的座机，一个虚弱的声音传过来，接电话的正是连俊本人。连师傅已年届八旬，罹患肺癌的他，近期又染上肺气肿，说话很虚弱，目前正在治疗中。听到连师傅的介绍，我马上意识到这个电话打得太唐突了，后悔不及。实事求是地讲，我对连师傅不熟悉，但他对我却像见了老朋友，知道一定是有事找他。无奈，最终还是把我的疑惑告诉了他。他想了想，又顿了顿，慢慢地谈了对此事的看法。

连师傅当时在邮票厂的生产科工作，对生产的情况非常熟悉。他不记得机台上有人发现"小一片红"的邮票有问题，如果当时机台上有人反映，那一定会向生产科汇报。这么大的事，不仅要有记录，而且机台上也不能自己处理，必须逐级汇报。他当时正在生产科工作，却从没听说过此事。

有了生产科的证词，我必须还要找一位当时机台上的师傅再核实一下，这位师傅就是前面提到的韩淑敏。我和韩淑敏非常熟悉，2001 年策划《北京申办 2008 年奥运会成功纪念》邮票、2003 年策划《中国首次载人航天飞行成功》邮票等，韩淑敏都是策划小组的核心成员之一。当时韩淑敏已是邮票印制局局长助理、生产调度中心的主任。电话一通，快人快语的韩师傅像竹筒倒豆子，话匣子立马打开。

原来，韩师傅 1967 年 11 月被招收进厂学徒，1968 年就上机台跟着师傅学习印邮票，而当时印的正是"全国山河一片红"，规格为 60mm × 40mm 那一版（即"大一片红"）。为了赶上发行时间，车间连续加班，但突然接到生产科通知：停印。印版也被卸下来，具体原因也不清楚。后来，规格为 30mm × 40mm 的"小一片红"也上机开印了，所以"大一片红"和"小一片红"印制期间，韩淑敏都在场。

关于有没有外单位的人看到印制的"小一片红"地图有错误并向在场职工指出时，韩淑敏说：尽管当时正处在文化大革命期间，但生产车间的管理还是很严格的，外人未经批准是不能进入生产车间的，而且遵守得非常好。为什么呢？因为邮票厂有两派，闹派性。每个车间也有两派，对立严重，互相瞅着，如果这一派有违规违纪行为，另一派就不干了。哪一派都顾忌对方揪小辫，整出事来对自己这一派不利。互相监督，居然成了派性对立的副产品，所以违规的事当时还真的很少。

韩师傅最后表示，你说的情况，可以肯定地说：没有。

到此为止，第二种版本可能还是记混了。也难怪，文化大革命中的一些消息，都是口口相传，难免不准确。哪能和现在比啊，互联网、微博、微信，天南海北刚刚发生的事，几乎直播就传遍整个神州，有文字，有照片，有视频。今非昔比呀！

结语

"全国山河一片红是文化大革命"高潮时最应景的一句口号，也是极"左"的一句口号。它满足了一些狂热者的口头快感，却隐藏了巨大的政治缺陷。号称"全国山河一片红"，难道不要宝岛台湾了吗？难道不承认在神州大地上还有两种不同的社会制度存在吗？

"全国山河一片红"邮票是我们共和国一个特殊时期的特殊产物。邮票历来被誉为"国家名片"，在"国家名片"上出现的地图，出现了五六处严重错误，不仅我国的台湾省被排除在外，南海诸岛也从地图上消失了；边界走向，如中缅边界、中蒙边界、中不（丹）边界也画得不准确。邮票一旦发行，势必给我国的外交工作和国家声誉带来被动及负面影响，这也是邮电部和外交部主张撤销发行的原因吧。"全国山河一片红"邮票撤销发行已经整整55年了，作为邮票发行部门和众多从事邮票工作的设计者来说，是不是也应该从这件陈案中汲取一些经验和教训呢？

在文章即将画上句号之时，我要特别感谢一下邮政文史中心吕兴华副主任对查找文化大革命邮票档案的鼎力支持和协助。

注：①中国邮票博物馆档案"未发行邮票卷"。

②中国邮票博物馆档案"未发行邮票卷"。

③中国邮票博物馆档案"未发行邮票卷"。

④中国邮票博物馆档案"未发行邮票卷"。

《港澳回归　世纪盛世》邮票存世量之谜

　　曾经有人问过我，中国邮票已经有了"纪念邮票"这一品种，为什么还要推出"特"字系列，二者不是重复吗？"特1M"邮票为什么在邮市上很难见到，是否和销毁量大有关系，它的存世量究竟有多少？

　　"特1M"邮票的标准名称应为"2000-特1M"，是2000年在邮票上出现的新的志号，这个志号带有"特别发行"的意思。如今，编年邮票中的"特"字头邮票已经成为系列，其中"2000-特1M"为《港澳回归 世纪盛事》、"特2-2001"为《北京申办2008年奥运会成功纪念》、"特3-2001"为《中国加入世界贸易组织》、"特4-2003"为《万众一心 抗击非典》、"特5-2003"为《中国首次载人航天飞行成功》……

　　从上述"特"字头邮票的选题不难看出，它们都有一个共同的特点，即都属于纪念邮票中的"事件纪念"一类，但又属于"特别重大事件"的纪念。这些发生在我国政治、经济、科技、文化等领域的重大事件，对全国、全民、全社会有重大的现实意义和历史意义，在国内和国际上都产生了重大影响。用"特别发行"来反映我国发生的特别重大事件，以及关乎国计民生的巨大成就，这样可以有别于一般的事件纪念，用邮票清晰地记录我们祖国发展的步伐。因此，从2000年开始，国家邮政局推出了"特"

字头系列邮票。令人欣喜的是，进入新的世纪，我国发生的特别重大的事件一个接着一个，使"特"字头邮票不断延续。

"特1M"这套邮票在策划时，国家邮政局邮资票品管理司正在调研"新千年"系列邮票的发行方案。当时，世界各国邮政部门围绕"新千年"的到来，周密策划，做足了功课。中国邮政也安排了系列邮票，一套为"回顾"，名称为《世纪交替 千年更始—20世纪回顾》，安排了八枚邮票；另一套为"展望"，由少年儿童创作，2000年6月1日发行，名称为《世纪交替 千年更始—21世纪展望》。邮资票品司在研究迎接"新千年"的邮票方案时，始终觉得"香港回归"和"澳门回归"这两件大事，在"回顾"的八枚邮票中只占一枚，分量不够。香港和澳门，都是在清末被帝国主义列强强行霸占的，一百多年来，这个民族的耻辱，像一块烙印，无时无刻不在刺痛中华民族的心！从那时开始，一代又一代的中国人前仆后继，流血抗争，就是为了有尊

"2000-特1M"《港澳回归 世纪盛事》

"2000- 特 1M" 《港澳回归　世纪盛事》

严地屹立于世界民族之林！今天，和平地收回香港和澳门，恢复行使主权，不仅洗雪了百年耻辱，更是中华民族日益强大的明证！这个昭日月、留汗青的伟大事件，使中华民族上一个"千年"遭受的苦难，画上了一个圆满的句号。因此，有必要突出强调一下"港澳回归"这两件大事。

随着"新千年"脚步一天天临近，重新安排新方案已经来不及。这时，中国集邮总公司邮品部经理芮书香的一个提醒，使情况有了转机，他建议在已发行的邮票上想办法。经过研究，司内比较一致的意见是，在已发行的《香港回归》和《澳门回归》两枚金箔小型张上加字，使之成为一套新的邮票。

方案虽然好，加字的票源从哪来？出路只有一条——清查库存，用库存中的邮票加字。邮资票品司紧急下发通知，要求各省上报两枚金箔小型张的库存数量。同时，国家库的库存情况，也紧急安排人员清查。作为邮资票品司，严格地说，接收国家库是在 1998 年 10 月，即国家邮政局正式运行之后。所以，对《香港回归》金箔小型张的发行情况和库存情况也并不清楚，这次清查也是摸清底数的绝好契机。不仅可以搞清库存存量，也可以推算出金箔小型张的存世量。

不久，数据出来了，库存数量不足 500 万枚。这又是一个难题。邮资票品司原来估算，考虑到香港金箔小型张当时按溢价销售，发行时又供应不及时，第二批到货后销售的最佳时机已过，积压而后成为库存的数量应该在 600 万至 800 万枚之间，统计出来没想到差距挺大。

"新千年"正大步走来，退路已经没有。经报请国家邮政局批准，发行量确定为481.2 万对（一枚《香港回归》金箔小型张，一枚《澳门回归》金箔小型张）。两枚金箔小型张加字的内容为"港澳回归 世纪盛事"，加字的字体用金箔制作。为防止伪造，还特别制作了防伪标识。

应该说，这是国家邮政部门第三次在已发行的邮票上加字，并成为新的一套邮票。在 20 世纪 70 年代，我国曾在两枚小型张上加过字。一枚是在 T38M《万里长城·山海关》上加字："里乔内第 31 届国际邮票博览会 1979 年"。另一枚是在 T37M《云南山茶花》上加字："中华人民共和国邮票展览 一九七九年 香港"。加字后的小型张，分别成为"J41M"和"J42M"两枚新票。加字后的"特 1M"对票，已经不是原先概念上的两枚小型张，而是纪念"新千年"三套系列邮票之一。也就是说，2000 年发行的邮票，如果没有"特 1M"，那么全年邮票就是不完整的。

481.2 万套邮票怎么分配，这也是一个难题。1998 年底，我到邮资票品司任职不到一个月，管理处提交的 1999 年发行量计划让我吃了一惊：1998 年的套票发行量，长腿票一般在 4000 万套上下，套票在 3000 万套上下。这个数字已经超出了市场的承受能力，如果继续按照这样的发行量执行，必然导致市场进一步下滑，我不得不叫停。邮资票品司参考 1998 年实际的发行数量，对 1999 年计划发行的各套邮票进行了调整，每套邮票砍掉 500 万套，全年套票的上限不超过 2500 万套。对 2000 年的套票发行量，则进一步进行调整，在 1999 年发行量的基础上，套票的发行量继续压缩 500 万套，控制在 1900 万套上下。这种思路一直延续到 2005 年，这一年的邮票发行量单枚票为

1300万套上下，多枚套票在1000万套上下，有些多枚套票甚至压缩到800多万套。终于，供需情况慢慢出现了转机，这是后话。

当年481.2万套和1900万套的差距是显而易见的，但考虑到"特1M"的发行价格比较高，因此对各省只是少量分配。其中，40万套分配给中国集邮总公司用于年底的年册，少量用于和万国邮联交换以及资料票、库底留票，其余的下发31个省、市、自治区邮政局。

"特1M"邮票发行之后，由于受到《香港回归》金箔小型张的拖累，一直在售价的上下徘徊。各省分配到的邮票，除了一部分用于2000年的年册外，其余的则沉睡在票库中。在国家邮政局销毁的邮票（不包括销毁的邮品中所含的"特1M"）中，这批邮票尽在其中。各省销毁汇总的数据上来以后，还是令我十分震惊。"特1M"的销毁数量竟然高达发行量的三分之一！也就是说，"特1M"的存世量仅有300万左右，如果再减去邮品销毁中包含的"特1M"，以及邮寄包裹消耗的数量，"特1M"的存世量可想而知。由于存世量中的绝大部分已进入2000年的年册，分散在个人手中，因此这可能是在市场上很难见到成批数量的原因。

把历史瞬间镌刻在方寸之上

王虎鸣设计《众志成城　抗击疫情》邮票纪实

己亥岁末，未知病毒来源的重大突发公共卫生事件在武汉暴发。疫情犹如踏破长江堤坝的汹涌洪水，九省通衢瞬间沦陷，越过湖北疆界，又向全国蔓延……

2020 年 1 月 23 日，武汉封城，武汉保卫战、湖北保卫战全面打响。

2020 年 1 月 25 日（大年初一），中共中央向全党、全军、全国各族人民发出了驰援武汉、驰援湖北，坚决打赢这场抗击新冠肺炎疫情阻击战的号召。

2020 年 1 月下旬，中国邮政决定，在特殊形势下增加发行一套邮票，用以记录这场伟大的抗击疫情的人民战争、总体战、阻击战；向英勇无畏的逆行者致敬，邮票和邮品的发行收入将全部捐赠用于抗击疫情工作，一部分邮品将赠送抗击疫情一线的医务工作者。

选题既定，邮票图稿设计成为首要的任务。邮票印制局的专业邮票设计师闻风而动，深夜的灯光又久违地出现在六楼设计室的各个窗口……

2020 年 2 月 5 日，邮票编辑部主任王虎鸣乘坐的 ET604 航班刚刚落地，他就第一时间按下手机的启动键，微信熟悉的嘀嘀声、未接电话的提示音呼啸着奔涌出来，塞满了王虎鸣的耳膜。

原来，中国邮政集团有限公司希望更多的专业邮票设计师和社会力量参与到这套邮票的设计中来，集思广益，同心协力完成邮票图稿的设计工作。扩大邀约的范围，包括社会上一些著名的美术家、平面设计师，正在休假的王虎鸣当然也在邀请之列。一直关机的他，万万没想到国内在召唤他，希望他尽快投入战斗！王虎鸣知道，一个职业邮票设计师，面对的召唤就是鸣响的战鼓！

王虎鸣来不及喘息，昨天的异域风情瞬间变成了声声入耳的疫情播报。

图稿的设计要求瞬间在微信上弹出：

1. 邮票编号：特 11-2020。

2. 邮票规格：一套两枚，邮票面值分别为 1.20 元、1.20 元。

3. 邮票名称：《众志成城 抗击疫情》。

4. 邮票设计要求：

邮票主题紧扣众志成城、万众一心，全民抗击疫情。

第一枚邮票图名为"众志成城"；

第二枚邮票图名为"抗击疫情"；

5. 邮票图稿收稿时间：不晚于 2020 年 2 月 14 日。

邮票图稿的设计与画家作画看似相同，实则不同。邮票设计属于命题作画，设计者必须在主题的框架下进行设计，来不得半点走题，否则你的作品只有下课，别无他选。而画家作画，主题由画家自己定，想画什么、不想画什么，可以信马由缰。所以，邮票设计者要想设计好，必须首先把主题搞懂、吃透，而吃透主题没有捷径。

时间紧迫，放下行李的王虎鸣立即打开电脑，他要做的第一件事就是把十几天来空白的大脑尽量装进所有抗击疫情的信息，再把与主题有关的素材筛选出来。这是打好设计的坚实基础，王虎鸣要在尽量短的时间里把疫情暴发以来的相关消息、文章、中央有关的部署决定，以及冲锋在一线的医务工作者们可歌可泣的感人事迹尽快补上。

天量的信息在王虎鸣大脑里过滤：九天九夜，火神山医院建成移交；十天十夜，雷神山医院拔地而起……人民解放军以及全国各地的医务工作者义无反顾地冲向第一线，有的甚至来不及向父母、向亲人发出一声道别，就奔赴湖北，奔赴武汉，用他们的大爱抢救病人，救死扶伤！各省、区、市的政府、企业、老百姓……捐款、捐物，一车又一车、一列又一列满载救灾物资的汽车、高铁驰援武汉、驰援湖北……。在浩瀚的祖国大地上，一场围歼新冠病毒疫情的人民战争，在习近平总书记的亲自指挥下已经打响。被历史无数次证明过的中华民族又爆发出了无坚不摧的力量！一次次对心灵的撞击、一件件感人的瞬间让王虎鸣内心沸腾、眼眶湿润。

2020 年 2 月 8 日，梳理过浩如烟海信息的王虎鸣，对两枚邮票的布局已经有了初步打算。首先这套邮票用哪种票型最符合主题的需要？票型是容纳设计内容必须首要规划、考量的，是长方形、方形、圆形，还是采用异型？王虎鸣认为，《众志成城抗击疫情》这个主题选择的票型必须庄重，才能符合主题的要求。长方形与方形都能胜任，比如 2003 年发行的《万众一心 抗击非典》就是 30mm×40mm 的矩形票。两相比较，方形寓意更深、更庄重、更大气。中国传统文化讲究的是外圆内方，而中国古代无论是大城市，还是小城市，环绕城市修建的城墙是方形的，用在这套邮票上再恰当不过，引申为每一座城市、每一个社区都是抗击疫情、歼灭病毒的单元。正方形，36mm×36mm。对，就是它！

王虎鸣对正方形 36mm×36mm 这种票型和规格再熟悉不过。为什么呢？ 2003 年发行的《中国 2003 第十六届亚洲国际邮展》纪念邮票的设计者就是他。在这套邮票中，王虎鸣第一次启用了这种票型和规格，这也是新中国邮票发行史上首次启用。这种票型和规格清新、大气、庄重，发行后很快得到了集邮者的认可。2004 年开始的第三轮生肖邮票和第四轮生肖邮票，也继续沿袭了这种票型和规格。

两枚邮票的具体内容怎样安排？必须要有一枚集中表现当代最可爱的天使！每一位白衣战士，他们在父母的眼里是爱子，在孩子的面前是慈爱的爸爸、妈妈。这次对他们的考验是何等的残酷！面对人类历史上第一次出现的以 N 次方叠加速度疯狂传播的病毒，面对最早接诊的医生、护士一个一个倒下的现实，在没有疫苗、没有特效药、面临人生最难以抉择的那一刻，他们喊出了最强音：这是我们的职责所在！医生、护士们就在大年初一，甚至除夕举家团聚的时刻和家人壮别，有的甚至来不及告别就踏上了奔赴武汉的战场！这些英勇无畏的战士已经在王虎鸣的大脑里慢慢升华成了两幅形象：一个是女医生、女护士的形象；另一个是男医务工作者的形象。两幅形象的草图在王虎鸣的笔下慢慢生成了，女性的图案有着阴柔之美，而男性的图案则有刚毅之美。在随后图稿的设计过程中，两幅图案曾经交替出现在王虎鸣绘制的备选方案里，就在上报邮票图稿的最后一刻，王虎鸣最终选择了后者。为什么没有选择占医护人员多半的女性形象呢？对于蔓延超过 210 个国家和地区的严峻形势来说，中国邮票一定要传递出只有坚韧、果敢、科学才能战胜病毒的气概。王虎鸣如是说。

《万众一心 抗击非典》邮票的元素（图1，图2）

　　一幅主图有了眉目，第二幅呢？王虎鸣想到了《万众一心 抗击非典》邮票的元素。这套邮票也属于"特"字头邮票，是我国进入新世纪以来面临重大公共卫生事件的第一次大考——应对世界首次发现的 SARS 病毒！ 2003 年 5 月 19 日，原国家邮政局发行了由何洁、冯小红设计的《万众一心 抗击非典》邮票。图案由众多红心组成的圆圈，表示万众一心，团结一致；邮票图案中"SARS"字样，被一个国际通用"禁止"符号所包围，表示坚决歼灭非典病毒侵害的决心。

　　王虎鸣也曾尝试用射击新冠肺炎病毒的靶心来设计另外一枚邮票（图3）。这是一幅以蓝绿调子为主的方案，两枚邮票，一枚是医务人员的代表——一位男士的形象，坚毅的双眼、右手握紧的拳头，打赢这场抗击新冠肺炎疫情的决心与力量跃然纸上。另一枚就是对准新冠病毒靶心的图案。从构图来看，两枚邮票的设计方案，无论是构图还是颜色都极富冲击力。就在构思、设计这两枚邮票图稿的同时，另外一套不同构图的方案也在王虎鸣的脑子里呼之欲出。

图稿里每一个有关的元素，都没有可资借鉴的资料。小区封闭、公共场所封闭，摆在王虎鸣面前的只有一条路：继续追逐筛选浩如烟海的信息。从2月9日到15日，王虎鸣自己都不知道这七天是怎么过来的，每晚如果不是上下眼皮打架打得撑不住，绝不会躺下休息。老婆做的饭是冷了再热，热了又冷，扒拉几口又到电脑边。

2020年2月15日，外约的社会平面设计师及印制局邮票设计师所设计的图稿，于当日17时前全部交到中国邮政集团有限公司，其中王虎鸣递交了两套设计图稿。

王虎鸣可以松一口气了，补补觉，这是他最需要的。可王虎鸣没有一点睡意，武汉接连几天连续下降的新增确诊数量，以及积极向好的态势刷爆微信群，令所有人看到了希望。这个结果来之不易啊！中共中央在关键的时候作出战略决策，发挥坚强的领导力量；医务人员迅速集结，英勇奋战在战"疫"最前线；各行各业的劳动者加班加点，为保障城市运行、群众生活而坚守岗位；人民子弟兵忠于党、忠于人民，为抗击疫情注入铁军雄风；全国人民响应号召，在春节期间取消串门聚会、宅在家里，配合疫情排查工作；各地群众主动设防，确保联防联控措施在基层落地；广大志愿者和爱心人士有力出力、捐款捐物……汇成了一部感天动地的中国抗疫英雄谱。

王虎鸣失眠了。他反复掂量，觉得只用一枚邮票、一位医务工作者的形象反映不了举国上下、众志成城才赢得当前来之不易的成果。解放军三军将士、人民警察、社

《同舟共济 抗击疫情》未用稿（图3）

区工作者、通宵达旦运送物资的卡车司机、四面八方的志愿者，还有一天都没有停歇的快递小哥等。在全国以雷霆之势举国抗疫时，他们体现的就是中国的脊梁！历史应该记住他们，国家名片应该记上他们的身影！一个灵感出现了，王虎鸣立马翻身起床，用电脑记下来，他舍不得让灵光一现的瞬间跑掉！

就在王虎鸣酝酿对送审的邮票图稿再一次进行修改时，2020年2月17日经邮政集团有限公司初评的结果有反馈了。王虎鸣设计的两套方案，以及其它三幅邮票印制局设计师的图稿要继续进行修改，要求被选中的设计师于周四（20日）晚将修改好的图稿交邮政业务部。而对王虎鸣设计的方案所反馈的意见，几乎与他正在酝酿的修改方案不谋而合。

综合反馈回来的意见是，要重点突出表现老百姓，在这次抗击新冠肺炎疫情的人民战争、总体战、阻击战中，全国的老百姓是最可爱的人。

这次抗击疫情，最最普通的群体就是老百姓，他们是最可爱的人。王虎鸣为了丰富这个群体，设计了很多抗击疫情中普通人的形象，比如快递小哥、外卖小哥、拿着麦克风的记者、社区工作者、人民群众、解放军战士、人民警察……王虎鸣特意仔细观察了解放军战士从大型运输机上下来跑步集结的电视画面这些战士雄姿英发，像即将冲锋陷阵的勇士。这一瞬间深深地印在王虎鸣的脑海里。随即，王虎鸣根据记忆，构思画出了一个女战士跑下飞机，军帽后面的头发被风吹起，背包没有紧贴背部这样一个有动感的画面。这些老百姓的群体中，还有一个就是志愿者，他们手拿测温枪为进出各个小区、超市，把好测温这一重要关口的人。这个群体里还有一个老百姓的代表，那就是社区工作者，手里拿着喇叭，服务社区群众。表现科技工作者的有两个形象，一个女的手拿试管，正在做实验；另一个男的研制疫苗，正在观察电脑屏幕。在画面的"众"字的下面，还有一组表现了流调人员和物流配送工作者的形象。为了表现众志成城，抗击疫情，在画面都朝向右的分别有三种运输工具：飞机、轮船、高铁，来表现全国一盘棋，立体地、全方位地驰援武汉。

第二枚邮票处于画面中心的主要人物，是王虎鸣要着力打造的重点。他反反复复不知画了多少个，正面的、侧面的、扬起头的、平视的、带颜色的，黑白的，等等。

王虎鸣就是要找一个坚毅、凝重、果敢的效果。这个形象不是某一个人，而是整个抗疫一线医务人员群体的化身、代表，有全国支援武汉的各地医务工作者、解放军三军的医务工作者、坚守在本地参与抗疫的医务工作者等。这个主图形象是综合了各种意见，特别是两只眼睛，究竟要向人们传达出什么信息呢？王虎鸣面对着这张画面，解释了其中的深意。这样一场突如其来的重大疫情，每一个医务工作者表现出来的是直面灾难，直面疫情，没有退缩，逆行而上。他们的眼睛里既有坚毅、凝重、果敢的一面，也有无奈的一面。一个医生，面对一个个活生生的生命，在他们面前无助地消失的时候，那种无奈和悲痛都写在脸上，写在眼睛里，所以仔细看这双眼睛里是饱含着泪水的。

在头像的旁边，还有几组画面，如大数据，用0101010……，以及AI来表现，大数据在抗击疫情中也发挥了重要作用，这是把我国科技成果运用于重大公共卫生事件的一次成功实践。还有三个逆行者，表现一线的医务工作者，不畏艰险、冲在一线的美丽天使。还有在头像左侧方的是一个女护士，在护理住院患者，为其输液的一个场面。

横跨两枚邮票之间的巨大的"众"字，实际是要表现万众一心这样一个理念。王虎鸣用了两个细节来表现，一个是在红色的"众"字里，设计了无数的"心"形；第二个是在"众"字的外面和里面，有无数条虚线条延伸，寓意着无数的人民大众来参与。这和第一枚邮票中众多的普通人物是相契合的，就是要表现一种精神，即平凡的人在平凡的岗位上，干出了伟大事业的理念。众志成城合起来就是一股巨大的力量，成为一座巍峨的高山，把代表疫情的病毒压在下面，抑制了病毒的发展，也体现了生命重于泰山。"众"字究竟放在哪儿好呢？王虎鸣觉得放在第一枚或第二枚都不合适，只有把这个巨大的"众"放在两枚联票的中间，才能完整诠释两枚邮票的灵魂。这次发行的抗疫邮票属于异图横双连邮票，即一套不同图案的两枚邮票，采用横连排列，组成一个主题完整的大画面。那么，巨大的"众"字横跨两枚邮票，更强调了一套邮票的不可分割。类似情况，我国发行的邮票中曾多次出现，比如1964年发行的《中华人民共和国成立十五周年》纪念邮票为异图横三连；1981年发行的《寓言——刻舟求剑》特种邮票为异图横五连。这样的邮票，如果撕开就破坏了一套主题邮票的完整性。

关于这套邮票总体的颜色，王虎鸣曾经做过几种尝试，比如以红为主的红色调，

《众志成城 抗击疫情》

以蓝绿为主的蓝绿调等，但是彩色画面容易形成宣传画的效果，王虎鸣最后还是放弃了。为什么呢？画面上一众老百姓的群体形象，用彩色反映百姓群体的质朴不合适。要反映中国的老百姓是最可爱的，还是用黑白这种最朴素、最单纯的颜色比较好。画面再辅以红、金，用最质朴、最强烈的四种颜色构成，视觉冲击力强，也显得庄重、大气。

第二枚邮票主图的右侧面，还有一个黄鹤楼。这个黄鹤楼用单线条绘就，无疑代表的就是武汉。王虎鸣在设计时没有把黄鹤楼刻意放大，也没有把它放在特别突出的位置，而是把它放在人物的背后。因为它只是一个符号，主要画面还是强调万众一心、众志成城、抗击疫情这样一个主调。从画面上可以清楚地看到，左侧第一枚画面上的所有人，包括所有的运输工具都朝着一个方向，即朝向右，表现全国人民驰援武汉这样一个概念。

2020年3月下旬，经过反复斟酌、比较、审定后，王虎鸣一个多月心血凝练而成的邮票设计稿，终于在众多的方案中脱颖而出。主管部门原则通过了该方案，并要求在此基础上对各个细节做进一步的加工和完善。

王虎鸣来不及喘息，他面临的是要继续在两条战线奋斗，一是要继续对两幅邮票图稿作更精细的调整和修改；二是要抓紧完成与邮票同时发行的首日封和邮折的设计。时间在从王虎鸣的身边一点一点划过，时间也一点一点使王虎鸣的设计成果完成了最后的升华！

2020 年 5 月，随着武汉保卫战、湖北保卫战取得决定性成果，疫情防控阻击战取得重大战略成果，这套在特殊时期设计的、特别发行的邮票终于即将面世。

值得一提的是，专业画家、王虎鸣的好友刘向平先生出于对抗疫一线英雄的敬意，对这套邮票画面中人物形象的刻画也倾尽其力，共同完成了这套邮票图稿的设计。

就在邮票图稿通过的当天，王虎鸣决定将他设计的首日封、邮折的稿费全部捐献给一线的医务工作者（职业邮票设计师没有邮票设计的稿酬）。

春风杨柳万千条，六亿神州尽舜尧。

今天，祖国山河无恙！

发生在己亥岁末、庚子年初的这场抗击疫情的人民战争，最终以国家名片的形式被永久地记录下来。

广大人民群众参与的这场抗疫壮举，也必将载入人类文明发展的史册！

邮票见证"飞天"成功

一个绝密消息成就"飞天"邮票

公元 2002 年 10 月,一个惊人的绝密消息兴奋着国家邮政局邮资票品司的所有工作人员。国家有关航天科技部门正在实施载人航天计划的重要一步,即"神舟"五号将第一次搭载中国宇航员进入太空,实现国人千百年来的"飞天"梦!载人航天工程实施的时间预计在 2003 年的第四季度,希望届时能发行一套邮票。

载人航天工程,不啻是改革开放以来具有里程碑式的重大事件,是中国现代化建设的伟大成就!它的成功发射必将在国内外产生重大影响!这个选题安排发行一套纪念邮票是恰当的。鉴于当时该工程仍处于绝密状态,邮资票品司经过研究,正式向国家邮政局党组签报"密级"请示,建议发行"中国载人航天飞行成功"纪念邮票一套。国家邮政局党组高度重视,刘立清局长专门听取汇报,并就相关细节做了交代,要求邮资票品司和国家相关部门密切配合,全力以赴,高质量完成这套邮票的发行工作。很快,国家邮政局党组在签报上批复同意,申请邮票发行的流程正式完成。

能够参与这么重大题材邮票的发行工作，邮资票品司每一个工作人员都极其兴奋，但是他们知道如果按照即时发行的方式，困难和挑战是相当大的。现在必须把兴奋收回到肚子里，启动密级程序，按照翌年 10 月发行的计划，进行周密的倒计时工作安排。

国家重大题材邮票的方案酝酿、集思策划，一直到具体步骤的实施，国家邮政局邮资票品司和相关部门从《北京申办 2008 年奥运会成功纪念邮票》开始，逐渐形成了一个跨部门的工作小组。这个小组的人员包括：邮资票品司司长刘建辉、副司长邓慧国、中国集邮总公司副总经理高山、邮品部经理芮书香、邮票印制局副局长王振宏、调度部主任韩淑敏、邮票编辑部主任王虎鸣。中国首次载人航天飞行工程即将实施的消息，令所有成员激动不已，邮票发行方案的讨论很快进入实质阶段。会议最后形成的方案为：1. 邀请港澳邮政部门共同发行该套邮票。"飞天"，是中华民族世世代代的梦想，也是中国大陆、香港、澳门和台湾地区以及所有海外华人的期盼。当宇航员带着 13 亿中国人的梦想在太空遨游时，应该成为两岸四地共同庆祝的节日！考虑到目前和台湾地区邮政共同发行邮票时机尚不成熟，暂时按《北京申办 2008 年奥运会成功纪念邮票》的做法，由中国大陆与香港、澳门邮政部门共同发行。2. 三方用同一套邮票的名称，各自发行同题材邮票。邮票的发行，采用 2+1 的方式，即两枚邮票，一枚小全张，3. 鉴于该事件属于高度的国家机密，邮票的设计工作建议由国家邮政局承担。邮票图稿由三方会议审定。三方邮票的印制均由北京邮票厂承印。4. 发行时间，待与国家相关部门进一步联系后再定。

会议讨论的情况，当晚即向国家邮政局局长刘立清作了汇报，他完全同意工作小组研究的方案，并嘱：此事属于高度机密，一定要"滴水不漏"。同时，此方案要认真听取港澳邮政部门的意见，在讨论的基础上，修改完善，取得一致。

三方合作会谈取得成功

国家邮政局与香港邮政署、澳门邮政局经过协商，最后确定会议的地点在香港。2003 年 1 月 13 日，三方邮政部门的会议如期在香港举行。香港邮政署作为东道主，

《中国首次载人航天飞行成功》

主持会议的讨论。为了防止会议的内容泄密，会议室的工作人员由香港邮政署的有关员工担任，非相关人员一律禁入。经过连续两天的紧张讨论，涉及该套邮票发行的各相关问题，基本上达成了一致。香港邮政署和澳门邮政局的代表先后表达了对三方共同发行该套邮票的拥护，并对内地航天科技日新月异的成就和祖国的日益强大表示由衷的祝贺。

邮票设计遇到困难

邮票设计是整个邮票发行工作中最重要的一个环节，既是微型的美术创作，也是一种命题设计。它要求设计者必须按照邮票选题和邮票选题对照物进行设计，不允许有偏差。该套邮票设计的参照物主要有三：航天器、宇航员、宇航服。经过与航天部门联系，最终批准设计者和该套邮票的编辑可以进入航天城进行参观，但约法三章：不得照相，不得摄像，不得临摹。这一下难住了我们的设计者，这么复杂的航天器和宇航服，没有起码的照片做依据，怎么保证准确无误呢？再次联系仍然无果，保密规定必须执行。我立即打电话给邮票印制局，让王虎鸣把所有大脑细胞全打开，我相信他都能记得住！

果然，王虎鸣不负众望，和著名画家刘向平一起，共同完成了该套邮票的设计任务。

绝密的发射计划变成了现场直播

上天只会安排快乐的结局，如果不快乐，说明还没有到最后的结局。

2003年9月，"神舟"五号的发射已进入倒计时，邮票发行也进入了最紧张的准备阶段。"神舟"能否按时发射，会不会推迟，发射成功的几率占比多少？这些问题逐渐成为我心中隐隐的焦虑。凭直觉，我相信航天科技战线的英雄们一定会向祖国交上一份满意的答卷。但是，未知未果的因素也包含着不确定的成分。经国家邮政局批准，邮票和小本票的印制分两步走。邮票，一次性全部印完，立即下发各地，发行首日按足量供应市场。小本票，成本高，装订复杂，先按150万本制作装订。剩余的，待"神舟"飞行成功后，即刻上线装订，供应市场。

2003年9月30日，邮票印制局王振宏副局长打电话报告，中国邮政和香港、澳门邮政的邮票，以及港澳定制的小本票已全部完成并开始装车发运，中国集邮总公司承制的邮品也在紧张地制作当中。这不啻是让人得到稍稍喘息的一个消息。

2003年10月1日，国庆节，航天科技有关部门传来消息，"神舟"五号将于10月15日前后发射，特别邀请国家邮政局刘建辉司长前往酒泉卫星发射中心现场观看发射盛况。专机将于10月5日左右起飞，请随时待命。这真是一个千载难逢的好机会，它令我整整两天心中痒啊！但我清醒地知道，不能离开北京。作为沟通上下、协调左右、联系内外的现场总指挥，此时不能脱离岗位，这是责任使然！第三天，我拿起电话，婉言谢绝了对方的盛情邀请。

10月初，航天科技部门相关的工作人员已全部飞赴酒泉卫星发射中心。临行前，为了保守发射期间的秘密，双方确定了一旦发射成功的传达暗语：考试合格。时间在一天天等待中流逝……

10月14日，令人意想不到的是，犹如一夜春风，首都各大新闻媒体竞相报道了中国载人航天"神舟"五号将于10月15日在酒泉卫星发射中心发射升空的消息。这个让全球华人热血沸腾的消息，立刻将人们的目光聚焦在祖国的大西北。虽然绝密的飞船发射计划提前自动解密，但邮票的发行口风却丝毫不能泄露。邮票，必须是整个事件成功之后的记载，否则将造成不可挽回的后果。

14日下午2时，邮资票品司召开了战前最后一次动员会，对各个岗位的准备工作进行了检查。两份内容截然不同的传真电报已摆在办公桌上，一份是飞船返回地面后，通知各省区市邮政局立即开拆"特殊"邮包，清点、出售邮票的传真电报；一份是一旦发生不测时善后工作的流程。票品司的全体人员知道，整整一年时间的周密策划、组织，伴随着"飞天"成功，纪念邮票在第一时间摆在全国五万多个邮政局的柜台上，这是令广大集邮者和用户意想不到的纪念惊喜！同志们相互击掌，衷心祝福明天，祝福明天是个好日子！

2003年10月15日7:00，邮资票品司的工作人员到岗。

8:00，电视上已传来酒泉卫星发射中心现场的报道和画面。

9:00，随着巨大的轰鸣声，在形似莲花状的烟雾中，助推器缓缓地将"神舟"五号送上太空。发射成功！

9:05，酒泉卫星中心传来暗语：考试合格！此时，暗语已经不重要了。

18:40，太空人杨利伟（第十三届全国政协委员）展示中国国旗和联合国旗。

18:41，杨利伟向世界人民、太空同行、祖国人民、港澳台胞、海外侨胞问好。

10月16日6:40，太空舱安全返回地面。

6:41，国家邮政局关于发行《中国首次载人航天飞行成功》纪念邮票的传真电报，伴随着电波飞向祖国各地，飞向香港、澳门……

尾声

清晨，当遍布北京的大大小小的邮局尚未开门营业的时候，门外的人们已经排起了长长的队伍……

当天，北京的某报做了如下报道：申奥成功即时发行邮票，给了集邮者明确的提示，中国航天事业的巨大成就，中国邮政肯定发行邮票，赶快奔邮局！

不眠的五里河之夜

2001 年 10 月 7 日之夜，是狂欢之夜，是难忘之夜！中国国家男子足球队，在沈阳五里河体育场，以 1 ∶ 0 战胜阿曼国家足球队，提前两轮锁定进入世界杯决赛资格。那一晚，整个五里河体育场，不，是整个沈阳、整个中国，成了球迷们尽情享受的节日！

随着新加坡国际裁判的结束哨音，在中央电视台转播室内担任解说的韩乔生，立马举起了两组中国邮政即时发行的邮资明信片，画面上是明信片的特写"中国足球队获得 2002 年世界杯足球赛决赛权资格"，挥舞着向中国足球队表示热烈的祝贺！我相信，这一幕将永远定格在无数球迷的记忆里！

这枚突然现身的纪念邮资明信片，不仅令球迷，也为邮迷所惊喜！随着球赛的结束，全国各个邮局的门口立即排成了长队，一些邮局还派出了流动服务车，到市区的中心广场进行服务。这次成功的发行，又是源于一次成功的策划！

足球，是拥有最广大观众的体育项目，也是世界上最有魅力的竞技体育项目之一。对中国足球的热爱，对中国足球队的热爱，深深扎根于广大的球迷心中。改革开放以后，中国的竞技体育项目全面登上世界舞台，除了足球和少数几个项目外，其他项目都取得了令人瞩目的成绩，有的甚至成为独霸天下的项目。但是，喜爱中国足球、关

"中国足球队获得 2002 年世界杯足球赛决赛权资格"（纪念邮资明信片）

注中国足球队的人们，好像从来没有过开心的时刻。经历过"5·19"和若干次冲击世界杯失败之后，中国的球迷麻木了，老百姓麻木了……即便如此，每逢中国队亮相，球迷们仍然精神抖擞地给中国队鼓劲呐喊！这种不以胜败为好恶的情结，是球迷们心中的"祖国情结"。他们多么希望有一天中国队能在世界杯的舞台上亮相，多么希望中国队能在世界杯上与巴西、阿根廷、西班牙这些世界强队过过招，这是几代中国球迷的希望，也是他们的梦想！如果真的有这么一天，那么这一天必定是全体球迷狂欢的节日！

2001 年，种种征兆表明，这一年是中国队距离世界杯最近的一年。首先，中国队在小组赛抽了个上上签，没费多大劲，三下五除二，顺利出线。带领中国队出线的教练，是个蓝眼睛、灰白头发的前南斯拉夫人，名叫博拉·米卢蒂诺维奇。在中国人看来，这种称呼太绕嘴，不符合中国人的名字要简约、上口的习惯。他踏上中国的土地不久，球迷们就给他起了个上口的昵称：米卢！这种称呼虽不符合国外称谓的习惯，但却透着十二万分的亲切。中国的球迷喜欢这么叫，米卢也喜欢听。米卢在世界足坛是个无人不知、无人不晓的神奇教练。2000 年，米卢正式成为屡败屡战的中国队的主教练。这位曾率领弱旅哥斯达黎加、美国、墨西哥、尼日利亚等先后闯入世界杯的神奇教练，给中国队带来了简练、实用的战术思想。他的快乐足球理念，打消了中国队每逢大赛必背包袱的怪圈。全身心地投入大赛，逐渐使中国队找到了感觉，找到了自信。随之而来的十强赛，再次给中国队带来了神奇的结果：3：0。十强赛的首场比赛，中国队就干净利落地战胜了技术细腻的阿联酋队，中国队信心大增。

面对形势一片大好的局面，中国集邮总公司向邮资票品司建议，中国队一旦出线，能否即时发行一套纪念邮资明信片？这又是一个非常敏感的题材，敏感就敏感在我们的策划与中国队后面的战绩能否不谋而合？方案在国家邮政局邮资票品司进行了热烈的讨论，参加会议的人员仍然是参与策划《北京申办 2008 年奥运会成功纪念邮票》的原班人马。

挑战无时无刻不在，关键是你敢不敢应战。显然，敢于应战是邮资票品司各相关部门同志们的习惯！会议很快形成了一致意见：为中国足球队加油！给全国的球迷惊喜！

从理论上讲，纪念邮资明信片比邮票的生产环节相对简单，而且中国队的比赛间隔较长，完全有时间在中国队出线时完成印制任务。但是，中国队什么时候出线，会不会提前出线，会提前几轮出线？这些都是我们无法掌控的。更重要的是，为了记录中国队驰骋沙场的英姿，必须要取得全部 22 名队员和教练员的授权，可现在战事正酣，为了避免外界干扰，队员们都在封闭之中。现在距十强赛结束还有不到两个月时间，要完成这些授权，以及后面的设计、制版、印制、裁切、装订、运输等一系列环节，难度可想而知。但是，中国集邮总公司和邮票印制局的同志们，不愧是国企中两支敢打硬仗且善打硬仗的队伍，"司长，放心吧！"一句热腾腾的表态，涵盖了他们全部的勇气和信心！

2001 年 8 月 21 日，邮资票品司以急件签报国家邮政局领导，建议增加发行《中国国家足球队获得 2002 年世界杯足球赛决赛权》纪念邮资明信片。很快，刘立清局长等作出明确批示：同意。

随着时间的推移，中国队犹如神助。沈阳的五里河体育场，作为中国足球队的主场，记录了一幕幕酣畅淋漓的精彩之战：3：0 胜阿联酋，2：0 胜乌兹别克斯坦，3：0

胜卡塔尔，中国足球队所向披靡。五里河的每一场胜利，伴随的都是一场狂欢。球场内，数万面五星红旗伴合着漫天的呐喊，形成了一股不可阻挡的声浪。

找高人不如找熟人，找熟人不如找对人。原先预计最困难的，是办理中国队及教练员的授权，并拿到每一位队员的标准照。没有想到的是，即时发行中国队出线的邮资明信片，在中国足协引起了极大的反响。负责与中国足协联系的中国集邮总公司邮品部芮书香经理，已经成为足协上上下下的贵客。上述难题，随即迎刃而解。三天后，芮书香经理拿到了所有队员和教练员的授权和照片，更珍贵的是，上面有每个人的签名笔迹。

纪念邮资明信片的设计以及印制的准备工作也在紧锣密鼓地进行。印制是邮资票品生产中最重要的一个环节，邮资票品司经过研究，决定将这套邮资明信片交给沈阳邮电印刷厂来完成。沈阳邮电印刷厂是我国邮票生产的三大基地之一，从1992年开始承担邮票和邮资明信片、邮资信封等邮资票品的生产任务，胶印邮票是这个印刷厂的强项。安排这个厂来承担印制，主要考虑：一是厂址毗邻中国队的主场，可以按需求，充分地给予保障；二是厂里目前任务不多，可以调动所有的胶印设备在短时间内完成任务。沈阳邮电印刷厂接到这个任务，上上下下沸腾了，各个生产车间立即投入战前的维护和保养，决心在生产上也打赢一场漂亮仗。

2001年9月29日，负责与中国足协保持热线联系的芮书香带来了期盼已久的好消息：10月7日在沈阳五里河体育场对阵阿曼是中国队的关键一战，只要取胜就可以提前两轮获得2002年世界杯决赛资格。这无疑给中国队下了三重保险：即最后三轮比赛，只要取胜一场，中国队即可出线，前景无限光明。中国足协已经向球队做了动员，力争主场拿下比赛！据此，邮资票品司立即下达了开印的指令。

我向刘立清局长请假，准备亲赴沈阳，完成事前双方约定，向中国足球队赠送有全部队员形象的邮资明信片。获得批准后，我于10月5日抵达沈阳，与先期到达的高山副总经理和芮书香经理会合。辽宁省邮政局局长单凯，典型的东北大汉，身高1.80米，膀大腰圆，侠肝义胆。我们是老朋友，我还没出关，单局长早已到接机大厅等候。说实话，这次到沈阳还有一件放心不下的事——沈阳邮电印刷厂能否在这么短的时间内按时足量完成印制任务？寒暄过后，我提议先去工厂看看。单局长笑了，他已摸透我的心思。放心吧，这可不是闹着玩的，这么个大事，我亲自去了工厂好几次，动员都是我做的！

我的心，踏实了。汽车，从机场拐出，向沈阳邮电印刷厂方向疾驰而去。

沈阳邮电印刷厂俨然是另一个战场。灯火通明的厂房内，几台"海德堡"印刷机已开足马力，吞吐着一大张一大张的纪念邮资明信片的半成品。墙壁上张贴着大幅标语：保证质量，按时足量完成中国队打入世界杯纪念邮资明信片任务！厂长告诉我，接到任务后，全厂进行了战前动员，对！单局长亲自做的动员。值机的已派最有经验的师傅倒班作业，质量监督员也已加大了检查力度，预计 10 月 7 日以前可以完成全部生产任务！我一个个握住工人师傅的大手：谢谢你们，谢谢工人师傅！

万事俱备，只欠东风。

高山和芮书香与中国足协就捐赠明信片的方式一直进行沟通，10 月 7 日上午，经足协同意，一旦中国队战胜阿曼，捐赠仪式安排在新闻发布会会场。无疑，这是最好的方案！

10 月 7 日下午，捐赠给中国队的明信片已打包停当，鲜红的绸布在上面扎了一个大大的蝴蝶结，很是喜庆。芮书香将几组明信片放在一个大信封里，交给了中央电视台当场的解说员韩乔生。芮书香一再交代，这个信封一定要在中国队取胜之后再打开，如果不能取胜，请原封退还给我。事后，我们才从韩乔生那里知道，芮书香前脚走，电视台的工作人员就拆开了信封，面对葫芦里的秘密，谁能等得了啊？谁不想早早目睹中国队出线的风采呢？

10 月 7 日晚 7:30，中国队与阿曼队的比赛正式打响，偌大的体育场，没有一个空位。门口黄牛的票价，已炒到四位数。从全国各地千里迢迢赶到沈阳的球迷，没有买到门票的，都聚集在场外为中国队加油。那个场面，不由得让人心潮澎湃！

上半场还未结束，中国队已经 1：0 领先，如果这个结果能保持到终场，中国队就提前两轮拿到了 2002 世界杯的入场券！足协的有关官员提醒我们，新闻发布厅地方不大，今天的新闻记者来得比往日多了不少，你们要早一点过去为好，否则会连站的

2001 年 10 月 7 日晚中国国家足球队战胜阿曼国家足球队打进世界杯决赛圈，作者向中国国家足球队主教练米卢赠送刚刚发行的纪念邮资明信片

地方都没有。进入新闻发布厅的人员必须有特殊证件，门口站岗的武警只认证不认人。因事先足协给中国邮政的来宾办理了两张贵宾证，这个证件可以自由进出新闻发布厅，一张给了我，一张给了高山。为了能把捐赠的镜头拍摄下来，高山将贵宾证转给了《中国邮政报》的摄影记者李潮。半场刚过，我和李潮就来到了新闻发布厅，发布厅不大，方方正正，不到 100 平方米。里面已经有不少人，很多都是为后面的发布会占座的。几个电视台的三脚架已经支好，都是最佳拍摄位置。李潮也选了个好位置，再也不敢挪窝。

21:25，来自新加坡的主裁判吹响了终场的哨声，整个五里河体育场沸腾了。球场外的烟花和球场内的五星红旗交相辉映，形成了一幅壮丽的画卷。中央电视台转播的画面上，就出现了文章开头的场景。

22:50，米卢出现在新闻发布厅，一向矜持的各路记者又是一片欢呼。发布厅的前边有一个一尺多高的台子，当米卢等人走上发布台时，我已然站在发布台的中央，没等足协官员介绍，我已抢先开口：我是中国邮政的刘建辉，请允许我代表国家邮政局和刘立清局长，热烈祝贺中国足球队获得 2002 年世界杯决赛圈资格！同时，将手中托起的一大包纪念邮资明信片递向米卢。我知道，作为前南斯拉夫人的米卢，不一定完全听懂我用中文表达的祝福，但是绝顶聪明的米卢已经从我递向他的明信片，看懂了这个仪式真正的含义所在！米卢脸颊涨得通红，带着他特有的微笑，张开双臂走向我，随即就是一个熊抱。米卢用不太熟练的中文连声说：谢谢，谢谢！他接过用红绸捆扎的邮资明信片后，将一只签有全体队员和教练员姓名的比赛足球回赠给我。这一幕已随着无线电波传向千家万户。

我走出五里河体育场，虽然里面已空无一人，但周围的烟火仍然把这所高大的建筑映照得通红。我知道，今夜是几亿中国球迷梦寐以求的夜晚。今夜，将无人入睡……

第二辑

生肖与文化艺术珍邮

1980 年：《庚申年》邮票发行始末

1980 年 2 月 15 日，庚申年的大年初一，北京市的邮局柜台摆上了新的邮票。这个新到的邮票就是《庚申年》，老百姓叫它"猴票"。《庚申年》发行之初，波澜不惊，并没有出现抢购现象。令人没有想到的是，当初面值 8 分的这枚红底黑猴，40 年后的市场价格居然突破了一万元！而且成为几乎无人不知、无人不晓的一枚邮票。说起 40 年前这枚邮票发行的往事，可以用经历坎坷来形容。

两位艺术家聊出"猴票"

1979 年 1 月 1 日，中国邮票总公司的邮票设计师邵柏林去看望著名艺术家黄永玉先生，并提请其画一组动物邮票。黄永玉先生一口应允，并向邵柏林建议：为何不发行一组生肖邮票呢？ 12 年的生肖邮票我都给你们画。

邵柏林先生为什么要请黄永玉画一组动物邮票呢？这就涉及当时的社会背景和黄永玉的一段往事。

1973 年，时任国务院总理的周恩来为顺应形势需要，在北京组织全国知名的画家为建设中的"新北京饭店"创作"宾馆画"。中央美院和中央工艺美院的吴作人（第七届

黄永玉所作"睁一只眼闭
一只眼的猫头鹰"

全国政协委员）、李可染（第五、六、七届全国政协委员）、黄永玉、吴冠中、袁运甫等都从河北陆续调回北京作画。经万里同志批准，袁运甫、黄永玉、吴冠中等拟从上海沿江而上进行写生，为"新北京饭店"大厅回廊的大型壁画做准备。黄永玉行前，在画家许麟庐的家中，为南京画院画家宋文治的册页中画了一幅猫头鹰图。黄永玉画的这只猫头鹰睁一只眼闭一只眼。正是这幅画，在那些特殊的日子里被当作"黑画"进行了批判。

就在黄永玉最困难的日子里，作为学生的邵柏林仍然像往年一样，带着夫人去看望老师黄永玉。这让已经远离大众的黄永玉倍感意外，十分感动。1979 年元旦，邵柏林又一次去看望刚刚从"风雨"中走出来的黄永玉。这一次，邵柏林另有一番打算，除了看望还有一件事，那就是向黄永玉约稿。"打算约什么图稿呢？""动物。"黄永玉立刻答道，"明年是猴年，何不发行一组生肖邮票呢？12 年我都给你们画。"邵柏林觉得这是个好主意，并与黄永玉商定一周后来取图稿。

1 月 9 日，邵柏林如约到黄永玉家取稿，一幅红地，端坐其上的黑色毛猴呈现在

《庚申年》邮票原稿

邵柏林的面前。这让邵柏林兴奋异常，毫无疑问，一套精彩的邮票呼之欲出了。这幅图稿是在玉版宣纸上画的，为了保护好图稿，邵柏林立即赶往琉璃厂的荣宝斋，为这幅图稿做了装裱。邵柏林将裱好的图稿交到邮票发行局，并建议1980年的春节，即进入"庚申年"的第一天，发行"猴票"。

是先有车还是先有辙? 邮票发行部门历来把邮票选题作为"车"，有了邮票选题，才能安排下一步的邮票图稿设计，图稿设计才是"辙"。"猴票"却反其道而行之，选题没有，图稿设计却先行登场了。

"猴票"迟迟不敢拍板

邵柏林把图稿交给邮票发行局后，焦急地等待局里下一步的消息。谁知，两个月过去了，竟石沉大海无消息。

1979年3月1日，经邮电部批准，邮票发行局派出代表团，参观和考察香港邮票展览。1979年4月21日，代表团返京后编写了邮票发行局内部的简报《参考资料（六）》，介绍了香港发行生肖邮票和生肖金币的情况。此后的两个月，是否安排发行生肖邮票仍没有下文。此事距邵柏林上报生肖图稿，已然过去了整整五个月，仍渺无音讯。

时间一天天过去，猴年的春节也一天天临近。

度日如年的邵柏林，最怕的就是黄永玉先生所画的图稿，错过了"庚申"这一年。

这么精彩的图稿，一旦错过，就要再等上 12 年，太可惜呀！几经等待，几经掂量，几经斟酌，几经催问，他搞不明白，究竟是何种原因挡在生肖邮票发行的路上？

1979 年 9 月，新任的邮票设计室主任孙少颖到中国邮票总公司报到。在邮票发行局局长宋兴民的办公室，孙少颖看到一幅红底黑猴画稿，用纸板衬托着，大约有二三十厘米高。孙少颖问这是准备做什么用的，宋兴民说，明年不是猴年吗，请黄永玉先生画了一个猴子，计划出贺年邮票，给新春佳节增添点喜庆气氛。

身为新上任的邮票设计室主任，孙少颖马上意识到时间已很紧，就问为什么还不着手。宋兴民说："事情是急啊，但对画稿总是拿不定主意。摆在这里，就是为了多听一些人的意见。"

孙少颖说："只要印制精美，这套邮票可能会成为金丝猴之后第二套猴票的精品。"这句话才使宋兴民下了决心，让孙少颖立即起草一份关于每年发行贺年邮票的报告，请示邮电部，并告诉邵柏林，由他与黄永玉联系，进行版式与总体设计。根据邵柏林的建议，邮票发行局决定，用雕刻、影写套印手法印制这套邮票。邮票名称，不用"猴票"或"贺年邮票"的提法，用干支纪年命名。邵柏林很快将这一决定告诉了黄永玉，并带回了"庚申年"三个毛笔字题名。邮票上的"庚申年"三字，就是黄永玉写的。

《庚申年》邮票从设计到完成印制，看似简单，成则艰辛，从中可以看出邮票设计特殊的规律。当时，邵柏林认真完成《庚申年》邮票设计任务之后，在填写设计单时，他很固执地坚持在设计人一栏中把自己的名字划掉，改为"设计黄永玉，经办邵柏林"。他说，这是黄永玉先生的作品，我只不过做了应该做的工作。从这份"猴票"设计单，折射出当年邮票设计者的谦虚品格。

邵柏林在苦苦煎熬十个月之后，曙光终于出现了——

1979 年 11 月 6 日，邮票发行局建议从 1980 年开始发行"年票"的签报正式报部，签发人是宋兴民。（签报中的"年票"指的就是生肖邮票）

1979 年 11 月 12 日，签报上在供部领导批示的空白处，有邮电部值班室（秘书处）的注解："一九七九年十一月十二日部长办公会议审查同意发行。"

在这个请示中，虽然指的是发行"年票"，《庚申年》的名称还未出现，但是按照干支纪年的算法,从"猴年"开始发行系列生肖邮票已获得邮电部的批准。此时距《庚申年》邮票发行日期,只有短短的 95 天!后续的邮票设计、雕刻、印制一系列工作,都要在 95 天内完成,何其难哪!为了抢时间,就在邮电部批准的当天,也就是 1979年 11 月 12 日,邮票发行局"关于《庚申年》特种邮票的订印函"紧急下到北京邮票厂。为了不影响发行,邮票发行局当时真可以用"火急火燎"来形容。文件如下:

主送:北京邮票厂

文号:〔1979〕票发字第 58 号

我局特请黄永玉同志设计的《庚申年》特种邮票,业经邮电部批准,并定于明年春节前发行,现请你厂印制。详情如下:

《庚申年》特种邮票,志号 T.46(1-1)1980。

邮票面值 8 分,规格 26×31mm,印量 500 万枚,雕刻影写印制。

《庚申年》

黄永玉想一试雕刻

我国从 1967 年以后,绝大部分邮票的印制均采用影写,即照相凹版。为什么这套邮票要用雕刻影写方式印制呢?这主要是源于邵柏林对雕刻版的钟爱。邵柏林曾说,我对雕刻版印刷情有独钟。所以,在邵柏林的一再坚持下,从第一套生肖邮票开始,雕刻影写方式嵌入了生肖系列邮票的血脉。

邵柏林制作的"黑色影写版稿"

黄永玉不仅是位美术家，也是木刻家、版画家，他特别擅长小型的砧板刻。他听说《庚申年》采用雕刻版印刷，就想亲自操刀试试。邵柏林请他到邮票雕刻室看看，当他看到雕刻师要伏在放大镜下，屏住呼吸在钢板上雕刻时，便认识到这完全是另一种功夫，遂作罢。

印刷遇上难题

邮票的印刷是在北京邮票厂的"维发机"上完成的，"维发机"是从瑞士引进的设备。第一轮生肖票采用雕刻版套影写版印刷，雕刻版的印刷品，手摸上去有凸起感，这种方法艺术表现力强。谁知印"猴票"时，套印后红底色总是透过雕刻版线条向上泛红，致使黑的不黑，红的不红，这可难坏了邵柏林和值机的师傅。

邵柏林回忆说，那时整天在机器旁，时间这么紧，看着那些效果不佳的样票，真是急坏了。那个年月没有老师教给你，怎么办？我就画了一个黑色影写版稿衬在下面，用来遮盖红色不使泛红。

套印后果然墨色饱满厚重，猴子毛发和浑身的茸毛闪闪发亮。第一个难题刚刚得到解决，第二个难题又横在印刷车间面前。

由于多年没有印刷雕刻版套影写版的邮票，库存雕刻油墨年久干结，邮票印版上机后，由于油墨太黏稠，机器走不起来。买新油墨吧，一问生产厂家，6个月后才能生产出来！那个时候还是计划经济年代，一切按部就班。可这邮票印刷等不了啊！工人们就想了一个办法，在雕刻墨中加上一种无色透明的混合剂。结果机器是走起来了，可印出来的邮票雕刻线条不黑不立。后来工人又想了个补救办法，往雕刻墨中加铅印墨，但铅印墨不是邮票专用快干墨，机器是走起来了，可邮票印出来一下子干不了，上一版邮票就把下一版邮票的背胶沾脏了，这在行内叫作粘连挂脏现象。 为了解决这个问题，就在邮票厂的完成车间和邮票库房临时赶制了许多类似养蚕的晾票架，一个架子五六层，一层放七八摞，一摞20版。晾干后，一检验，不少成品上仍有斑斑点点的挂脏墨点。这个墨点，也成为日后人们鉴别真假"猴票"时的参考依据。

邮票"挂脏"还给"猴票"成品率打了大大的折扣。北京邮票厂工人为了减少损失，在"挂脏"版票上将半版合格的邮票撕下来，再和另外合格的半版加起来，就算一个整版，业内行话叫"拼版"。一般来说，拼版最小的底线是四分之一版。由于合格的"猴票"数量大大低于500万枚，所以"拼版"最后只能降低到四方连，用四方连来拼版。"猴票"一版是80枚，即用20个合格的四方连加起来，就算拼成一版。这样算起来，"猴票"真正整版的数量远远低于理论数量。由于成品率低，故原本下达的500万枚没

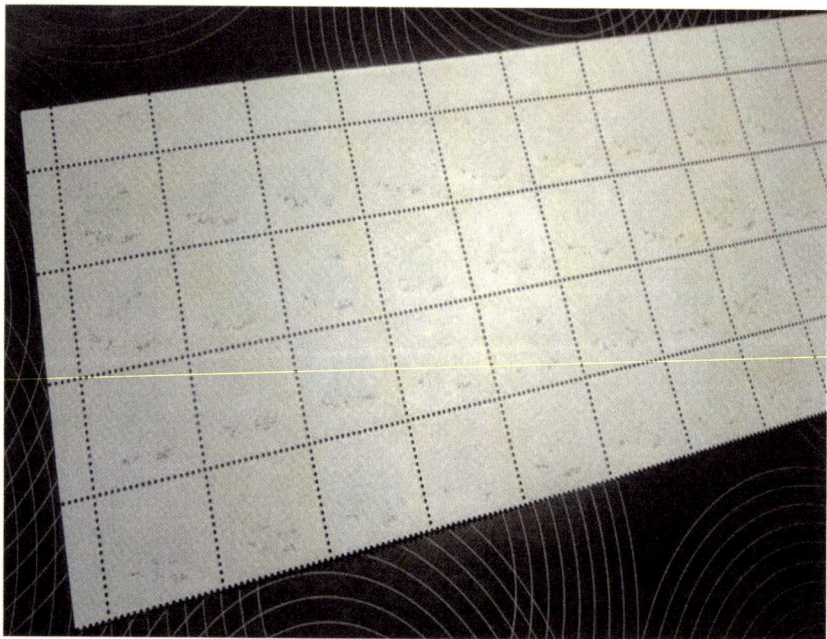

《庚申年》邮票背后的"挂脏"

36年后邵柏林在《庚申年》邮票首日封上签名纪念

有完成，成品入库只有 4431600 枚，这就是真实的《庚申年》特种邮票发行量。

首日封设计

邵柏林曾说过，《庚申年》邮票首日封是"天意吾作"。

猴票经邮电部批准发行之后，黄永玉先生特意嘱咐邵柏林再设计一枚首日封和一枚邮戳。为了设计好这两个与邮票密切相关的副产品，邵柏林请黄永玉用墨笔题写"庚申年"三个字。很快，黄先生笔力遒劲的"庚申年"送到了邵柏林面前。

《庚申年》邮票首日封怎么设计？设计什么？这的确给邵柏林出了个难题，因为艺术创作最忌重复，邮票是猴子，首日封则不宜再画猴子。加之十二生肖干支纪年又是一个十分抽象的时间概念，用什么表现庚申年就成了设计首日封的难题。正在此时，报载1980 年 2 月 16 日，即农历庚申年正月初一日，也就是原定生肖猴票发行的当天，在亚洲、非洲一个狭长地带将发生百年不遇的天象奇观———日全食。世界上将有七十多个国家的一千多位科学家跟踪观察，我国在云南瑞丽也设站进行科学观测。邵柏林根据这一难逢的巧合，就设计了日全食作为庚申年首日封的图案，用以表现中国人民在阔别了"德先生"和"赛先生"多年之后，终于迎来了讲科学、讲民主的艺术春天。 这枚首日封获得 1980 年度最佳首日封设计奖。

　　1980 年 2 月 15 日，中国首枚生肖邮票《庚申年》正式发行。无论造型还是工艺都堪称精品，邮票上的猴子眼睛炯炯有神，毛发根根可见。中国传统的大红衬底烘托着喜庆的节日气氛，也折射出刚刚走出封闭的中国渴望腾飞的迫切心情。《庚申年》邮票的发行，标志着中国传统文化正式回归到"国家名片"之中，也拉开了中国传统文化对外传播的大幕。40 年过去了，我们欣喜地看到，世界上发行生肖邮票的国家和地区已达一百二十多个，这是中国文化走出国门的一个重要标志！

艺术大师们的生肖邮票情结

　　我国从 1980 年开始发行生肖邮票，至 2015 年已整整发行了三轮生肖邮票，2016 年起开始发行第四轮生肖邮票。在 39 套生肖邮票中，共有 30 多位国内著名的艺术家参与了设计。这其中既有享誉国内外的老一代艺术家如黄永玉、张仃、周令钊、韩美林等，也有中年艺术家如陈绍华、吕胜中、吴冠英等，更有年青一代艺术家王虎鸣等参与其中。

　　第一轮生肖邮票的第二枚是《辛酉年》鸡票，设计者是原中央工艺美院院长张仃先生。张仃是从延安走出来的艺术家，曾设计了中国人民政治协商会议会徽。1949 年 10 月 8 日发行的新中国第一套纪念邮票《中国人民政治协商会议第一届全体会议》就

T.46《庚申年》

张仃和他的设计作品"T.58《辛酉年》"

是张仃和钟灵先生担纲设计的。说到《辛酉年》鸡票的图稿，还有一些细节值得回味。张仃先生画的鸡票第一稿，画面是公鸡和五毒。因为端午节"驱五毒"是民间传统，而公鸡是五毒的天敌。后来，张仃为了突出生肖"鸡年"这个主题，第二稿索性去掉五毒，只保留了大公鸡画面。张仃非常喜欢毕加索的艺术风格，曾几次邀请毕加索来华访问，但因种种原因，直至毕加索临终前张仃先生也未能如愿。这幅鸡票图稿，各种色块的组合既体现出雄鸡羽毛的五彩斑斓，也把毕加索的艺术风格融合到作品之中。

周令钊先生是第一轮生肖《壬戌年》狗票的设计者。

周令钊先生1919年出生，今年已整整104岁。令人赞叹的是，已进入百岁高龄的他，笔耕不辍，创作不止。周令钊曾担任中央美术学院教授、实用美术系主任、壁画系民族画室主任、中国美术家协会理事、水粉协会会长、邮电部邮票图稿评审委员会委员等。在他几十年的美术生涯中，最著名的作品，恐怕非开国大典天安门城楼上的毛主席像莫属。周令钊还参与了国徽、团徽设计以及"八·一勋章""独立自由勋章""解放勋章"图案的设计，参加了第二、三、四套人民币的总体设计。特别值得一提的是，周令钊从20世纪50年代开始，就参与了多套邮票的设计工作。有"纪45"《胜利超额完成第一个五年计划》、"纪69"《中华人民共和国成立十周年》（第三组）、"纪70"《中华人民共和国成立十周年》（第四组）、"T121"《中国历代名楼》、"T70"《壬戌年》等。特别是第一轮生肖《壬戌年》狗票，曾勾起周老对孩童时代的回忆。周老孩童时代生活在农村，家里养了一条大黑狗，每次进城大黑狗都要送他一程，为什么

周令钊和他的设计作品"T.70《壬戌年》"

呢？原来在村头有一只黄狗，常出来咬人，每逢这时大黑狗脊背上的毛都要竖起来，黄狗一看就会溜之大吉，这条大黑狗在周老的心中留下了深深的印记。20 世纪 80 年代初，周老在设计第一轮生肖狗票时，自然而然把这只大黑狗的形象设计到邮票图稿里。你们仔细看，《壬戌年》里的狗是不是黑色的呢？ 2018 年即将发行的第四轮狗票，仍由当时已 98 岁高龄的周令钊担纲，他创作的新一轮狗票究竟长什么样？值得大众期待。

韩美林，第一轮生肖邮票猪票的设计者。

韩美林，1936 年 12 月 26 日生于山东，清华大学美术学院教授，中央文史馆馆员。2015 年，被授予"联合国教科文组织和平艺术家"称号。这位中国当代极具影响力的天才造型艺术家，在绘画、书法、雕塑、陶瓷、设计乃至写作等诸多领域都有很高造诣，大至气势磅礴，小到洞察精微，艺术风格独到，个性特征鲜明，尤其致力于汲取中国两汉以前文化和民间艺术精髓，并体现为具有现代审美理念和国际通行语汇的艺术作品。 韩美林称自己为"陕北老奶奶的接班人"，这个称号源于他在陕北采风的经历，韩美林深深地被"陕北老奶奶"充满乡土气息的剪纸、泥塑、农民画折服，并从中汲取了丰厚的营养。1985 年韩美林还曾为邮电部设计了特种邮票《熊猫》。2017 年的《丁酉年》鸡票，中国邮政特约韩美林先生设计，他在 1000 多幅鸡的画稿中，精心挑选了两幅，成为第四轮鸡票的主角。

《癸亥年》《丁酉年》生肖邮票

韩美林和他的设计作品（右图）

《丁酉年》生肖邮票
（小版张）（下两图）

吕胜中设计的生肖邮票

1996《丙子年》　　　　　　　　T.133《己巳年》

2005-1《乙酉年》　　　2006-1《丙戌年》

吕胜中，第一轮生肖邮票蛇票的设计者。

用民间艺术的营养去滋润生肖邮票是吕胜中的一贯特色，从 20 世纪 80 年代深入陕西农村，与民间剪纸艺人一起研究和整理中国传统民间文化，到 2004 年起执教中央美术学院实验艺术系，吕胜中不断汲取来自民间的艺术创作养分。学习民间艺术之后，吕胜中才发现民间艺术的博大与包容，于是升起对文化本身的浓厚兴趣。他将民间艺术与传统文化的精髓在当代语境中达成转换，缔造出新的价值，借古开今，这是吕胜中传承与光大民间艺术的最大贡献。吕胜中在某种意义上代言了中国民间艺术，并将它推介至寻常百姓乃至国际领域。正是吕胜中的这种执着，使得他在极具中国传统文化的生肖邮票设计上大放异彩。在已发行的前三轮生肖邮票中，都有吕胜中的作品。尽管竞争者众多，最终执牛耳的非吕胜中莫属。除了第一轮的蛇票，还有第二轮《丙子年》鼠票、第三轮的《乙酉年》鸡票和《丙戌年》狗票。在第三轮生肖邮票图稿的遴选过程中，国家邮政局邮资票品司专门组织成立了生肖邮票专家委员会，并邀请国内顶尖的平面设计师参与生肖邮票设计作品的竞争。当时对这些设计师的要求是，每人设计三枚，即第三轮的猴、鸡、狗。吕胜中设计的三枚生肖邮票图稿作品在众多高手中独中两枚，就是《乙酉年》鸡票和《丙戌年》狗票，不能不佩服这位民间艺术大师的设计功力。这些邮票一经问世，好评如潮。

陈绍华设计的生肖邮票

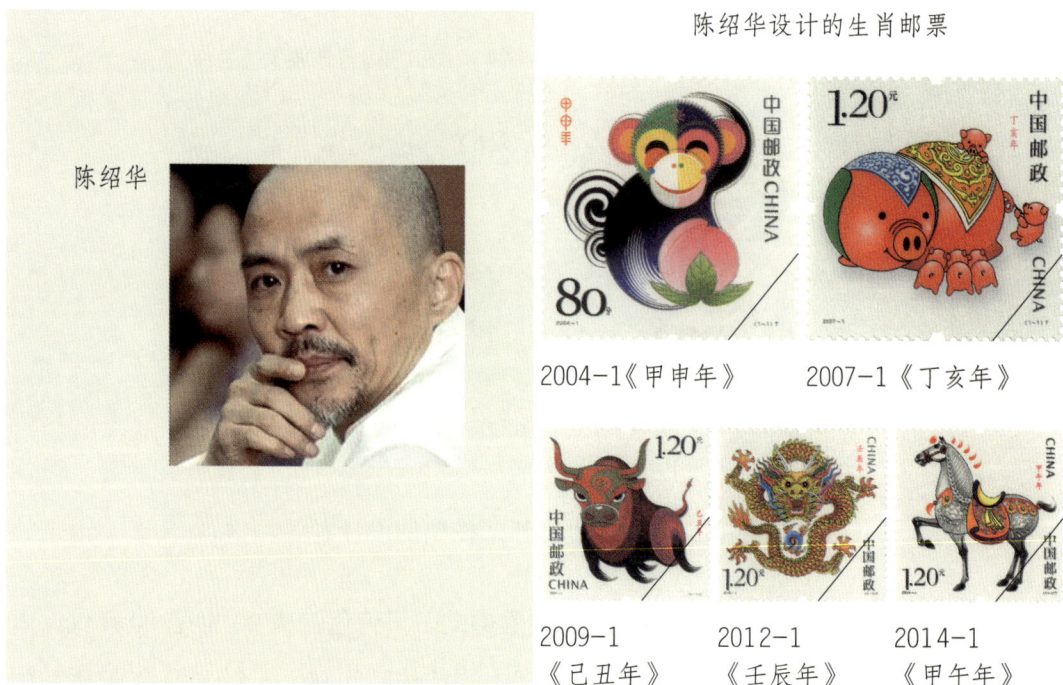

陈绍华

2004-1《甲申年》　　2007-1《丁亥年》

2009-1《己丑年》　2012-1《壬辰年》　2014-1《甲午年》

陈绍华，1954年生于浙江上虞，中国著名平面设计师。1978年至1982年是陈绍华最为难忘的4年，在中央工艺美术学院装潢系学习期间，陈绍华得到了张仃、吴冠中、袁运甫、余秉楠、陈汉民等老一辈艺术大师的悉心指点，使他在艺术创作的灵感上有了升华。陈绍华曾参与了多套邮票的设计，《联合国第四次世界妇女大会》纪念邮票、《世界防治艾滋病日》纪念邮票以及我国第三轮生肖邮票开篇第一枚猴票，就是他的精心之作。这枚时尚、灵动、靓丽的《甲申年》猴票，又一次点燃了广大集邮者对第三轮生肖邮票的期待。之后，陈绍华又参与了多套生肖邮票的设计，如2007年猪票、2009年牛票、2012年龙票、2014年马票，居然有五套生肖邮票中选，这也使他成为设计生肖邮票最多的艺术家。

王虎鸣

王虎鸣设计的生肖邮票

1998-1《戊寅年》   1999-1《己卯年》

2002-1《壬午年》   2003-1《癸未年》

王虎鸣，中国邮政集团邮票印制局副总设计师，我国培养的第三代专业邮票设计师。

第二轮生肖邮票虎票、兔票、马票、羊票都出自王虎鸣之手。王虎鸣毕业于中央工艺美院装潢系，他与袁加（《长江》《黄河》邮票的设计者）、张磊（《教师节》邮票的设计者）都是学校顶尖的高才生，并称为学校"三杰"。三人都曾进入原邮票发行局总设计师邵柏林的法眼，准备招到邮票发行局从事邮票设计工作，但由于袁加和张磊已留校，无法更改。天生爱才的邵柏林费尽周折，才把已分到内蒙古文化局的王虎鸣要到手。1987 年也成为王虎鸣人生重大转折的一年，从投身到邮票事业的那一天起，王虎鸣就将自己的命运和中国邮票紧紧联系在了一起，并将大量心血抛洒在中国邮票的编辑、设计、工艺、批样等各项工作上。王虎鸣凭借对中国邮票事业的热爱和丰富的工作经验，出色地完成了大量的邮票编辑和设计工作。2017 年是王虎鸣毕业从事邮票设计以来的第整整三十个年头。30 年，王虎鸣交出了一份令人满意的答卷：30 年共设计邮票 140 多套，仅次于设计数量达 150 多套的设计泰斗孙传哲；30 年最佳邮票获奖无数，堪称最佳邮票获奖数量第一人；由王虎鸣创意设计的《民间传说——梁山伯与祝英台》小本票和《唐诗三百首》邮票在两次国际政府间邮票印制者大会上都夺得最佳创新奖，填补了我国在国际邮票创新奖项的空白。

突　围

第三轮生肖邮票策划记

1998 年 10 月，我奉调国家邮政局邮资票品司任职。过去对生肖邮票不太关注的我，此时必须面对这一纠结的难题。为什么纠结？生肖，是一个既可高雅，又能随俗的文化，雅的可以直入高堂，俗的可以土得掉渣。每一个生肖属相在每一个国人的心里都会产生各式且迥异的解读，因此，大家心中所期待的图案必然千姿百态、各有不同。用一盘菜对应难调的众口，这就是一个邮票发行部门负责人的纠结！

是年，正值干支戊寅，虎年。即便是王虎鸣设计的《戊寅年》虎票，发行之后也波澜不惊。更令人震惊的是，历来被看好的生肖邮票，一套接一套坠入到低面值行列之中！第二轮生肖邮票起始于 1992 年，应于 2003 年收官。其间，经历了 1996 年至 1997 年市场的大起大落。诚然，市场的大环境是拖累生肖邮票的原因之一，但更深层次的原因是什么，为什么第一轮燃起的生肖热情到第二轮竟几乎被浇灭，如何才能重新激起老百姓对生肖邮票的兴趣？这些课题犹如一道看不见的围墙，横在邮资票品司的面前。怎么突破，靠什么突破？留给邮资票品司的时间仅有 4 年。

2000 年，邮资票品司正式启动了第三轮生肖邮票的调研与发行准备工作。这样一个浩大的工程，从哪下手？先投石问路吧，征求专业邮票收藏群体——集邮爱好者的意见，恐怕这是取得真知灼见的捷径。邮资票品司经研究之后，就在集邮者关注的集邮报刊上投下了一颗石子。2001 年 4 月，经过几个月的征集，一大批意见和建议汇总到了邮资票品司发行处。

从这些带着炽热情感的一封封来信中，我们捕捉到了集邮者对第二轮生肖邮票不太热衷的蛛丝马迹，一部分集邮者流露出对第一轮生肖邮票每套只发行一枚的留恋。由于第二轮生肖邮票正值我国经济体制改革向纵深发展时期，邮票面值连续几次上调，也使两枚（一枚常用面值，一枚高面值）一套生肖邮票的整版邮票，令并不富裕的集藏大众望而生畏。相当一批集邮者放弃了购买整版生肖邮票的打算，转而订购单套或四方联，这就使得以不变应万变的邮票发行量悄悄发生了变化，供求的平衡被供大于求打破。邮票增值的"神话"一旦被打破，市场的"冬天"必然来临。

随着调研工作的深入，第三轮生肖邮票的基本方向逐步清晰。那么，第三轮生肖邮票是否按老章程约稿？还是广撒网撞大运呢？我想，应该听听专家的意见。我想到了一个人，一个真正的邮票设计大家：邵柏林。邵柏林先生自幼喜欢美术，1953年毕业于中央工艺美术学院，师从张仃、张光宇等著名艺术家。毕业后，专门从事邮票设计工作。《庚申年》《西周青铜器》《齐白石作品选》《故宫博物院建院60周年》等一批邮票精品都出自邵柏林之手。1985年，邵柏林先生被原邮电部任命为邮票发行局总设计师。在他任职的几年里，中国邮票的总体艺术水平有了质的飞跃。邵柏林先生退休之后，一方面整理文稿，一方面关注我国邮票的设计质量，跟踪世界各国邮票的设计走向。可以说，邮票已经融进了他的血液，邮票已经成为他生命中的一部分。

没有寒暄，免去客套，直入主题。令我惊讶的是，生肖邮票的话题一打开，邵先生对新一轮生肖邮票的设计思路似乎已了然于胸。他提出，生肖文化是中国的传统文化，在世界各国纷纷发行生肖邮票之时，来自生肖文化祖籍的中国生肖邮票，其设计要求应该更严，水平应该更高。而要设计出高水平的作品，必须有高水平的设计师来参与，只有顶尖的设计师，才能拿出顶尖的邮票设计稿。

说干就干，几天后邵柏林列出了一个当代优秀平面设计师的名单，其中世界妇女大会和申奥标志的设计者陈绍华、著名平面设计师吕胜中等赫然在列。邵柏林建议，成立一个专家组，由德高望重的美术家、优秀平面设计师、票品司及印制局的相关人

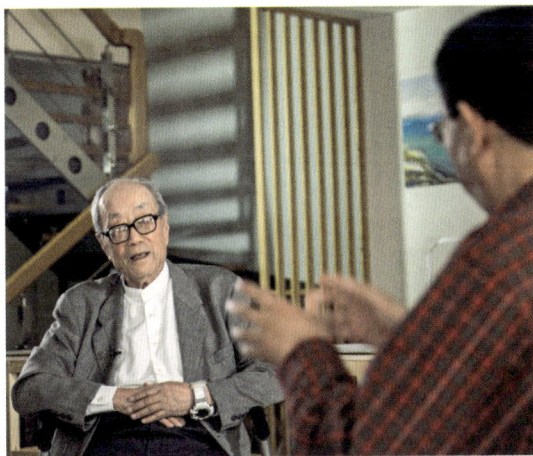

作者采访邵柏林

员等组成，共同研究、把关、推进。无疑，这是保证第三轮生肖邮票能出彩的好主意，也是突破围墙的上上策。但是，这些专家、大腕都是"忙"家，他们能为一枚小小的邮票赶场吗？我不禁捏了一把汗。

"不难，我会一家一家去请，这点面子他们还是会给的。"我知道，邵先生的韧劲在行里是出了名的。但是，他毕竟是小70岁的人了，仍为中国邮票这么奔走，着实令人感动。我一再嘱咐，"您出门办事一定要'打车'，千万不要再挤公交，票我来报销。"邵先生好像还沉浸在邮票方案之中，沉吟了一下，忙摆摆手："不用！"

几周后，邵先生打来电话，不无激动地说：都同意，都同意！我知道，这里面饱含着邵先生多少辛苦啊！

2002年4月，邮资票品司正式下达了成立"第三轮生肖邮票专家组"的意见，由专家组具体指导第三轮生肖邮票的策划和设计，具体组建和日常工作由邮票印制局负责。专家组的成员为：袁运甫（国家邮政局邮票图稿评审委员会副主任、清华美院教授）、邵柏林（国家邮政局邮票选题咨询委员会委员、原邮票发行局总设计师）、杜大恺（国家邮政局邮票图稿评审委员会委员、清华美院教授）、吕胜中（中央美术学院教授、民间艺术专家）、吕敬人（著名书籍装帧、平面设计专家）、陈绍华（著名平面设计专家），以及票品司和印制局的相关工作人员。

2002 年 5 月 16 日，第三轮生肖邮票专家组在邮票印制局召开了第一次会议，详细地分析了前两轮生肖邮票在设计、印制等方面的得与失，着重就第三轮生肖邮票组稿的总体思路及组稿方式进行了深入、详尽的讨论。经过整整一天的会议讨论，第三轮生肖邮票的总体思路已经清晰，遂达成了如下共识：

——生肖文化是非常有代表性的中国传统文化，在世界范围内产生了相当广泛的影响。截至 2007 年，全世界已有 80 多个国家和地区发行过生肖邮票，中国作为生肖文化的发源地，生肖邮票的设计必须争取最优。

——第三轮生肖邮票每套出一枚，继续沿用雕刻版印刷的方式。

——建议第三轮生肖邮票的票形改为方形。方形比较大气灵活，形式新颖，适合设计表现。邮票规格可定在 30mm—40mm 之间。

——第三轮生肖邮票的设计语言应以现代设计来诠释传统艺术精髓。整轮的设计风格要在统一中求变化，给艺术家留有充分的创作空间。

——生肖邮票的设计关键在造型，造型一定要生动，要美。生肖不等于动物，生肖是吉祥物，是人格化了的动物形象。

——考虑到距离第三轮生肖邮票的发行时间已近，以及社会发展变化等因素，不宜一次设计出 12 年的图稿，可将设计分段进行，第一阶段先按三枚来设计，即首先安排"猴""鸡""狗"生肖邮票的设计工作。

根据第三轮生肖邮票专家组的研究和推荐，确定了参加第一阶段邮票设计的五位艺术家，分别是：吕敬人、魏小明、陈绍华、吕胜中、韩济平。这些在平面设计舞台上叱咤风云的人物，共同打造第三轮生肖邮票，一定会让集邮者和万千喜欢生肖邮票的人获得惊喜！

为了使艺术家们理解邮票，理解生肖邮票，年届七旬的邵柏林一家一家地拜访，使这些艺术家大为感动。他们不再犹豫，放下了手中的活计，来为生肖邮票赶场！艺术家们极大的创作激情，在冥冥中等来了回报。生肖造型开始在他们充满智慧的大脑中灵动起来并逐渐成型，一幅幅精美的作品横空出世。

2002 年 7 月 11 日下午，在邵柏林先生的主持下，召开了第二次生肖邮票专家组会议，主要对五名设计师提交的作品进行评议。邵先生提前打来电话希望我能参加，对于生肖邮票设计进展高度关注的我，那份期待和冲动就别提了。我如约列席会议，五位设计师都带来了自己的作品，并分别作了介绍。到会的专家对设计方案进行了充分讨论，就每一位设计师的作品分别提出了意见和建议。当然，这些作品只是艺术家们赶在专家组会议之前要交稿的急就章，但稿件中跳动着时尚、亮丽的元素，让我对未来的成品稿件充满期待。会后，五位设计师根据专家组提出的意见精心地对初稿进行了修改和完善。

2002 年 8 月 16 日，国家邮政局邮票图稿评议委员会召开了第十一次会议，专门就第三轮生肖邮票的设计稿进行评议。我是邮票评议委员会的副主任，看到艺术家们经过反复修改后提交的作品，已经有了明显的提高。我知道，距离可以作为邮票使用的图稿已经不远了。

邮票评议委员会的专家，对五位艺术家创作的图稿，都给予了非常积极的评价，一致认为：第三轮生肖邮票的图稿给人眼前一亮和焕然一新的感觉，部分图稿非常精彩。特别是"猴"和"鸡"，从造型到图案色彩更胜一筹。两幅图稿经进一步修改完善后，可以作为邮票图稿评议委员会推荐的方案。评委会建议，鉴于两幅图稿为两位艺术家设计，邮票的底色和整体设计形式如何把握，还需要请专家组进一步研究。

根据邮票图稿评议委员会的意见和建议，经邮票图稿编辑部和邵柏林先生共同研究，为了保持第三轮生肖邮票整体风格，同时有别于前两轮生肖邮票，提出了两点极为关键的意见：

1. 第三轮生肖邮票均采用白底色；

2. 在邮票上加干支年号，如：甲申年、乙酉年等。

这些意见立即反馈至邮资票品司，经研究同意上述意见。

评委会所推荐的两幅邮票图稿，分别是陈绍华设计的"猴"和吕胜中设计的"鸡"。陈绍华设计的特点是，以现代设计的语言，简洁明快的图形基本型（圆形），配以单纯的色彩从而获得视觉上的愉悦；强调生肖形象的拟人化，清新、生动、喜气，贴近百姓、贴近生活、贴近市场。吕胜中设计的特点是，以生肖相配的"干支"文字为主体，从中以借形、叠形、幻形、拟形等传统文字处理手法，表现出生肖的动物形象。

人有一种定式：钻进某种事务，进的容易，出来却难。往往需要别人一掌，方能大彻大悟！几个月在一帧画稿上的鏖战，已使思维变得木讷，明知某个细节有缺陷却感觉全无。邵柏林的一个点拨，令陈绍华茅塞顿开。"甲申猴"距挂帅升帐，只差一步了。吕胜中是个才华横溢的民间艺术家，对生肖文化有独到的见解，很多人对他不很熟悉，但可以从第一轮生肖蛇票认识吕胜中的艺术世界。蛇是生肖中最难设计的动物，如何让生肖蛇变得可爱、变得吉祥，曾令原邮票发行局好一阵纠结。吕胜中设计的"灵蛇献瑞"，使人们心中厌恶、恐惧的动物，瞬间变得温顺、可爱与吉祥，不能不说这是装饰艺术的魅力，不能不说这是吕胜中独到的功夫。吕胜中设计的"乙酉鸡"，在几十位大师设计的方案中脱颖而出，已足见其功力。但专家组和邵柏林还是觉得"鸡"的尾巴装饰性还能更精彩，与吕胜中一交流，卡壳了。吕是很有个性的人，不同意修改。还需要这么一哆嗦吗？要！对邮票艺术挚爱于心的邵柏林，不忍心这个优秀的图稿哪怕有一丝的缺憾。

"建辉，我想去吕胜中的府上再争取一下！"

"我陪您去！共同做做工作。"

吕胜中的家在通州。当天下午，我陪邵柏林匆匆赶到了数十里外的吕胜中家。专程来访的老人，还是令吕胜中十分感动，对艺术志同道合的人，交流是不受时间约束的。整整一个下午的讨论，使邵柏林满意而归。

2002年底，邮资票品司向国家邮政局党组汇报了第三轮生肖邮票的策划和"猴"、"鸡"、"狗"三枚邮票的设计情况。国家邮政局党组对邮资票品司所做的工作给予了充分肯定，指示：为了使第三轮生肖邮票获得广大集邮者和消费者的认可，要把图稿放下去广泛征求各方面的意见，求得共识，并提出在即将召开的全国邮政局局长会议上听听意见。

2003年元旦刚过，全国邮政局局长会议在湖北武汉如期召开。开幕的当晚，刘立清局长亲自主持会议，听取对第三轮生肖邮票图稿的意见。会上，我介绍了第三轮生肖邮票的整个策划过程，对五位艺术家创作的图稿（包括邮票评议委员会推荐的方案

《甲申年》《乙酉年》《丙戌年》生肖邮票

和未推荐的方案）一一作了详细说明。在各省局局长议论后，进行了无记名投票。我把事先印好的选票一一发给各位局长，请他们将自己最中意的图稿方案填到选票上。这些地处天南海北、身居邮政高层管理者的意见，当晚汇拢到邮资票品司。意见一致！陈绍华的"甲申猴"和吕胜中的"乙酉鸡"成为最中意的首肯。

2003 年 1 月 5 日，生肖研究会准备在广州召开研讨会。这是一个征求民间集邮者意见的好机会，既是好机会就不容错过！发行处副处长赵玉华携五位艺术家的图稿飞赴广州。广州生肖邮票分会的会员为他们最中意的图稿投了票。无独有偶，这两幅图稿也成为"草根"集邮者的最爱。

为了突破第二轮生肖邮票在市场上打折的怪圈，邮资票品司第二个措施出台了。将大版由第二轮的 32 枚缩小为 24 枚（后又改为 20 枚一版），增加一枚小版，小版为6 枚，面值一律为常用面值，发行量也做了较大调整。第二轮生肖邮票打头炮的《壬申年》猴票发行量高达 2.3 亿枚，这也为后来的打折留下了隐患。第三轮《甲申年》调减到5200 万枚，这一"缩"一"减"，集邮市场立即被点燃，第三轮生肖邮票不仅没有出现一套打折现象，反而套套高于面值。《甲申年》"猴"新颖的画面、亮丽的色彩、时尚的造型，搅动了市场的一池春水。十多年过去了，甲申"猴"不仅获得了收藏者的好评，也成为市场第三轮生肖邮票的"标杆"，自发行以来搅动的涟漪仍在发酵。

2015 年，第三轮生肖邮票的发行圆满落幕。毫无疑问，甲申"猴"和乙酉"鸡"仍是这一轮生肖邮票的经典。经典的形成，非一人之所能，其背后凸显了艺术家与支撑团队对邮票这一特殊艺术载体的挚爱、智慧与追求。

走出国门的生肖邮票

40 年前，1980 年 2 月 15 日，中国邮政发行《庚申年》猴票，拉开了发行生肖邮票的序幕。随即，生肖邮票在国内掀起了一轮又一轮的收藏热潮。猴票在收藏市场上演绎的价格奇迹，令猴票在国内达到无人不知、无人不晓的程度。就在这 40 年间，令人意想不到的是，中国的生肖形象悄悄走出国门，居然登上了多达 120 多个国家和地区的邮票。著名社会活动家季米特洛夫曾下过这样一个定义：邮票是"国家的名片"。这些国家的官方和公众能够接受中国的生肖文化，并且在国家名片上给中国的生肖留有一席之地，体现了中国传统文化开始走向世界的一个现实！

生肖文化与生肖邮票

中国人很幸运，一出生就有两个记号：一个名字，一个生肖。

十二生肖是中华民族古老的民俗文化，源于我国独特的干支纪年。这就是将甲、乙、丙、丁、戊、已、庚、辛、壬、癸列为十天干，子、丑、寅、卯、辰、巳、午、未、申、酉、戌、亥列为十二地支。从天干"甲"与地支"子"起，将十天干与十二地支顺序互配，至天干"癸"与地支"亥"止，共得到 60 个互配关系。这个 60 得数，即为一个"甲子"，如此60年为一周期，周而复始，循环不已。十二生肖的属相也逐渐由此演化而来，先人们将屋居周边的动物、家禽、牲畜及图腾的化身——龙，依次排列，形成了子鼠、丑牛、寅虎、卯兔、辰龙、巳蛇、午马、未羊、申猴、酉鸡、戌狗、亥猪等12个生肖属相。中国14亿人口，不论贫富几何、官职高低，不偏不倚，人人拥有，而且一定终身，无法更改。正是生肖的魅力，衍生出了丰富多彩的生肖文化，而生肖邮票就是生肖文化的重要组成部分。

我国第一套生肖邮票诞生于1980年2月15日，《庚申年》猴票的问世，开启了我国生肖邮票发行之先河。邮票画面满铺大红底色，金猴翘首端坐中央，彰显了改革开放后人们对美好生活的期盼。自古以来，我国以农历大年初一作为新生肖的起始，这一天正是庚申年的大年初一。依次12枚生肖邮票，带着新春的祝福，每年如期而至，平添了新春佳节的喜庆气氛。第一轮生肖邮票汇集了当时著名的美术家和设计师，如黄永玉、张仃、周

十二生肖邮票

令钊、韩美林、邵柏林等。他们精湛的技法、巧妙的构思、浓郁的中国风，使生肖邮票套套珠玑、精彩绝伦。

1992年1月5日，第二轮生肖邮票开始登场，两枚一套的生肖邮票与第一轮相比有了重大变化。一枚邮票表现生肖动物，一枚为对应的属相文字，篆体和隶体的文字，增添了生肖文化的厚重感。在十二地支中，有阳支和阴支之分，第二轮生肖凡属阳支的如子、寅等画面用民间玩具或工艺美术品表现；而属阴支的丑、卯等用动物的剪纸来表现，这是第二轮生肖邮票的一大特色。

第三轮生肖邮票诞生于2004年，新的千年、新的气象、新的灵感，给第三轮生肖邮票带来了新的变化。以《甲申年》（猴）、《乙酉年》（鸡）为代表的优秀作品，带来了与前两轮截然不同的艺术新风。时尚、灵动、夸张的形象，折射了当今社会跳动的脉搏。正方形的票型和异型齿孔，都进一步放大了第三轮生肖邮票的文化张力。

第四轮生肖邮票起始于2016年，从《庚申年》到《壬申年》，再到《甲申年》，弹指一挥间，36年飞逝而去。按照第一轮生肖邮票为全套单枚，第二轮生肖邮票为全套两枚，第三轮生肖邮票又恢复单枚的规律，从《丙申年》开始的第四轮生肖邮票，经中国邮政集团公司研究决定，继续延续这一规律，发行两枚。设计者仍由创造了猴票增值奇迹的著名艺术家黄永玉先生担纲。两枚邮票中的第一枚名为"灵猴献瑞"，为一只灵猴捧桃，寓意福寿吉祥；第二枚名为"福寿双至"，为一只母猴抱着两只小猴。巧合的是，就在这一年，国家全面实施二孩政策，可喜的是，两只"猴"光明正大地得到国家的批准，不算"超生"！因此，《丙申猴》发行之后，民间立即给它起了个有纪念意义的名称："二胎猴"！

迄今为止，我国生肖邮票发行已走过40个年头，作为中华传统文化重要组成部分的生肖文化，早已跨越邮资凭证这一载体，浸润和影响着人们的社会生活与精神世界。生肖文化从来没有像今天这样深入人心，它就像一首拨动心灵的交响乐，使海内外的中华儿女在聆听中感奋，在欣赏中凝聚，激发他们为整个人类文明的进步与繁荣作出贡献。

日本发行的"虎图"邮票

日本和东亚国家首开发行生肖邮票先河

中国是生肖文化的故乡，但第一个发行生肖邮票的国家，第一个在邮票上出现生肖形象，并明确为贺年邮票的却是日本。1950 年 2 月 1 日，日本发行了《昭和二十五年（庚寅虎年）用邮票》，邮票图案选取日本画家圆山应举的名画《虎图》，同时发行一版含有五枚邮票的版张，五枚邮票在版张中排列成"十字"型。从此，日本开始发行以生肖文化为题材的贺年邮票系列，并且一直坚持每年同时发行邮票和多枚邮票组成的小版张，形成了自己的特色。从 1950 年至 1959 年，日本第一轮生肖邮票只发行了十年。

日本从第二轮生肖邮票开始，将生肖邮票的发行改为以鼠年为首，以此进行轮回，以子鼠为首的生肖排列正是中国几千年沿袭下来的传统。日本第二轮生肖邮票以儿童玩具表示生肖动物，十分有趣，12 枚邮票风格一致，图案协调，发行之后受到了集邮者的喜爱。纵观日本 70 年来发行生肖邮票的历史，可以看出其设计理念完全将生肖文化视为民间新年的娱乐习俗，坚持发行，多年不辍。从历史的角度看，中华文化（包括生肖文化）向海外传播，首先是在东亚地区产生重大影响。因为东亚地区的日本、朝鲜、韩国、越南等，不仅与中国地理相近，而且同属于农耕文化区，代表和体现农耕最高水平的中华文化极易在这些国家传播和接受。特别是在中国唐朝时，日本大规模全面地吸收和移植中华文化，几乎达到"全盘唐化"的程度。根深蒂固的中华文化的影响至今在日本无处不在，故日本率先采用生肖文化发行生肖邮票也就不奇怪了。

朝鲜半岛的文化也是受中华文化影响最深远的一种文化，在这样的文化沃土之中，中国传统的生肖文化习俗自然会生根发芽。韩国也是发行生肖邮票较早的国家，1958 年韩国开始发行生肖邮票。1987 年朝鲜从兔年开始发行生肖邮票，两国同族同文，生肖邮票的设计理念相同之处甚多。

中国的十二生肖纪年，在越南同样流行，但在十二生肖的选择上略有差别，中国是"兔"，越南是"猫"。据说，当初中国的生肖传入越南时，因"卯"与"猫"同音，造成了"语音误导"。也有人认为，在北方生长的兔，只能在 32 摄氏度左右的环境下生存，而越南常年处于高温，兔子是无法生存的，但是猫却不同，其可在 52 摄氏度的环境下正常活动，所以越南用熟悉的猫代替也在情理之中。1966 年 1 月 18 日，越南社会主义共和国（当时的北越）发行了一套《农历新年·马年》邮票，全套两枚图案是儿童骑木马。图中小男孩一手拿彩旗，一手拿小木枪，前面放有新年礼物，后面是插着梅花的花瓶。右上方自上而下是三个红色的方框，方框中是越南文"丙午年"，这套邮票类似中国的木版年画风格，把越南人心目中的生肖马年之喜和欢庆新春佳节的氛围营造得非常生动。由于当时越南正处于战争环境，就在这套生肖邮票发行之后，生肖邮票的发行就中断了，一直到 1985 年 1 月 21 日才发行《农历新年·牛年》邮票。全套两枚，图案一致，均为骑水牛吹笛的牧童。1999 年是己卯兔年，又是越南的猫年，越南发行了一套两枚生肖邮票，一枚是身穿大花袍、手持梅花的猫，另一枚是两只猫在摔跤比赛。同时发行小型张，分有齿和无齿两种。

蒙古是一个内陆国家，从历史上看，蒙古文化与中华文化的联系源远流长，民风习俗一脉相承。1972 年 12 月 4 日，蒙古发行了一套《蒙古民间十二生肖》邮票，全套 12 枚，另有 12 枚邮票印在一起的套版张，开创了一年发行全部 12 枚生肖邮票和最大生肖邮票版张的两项纪录。这套邮票的特点是将 12 枚生肖邮票与美国和前苏联的航天器结合在一起作为主图，12 枚邮票，每枚绘有一个生肖动物，并分别配有一件卫星或航天器。生肖动物为近景，色彩明快，航天器色彩较暗，如同背景。全套邮票采用天蓝色衬底，连印成套版张，构成一幅航天器遨游太空、十二生肖悠然快乐的生动画卷。

东南亚的泰国、菲律宾、印度尼西亚、老挝、新加坡、马来西亚、柬埔寨等都是中国的近邻，自古以来，中国与东南亚地区交往频繁，中国人南下出海一出国门，首先遇到和抵达的便是东南亚各国，大量的移民和文化的交汇，使中华文化在东南亚的

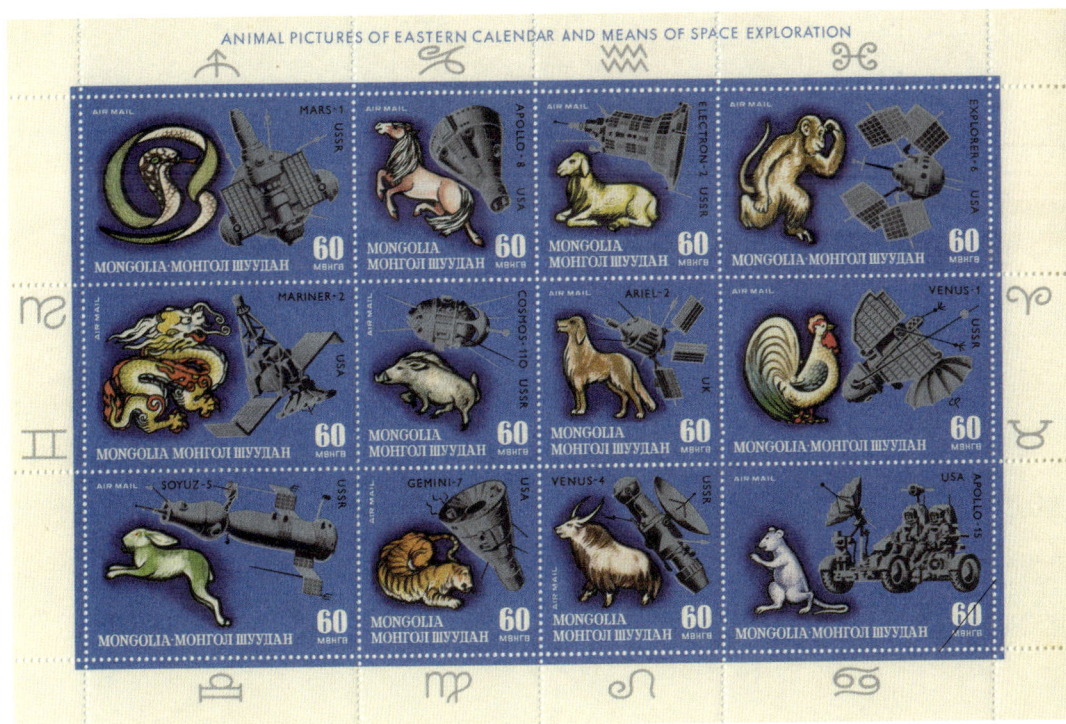

蒙古发行的生肖邮票

传播和影响十分广泛。尽管上述国家比日本等东亚国家发行生肖邮票稍晚，但从 20 世纪末开始生肖邮票一下子风靡东南亚，各国竞相效尤，呈遍地开花之势。

20 世纪 90 年代形成生肖邮票发行热潮

1992 年 12 月 30 日，美国邮政总局发行了中国鸡年生肖邮票，全套一枚，图案为一只公鸡的剪影，邮票上还有中文"鸡年"和英文"新年快乐"字样。美国邮政总局和当地华人为此举行了隆重的邮票首发仪式，为此美国邮政史上还第一次出现了刻有中文字样的纪念邮戳，中心图案也是一只鸡，上面有中文局名和日期，与邮票相互辉映。这枚邮票的诞生也寄托着众多旅美华人的心愿，早在 1987 年，美国的华人社团就成立了"华裔纪念邮票委员会"，先后向美国邮政总局直至布什总统提出发行华人纪念邮票的提议，最终获得批准。美国鸡年邮票的设计者是夏威夷华裔李剑文，之后，美国第一轮生肖邮票的设计都是由他来完成。

美国发行的"鸡年"邮票

　　美国鸡年邮票引发了国内外集邮者和旅美华人社会的热烈欢迎，销售盛况空前，促使美国邮政总局决定将中国生肖邮票持续进行下去。于是，从 1992 年开始至今，美国每年都发行一套生肖邮票，同时每年都举行隆重的邮票首发仪式。为一个少数族裔发行特定邮票祝贺新年，这在美国是史无前例的，其意义已经远远超出了发行生肖邮票本身。

加拿大发行的"牛年"邮票

　　加拿大是步美国之后第二个发行生肖邮票的西方发达国家。1997 年，加拿大为了表彰华人对当地社会发展所作的贡献,在当年1月5日发行了牛年生肖邮票,全套一枚,另有小型张一枚。加拿大在生肖邮票小型张的设计上不拘一格,年年创新。如1997年的牛年小型张,用寥寥数笔勾勒出牛的轮廓,上方是一个红底黑字的"福"字,小型张边饰上是行书大大的"牛年"两字,喜庆热烈,中国味十足。特别是小型张采用异型边饰,用的是中国扇面形式,令人过目不忘。

作为世界上最大的发达国家美国,率先发行弘扬中华传统文化生肖邮票的做法,必然会对许多国家产生重要的影响。在此之后,美洲的古巴、尼加拉瓜、尼维斯岛、墨西哥、圭亚那、巴西等国家和地区相继发行了生肖邮票。

欧洲一些国家和地区是从20世纪90年代开始,掀起了发行中国生肖邮票的热潮。欧洲邮票历来以严谨、淡雅、细致见长,他们在发行生肖邮票时,既注重本国特色,也融合了中国文化元素,使欧洲生肖邮票设计佳作不断涌现。

1994年2月18日,为祝贺香港邮展,爱尔兰、英属泽西岛分别发行了生肖狗年邮票。匈牙利在邮票设计方面是负有盛名的,从1996年开始发行带有生肖元素的邮票。1997年2月12日,匈牙利发行的香港"97邮展"小型张,邮票图案选择的是1956年匈牙利发行的《著名牧羊犬》邮票中的牧羊犬"布丽"阻挡牛群跑散的图稿,小型张边纸中的大幅图案为香港屿山大佛,并印有中文"牛年"字样。中西合璧,别具一格。

瑞典邮票采用雕刻版或胶雕套印方式印制,1999年1月14日,瑞典发行兔年生肖小本票,全套四枚,图案选取童话故事《小兔妹妹》,由瑞典著名邮票雕刻师斯拉尼亚雕刻,小本票封皮上印有中文"兔"字样。此后,瑞典每年都安排生肖邮票小本

瑞典发行兔年生肖小本票

票的发行，图案均采用儿童故事或卡通形式，体现了瑞典一贯的艺术风格。2005 年法国开始发行生肖邮票，而且成系列发行。之后，塞尔维亚、斯洛文尼亚、爱沙尼亚、英国、列支敦士登、直布罗陀、立陶宛、乌克兰、匈牙利、保加利亚、摩尔多瓦、根西岛也将中国的十二生肖登上了自己国家的邮票。

非洲是仅次于亚洲的第二大洲，中国与非洲各国的友谊可以追溯到 20 世纪 50 年代。广大的非洲人民对中国非常友好，这可以通过一组非洲国家发行的带有中国生肖元素的邮票来证明。中华人民共和国的缔造者毛泽东，是世界杰出的伟大人物，也深受非洲各国人民的尊敬。毛泽东生于 1893 年 12 月 26 日，是年为生肖癸巳蛇年。2013年，也是癸巳年，两个甲子轮回，恰逢毛泽东诞辰 120 周年。非洲国家刚果（金）、马达加斯加、马拉维、卢旺达、吉布提、贝宁、科特迪瓦、乍得等八国发行的生肖邮票小型张上，内含的邮票均为蛇图。小型张的边纸上，都绘有毛泽东的画像，以表示对毛泽东的敬意和纪念。

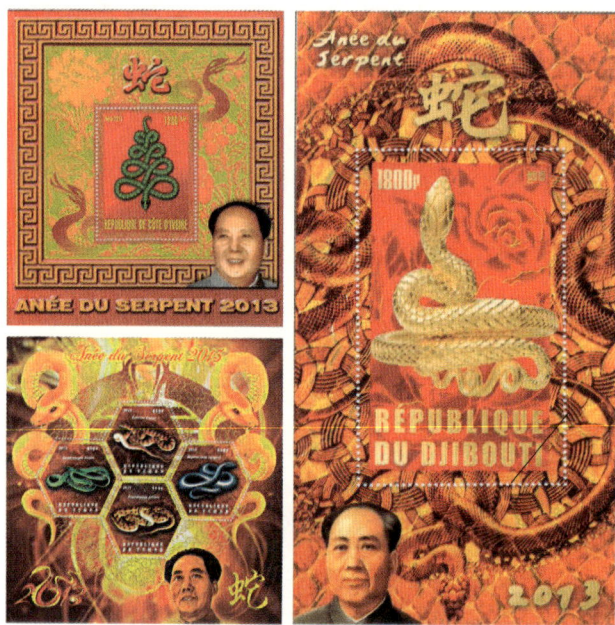

非洲国家刚果（金）、马达加斯加、马拉维、卢旺达、吉布提、贝宁、科特迪瓦、乍得等八国发行的生肖邮票（小型张、小全张）

　　澳大利亚和新西兰都是大洋洲重要的国家。圣诞岛是澳大利亚的领地，但圣诞岛的邮票由澳大利亚统一发行，可在澳大利亚全境通用。1994年，澳大利亚圣诞岛开始发行生肖邮票，邮票图案是宠物狗，邮票和小全张的边纸上都印有中文"狗年"字样，此后一直沿袭了这种模式。新西兰从1993年起，开始发行生肖邮票。1998年2月12日，新西兰发行的一款生肖虎年小全张很是有趣，小全张中的三枚邮票竟然全是猫，只是在边纸上画了一只虎。的确，中国民间传说中有虎拜猫为师一说，但以猫代虎却令人费解。小全张的边纸上第一次出现了这样的中文"新西兰邮政庆祝中国农历虎年"字样。大洋洲的其他国家和地区大多为小岛，但发行邮票的热情一向很高，如基里巴斯、图瓦卢、汤加、密克罗尼西亚、马绍尔群岛、法属新喀里多尼亚、帕劳等国和地区都是在20世纪末开始发行生肖邮票的，他们沿袭了英联邦国家对待邮票设计一贯保守认真的做法，大量采用华人艺术家的作品，使其发行的生肖邮票更接近中华文化的韵味。

丰富多彩　各具特色

　　早在1988年以色列举行的一次国际集邮经营的研讨会上，三十多个国家和地区的五十多位代表，对当时国际集邮市场十大流行邮票题材进行投票，结果是动物和花卉居首，十二生肖和交通工具并列第二。

　　20世纪80年代，当中国发行第一枚生肖邮票时，仅有亚洲的日本、韩国、越南、老挝和香港等少数国家和地区发行过生肖邮票，而今越来越多的国家和地区已经把中国的生肖作为本国邮票发行的重要题材。到目前为止，全世界发行过生肖邮票的国家和地区已超过120个，可以说生肖邮票伴随着生肖文化的传播已经风靡全球。尤为可喜的是，发行生肖邮票的国家和地区，结合各自的风俗习惯和传统文化，不拘一格，呈现出百花齐放、各具特色的局面。

　　加拿大发行的生肖邮票不拘泥于传统，第一轮生肖邮票小型张全部采用异型，包括扇形、菱形、拱形、八角形、古钱形、八角窗形等。一年一个新创意，一年一个新花样。有的还采取金箔压凸和特制油墨，使构图和画面更加精彩。加拿大的第二轮生肖邮票则在边纸上大做文章，如2013年蛇年的大版边纸上，四个角分别印有"蛇年盛旺"、

"蛇年迎春"、"蛇年吉祥"和"蛇年接福"的中文。可以说，加拿大生肖邮票无论是设计还是造型，都秉承创新意识，成为各国集邮爱好者推崇的邮票珍品。

巴西 2001 年发行的蛇年邮票成为各国生肖邮票中的经典。事情还要从 14 年前的一次展览会说起。2001 年，香港举行了进入新世纪之后的第一个国际邮票展览会，我率领中国邮政代表团参加邮展。展会上，一个澳大利亚邮商马克思托恩特意找到我，向我郑重推荐这款巴西的蛇年生肖邮票。他认为：巴西的蛇年生肖邮票是近年来不可多得的精品，作为生肖邮票的故乡是值得骄傲的。 我感谢了他的推荐，回国之后托人买到了这枚邮票。

巴西蛇年生肖邮票的票幅较大，在大红衬底上是一条经过金箔压凸工艺印制的一条大蛇。大红的底、金灿灿的画面，热烈而华丽。在画面的左边，由蛇身弯卷的圆圈中，依次用中文将 12 地支排列，并用 12 生肖进行对应。画面的上方用中文书写：中国农历蛇年。总的来说，邮票的设计和创意都很完美。但只有一条，蛇头张着大口，尖尖的利齿、伸长的舌头，过于恐怖。这主要是还不谙中国的生肖是一种拟人化的吉祥物，不能等同于自然性的动物。尽管有一点遗憾，也毫不影响这枚生肖邮票在 2013 年生肖邮票中翘楚的地位。

在各国发行的生肖邮票大家族中，也出现了特殊材质印制的生肖邮票。美洲的格

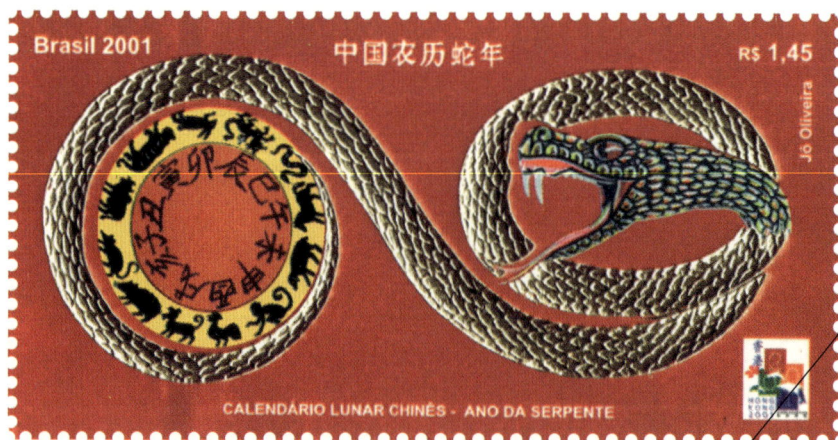

巴西发行的蛇年生肖邮票

林纳达 2014 年发行的马年邮票，全套两枚，一枚为纸质，面值 1.5 东加勒比元，一枚为黄红色丝绸刺绣的不干胶邮票，面值 22 东加勒比元。主图是一匹玩具马，分别印有中英文 "马年" 字样。新加坡发行的激光邮票也很有创意，小全张使用激光全息印制，两枚邮票的票图，在光线下细看，面值 5 元的有激光叠印若干隐形马、蛇和汉字 "福"，面值 10 元的有激光叠印若干隐形马、羊和 "喜"，这种小全张隐含着上年蛇、当年马、下年羊的三年隐形生肖图。这对于不熟悉生肖排列的人们来说，不啻是一种提示。

世界各国发行的一枚枚形态各异、丰富多彩的生肖邮票，正在向世界述说着中华文化的博大精深，它再一次证明了：民族的，才是世界的！

拉开中国邮票发行的序幕

纪念中国大龙邮票发行 140 周年

邮票，几乎是人人皆知的邮资凭证。然而在 19 世纪中叶，这个小小的纸片却是公众陌生的新鲜玩意。1840 年，最先完成工业革命并建立起庞大的殖民帝国的英国，率先对古老邮政进行改革，推行"一便士邮资"法，实行均一资费制度，并于同年 5 月 1 日开始发行世界第一枚邮票——黑便士。

对于邮政这种脱胎换骨的改革，欧美各国纷纷效仿，至 19 世纪末，世界上已有近百个国家和地区的邮政主管部门发行了邮票。邮票的使用不仅推动了近代邮政的发展，也逐步呈现出记录历史和进行文化交流的功能。距 1840 年英国发行世界第一枚邮票 38 年后，大龙邮票也拉开了中国邮票发行的序幕。大龙邮票从酝酿到成功发行，是在清代海关试办邮政时期完成的一件有重大影响的事件。

海关试办邮政

中国近代邮政，是在 1840 年沦为半殖民地半封建社会这个大背景下，由海关主持邮务活动的基础上发展而来的。清代海关的最高官员为总税务司，按当今的称谓就是海关总署署长，但是从 1858 年 11 月 8 日（咸丰八年十月初三）清王朝迫于压力，与英国签订《通商章程善后条约：海关税则》开始，则拱手将海关税务司这一极其重要的国家管理岗位让于了外国人。从此，这个握有海关大权的总税务司，一直由外国人把持。从清同治五年（1866 年），海关总税务司介入北京和上海之间的外国邮件传递工作始，一直到光绪二十二年（1896 年）清代国家邮政建立，这期间海关完全控制着新式邮政

《黑便士》

的网点设立、邮资确定、经营规划乃至邮票的发行。由于事先有约定，所以当时开办邮政带有试验的性质，故对这一时期称之为"海关试办"邮政时期。推动"试办"的是一个英国人，名为罗伯特·赫德，时任大清海关总税务司。

罗伯特·赫德（Sir Robert Hart），1835 年 2 月生于北爱尔兰，中文名字鹭宾。1853 年毕业于贝尔法斯特女王大学，1854 年来华之初在宁波、广州的英驻华领事馆担任翻译，1859 年辞职进入中国海关，同年 10 月任广州粤海关副税务司，1861 年起代理海关总税务司，1863 年 11 月正式担任清朝海关总税务司。赫德不仅在海关创建了税收、统计、检疫等一整套海关管理制度，还参与了晚清的货币改革、外交斡旋等事务，官位累升至正一品，成为清朝官职最高且最有权力的外籍雇员。

1876 年，身为海关总税务司的赫德怂恿李鸿章仿照西洋方式，开办新式邮政。这个建议得到了北洋大臣李鸿章的"极力鼓励"，这可以在赫德 1876 年 9 月 15 日日记中见到记载："……而且北洋大臣李鸿章对于我试办邮政极力鼓励，并且答应试验成功时，由他正式出面建议改为国家邮政局。"李鸿章"极力鼓励"的原因，不外是两条：一是清王朝对国内传统驿传、民信局、外国"客邮"并存的混乱情况束手无策、无计可施；二是实施新式邮政不一定立马能得到清廷批准，让外国人在海关进行试办，可以静观其变，成功后再接手，这样可以进退从容。

李鸿章对赫德的这一口头承诺，大大鼓励了赫德在海关内开始试办新式邮政的决心。随后，赫德便指派天津海关的德璀琳筹办中国海关邮务，海关试办新式邮政从此拉开了序幕。

1878 年 3 月，德璀琳以天津海关为中心，在北京、天津、上海、烟台和牛庄（辽宁营口）等五地开始试办海关邮政。从德璀琳选择第一批开办邮政的地点来看，除了北京是大清国的国都外，其余四处皆为沿海的港口城市。究其原因，一来当时往来欧洲的货物和邮件均靠海运；二来在华的外国人大都集中在开埠的港口城市，德璀琳当然知道谁最需要新式邮政。办新式邮政，面临的第一个问题就是，没有邮票作为预付邮资的凭证怎么办？发行邮票由此提上了日程。

邮票主图的设计

邮票发行工作最重要的内容之一就是设计主图，中国的第一套邮票究竟用什么图案作为主图，这令设计者颇为纠结。尽管我们在海关档案中没有找到这位神秘设计者的蛛丝马迹，但不难揣摩沿袭几千年的封建专制下的那张令人恐怖的大网，这个神秘人肯定得掂量掂量怎么能先保住脑袋？因为从世界第一枚邮票"黑便士"为发端，欧美等国家发行的邮票基本上是以本国的君主头像为图案，这在当时几乎成了定式。这种定式在大清国行得通吗？如果把光绪帝或慈禧太后的头像印到邮票上，再用邮戳盖上，这岂不是对光绪皇帝或老佛爷的大不敬？面对皇权的尊严，不仅是被长期压制的国人，就是当时耀武扬威的洋人，恐怕也要畏惧三分。谁都知道它的后果，那就是：杀身之祸！因此，设计者在彷徨与揣摩间，小心翼翼地避讳了清王朝最高统治者的头像，而改用了三种象征性的吉祥图案作为设计方案。这三种方案都是推荐方案，一切由朝廷定，定什么就发什么。三个方案分别是宝塔图、云龙图和万年有象图。宝塔图所绘的是一座六层宝塔，宝塔在佛教中有驱除妖邪、护佑百姓的意思，也有解释为天下六合、江山一统之意。中国宝塔的层数一般是单数，通常有五层、七层、九层、十一层、十三层等。为什么这幅图稿的宝塔只有六层？不得而知，所以有人据此认为三幅图稿应为不谙中国人习俗的外国人所绘制。云龙图的正中是一条张牙舞爪的大龙，周围装饰祥云、海浪和江崖。万年有象图的正中是一头大白象，背驮一盆万年青，其上左右各有一只蝙蝠。蝙蝠的"蝠"与"福"字同音，"象"与"祥"字谐音，因此万年有象图被赋予了很多吉祥的寓意。最终，云龙图被选中。中国首次发行的邮票选

"大龙"邮票

用龙作为图案无疑是一种非常聪明的选择，因为龙在中国的地位和影响非同寻常，而且具有多重性象征，既令人畏惧，又令人喜爱。龙是中国人的图腾，是中国的象征，是中华文化的经典符号，代表着中华民族的性格。龙既可以显示神圣、威严，又是皇权的象征。因此，邮票选用龙作为图案自然是上下满意、皆大欢喜。

"大龙"邮票印制采用的是铜质版模，由上海海关造册处印制。"大龙"邮票图案的正中就是一条五爪蟠龙，龙首呈正面，两目圆睁，龙身弧形弯曲，四条腿，每腿五爪伸向图案四角。龙上方有云，下方有水，水中有石，龙首下方有一火焰珠。大龙腾云驾雾，煞是威严。邮票图案上方的"大清邮政局"五个字是中文，其余文字是英文：上方标有"CHINA"(中国)，下方标有"CANDARIN（S）""海关关平银""分银"字样。因此，"大龙"邮票也被称为"海关大龙"邮票。"大龙"邮票全套为三枚，币制为关平银："一分银"(绿色，寄印刷品邮资)、"三分银"(红色，寄普通信函邮资)、"五分银"(桔黄色，寄挂号邮资)。从"大龙"邮票发行以后的实践来看，这三种面值的搭配可以适应不同的邮资价目，基本上满足了当时使用的需要。

"大龙"邮票的印制

"大龙"邮票先后共印制过三次，首次于 1878 年 7 月发行，纸质为硬性半透明薄纸，两枚邮票之间的距离为 2.5 mm，全张 25 枚，通称为"薄纸大龙"。第二次于 1882 年 2 月发行，使用的纸质较为复杂。由于第二次发行"阔边大龙"票时，正赶上邮件猛增，因此邮票的需用量大。在印制时，首先印制三分银票，纸张是采用1878年印制"薄纸大龙"时所裁剩下的小张纸，因此"阔边大龙"三分银票全张枚数为15枚（5×3）。而五分银所用的纸张，则为法国制较为柔薄易裂的纸张，这种纸质不适合印制邮票，因一时找不到其他品种纸张，只能暂时采用，其印制数量较少，只有800全张，共两万枚。当五分银邮票发行时，邮件数量日增，大部分邮票都被用于贴邮件，加之出售时间较短，仅9个月就销售一空。因此，流入邮商和集邮者手中的数量很少，这一邮票就已成为较罕贵之珍品，通称为"大龙阔边票"。第三次于1883年6月发行，所用纸质较前稍厚，称为"大龙厚纸票"，两票之间的距离又恢复为2.5mm。"大龙厚纸票"又分为厚纸光齿和厚纸毛齿两种，主要原因是由于纸张较厚，先期打孔时打孔器尖锐，打出的齿孔光滑，后期则因打孔器磨损，打出的齿孔毛糙，因而形成了"大龙厚纸光齿"与"大龙厚纸毛齿"之分。

大龙邮票的印制分为一分银、三分银和五分银三种面值，每一种面值都镌刻了一枚母模，再由母模各翻铸成25个子模，印制时把25个子模拼成横五、纵五的印版实施印制，故"大龙"邮票大部分都是每版25枚。每次印刷后，即把印版拆散，等下次印制时再将各个子模取出，重拼成版，再行印制。大龙邮票究竟印制了多少枚呢？根据1905年绵嘉义的《华邮纪要》中所载，包括薄纸、阔边及厚纸统计：一分银邮票为206486枚，三分银邮票为557868枚，五分银邮票为239610枚，共计1003964枚。对于上述大龙邮票的发行数量，历来有研究文章质疑数字有误，实际发行数量可能要大大超过这个数量。但那也是一家或几家推断之言，孰是孰非，准确与否，还是有待于新的档案材料来作旁证吧。

在这些存世的新票中，仅有一件全张邮票为孤品。这件存世孤品就是1882年发行的"大龙阔边五分银全张"，最早由美国集邮家吉姆斯·施塔于20世纪初收藏，曾被中国集邮家周今觉誉为"西半球最罕贵之华邮孤品"。

国宝珍邮回归

美国华邮集邮家吉姆斯·施塔（1870—1948年），生于美国费城日尔曼镇，卒于费城，是一名理学士，曾为美军少校，1895 年起在费城海耳煤矿公司任职。他自幼集邮，从 1913 年开始专门收集中国邮票，曾是美国中华集邮会前身华邮小组的主要成员，后曾任美国中华集邮会会长，著有《中国航空邮鉴》等。除做邮票鉴定工作外，他还任会刊《中国飞剪》的助理编辑，并为英国皇家集邮学会会士。

经过三十多年收藏与钻研，施塔所集华邮极为完备，其邮集中新旧票并存，还包括有大量连票、全张、各种错异体等，他还非常重视收集各种符合邮资的自然实寄封。施塔最著名的收藏是"大龙"邮票集，有两大册之多。由于他注重版式的研究，邮集内藏有各类全张票和大量实寄封，其中珍品很多，例如存世仅一件的大龙阔边五分银全张新票，阔边大龙五分银直三连实寄封等。1926 年，他的华邮专集在纽约国际邮展中获镀金奖。

20 世纪 20 年代，我国早期著名集邮家周今觉，致力弘扬国粹，为搜求流落外国人手中的华邮付出了极大的心血。周今觉从一位美国邮商朴尔的信中得知，其三四年前曾卖出去一件大龙阔边五分银全张新票。周今觉当时惊呼："双连四连我都从没见过，至于整张的，我就做梦也想不到世界上还有存在。这真是宝中之宝、王中之王了。"周今觉立即给朴尔发电报、写信，让他设法追回，结果此票已转三四道手，落在了美国著名集邮家施塔手中。周今觉又托朴尔去商谈，愿出重价去赎，但施塔既是富翁又是华邮收藏家，不肯出让，此事令"邮王"周今觉抱憾终生。

1948 年施塔病逝后，所遗邮集一直深藏于银行保险柜。1991 年施塔的外孙决定将包括这件孤品在内的施塔遗集拍卖，当年 9 月 11 日，英国苏富比公司拍卖施塔遗集，其中大龙阔边五分银全张新票被香港实业家林文琰购得，成交价 37.4 万英镑。存世仅一件的大龙阔边五分银全张新票，被施塔及后人收藏了 71 年。至此，这件流落海外的中国第一珍邮终于荣归故里，引起国内外集邮界瞩目，林文琰也被誉为"新邮王"。目前，这件珍邮国宝被上海集邮家丁劲松所藏。

关于大龙邮票的发行日期，是我国集邮界长期探讨、研究的课题。由于在清代海关的档案中，一直没有挖掘到相关的准确信息，因此大龙邮票的发行首日一直没有定论。在 1988 年北京举办的大龙邮票发行 110 周年的学术研讨会上，海内外专家学者经对多年考证、挖掘的史料分析，得出一个比较统一的认识，即大龙邮票发行日期的

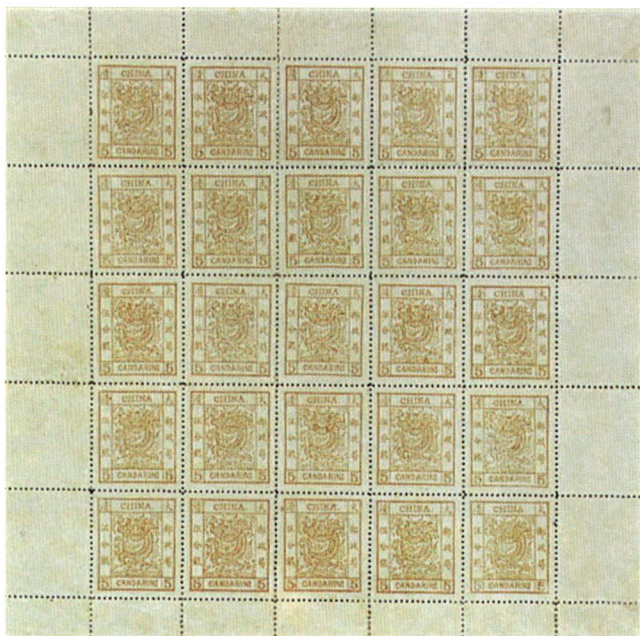

大龙阔边五分银全张

上限为 1878 年 7 月 24 日。

　　大龙邮票的发行距今（2018 年）已整整 140 年了，但围绕大龙邮票的发行日期、设计者、雕刻者等课题，仍然是海内外集邮界津津乐道的话题。原因只有一个，清代海关档案里查不到！比如，大龙邮票的设计者究竟是中国人还是外国人？是一个人还是几个人设计？大龙邮票发行后，在很长一段时间里它的设计者被认为是在海关任过职、一生著述颇丰的马士（H.B.Morse），但 1929 年 7 月 25 日马士本人否认了这种说法，这又让众多集邮家陷入五里雾中。从此，分析、佐证、探讨设计者是何人的文章至今一直不断。

　　大龙邮票发行已整整 140 周年了，毫无疑问，它开创了中国邮票的发行史，是我国邮政发展历史上极其重要的事件，是清末由古老邮驿向近代邮政过渡的一个重要标志。

袁运甫与《长江万里图》邮票

《长江万里图》是中国清华美院教授、著名画家袁运甫先生四十多年前为新建北京饭店大堂创作的壁画原稿。这幅长达 60 米的鸿篇巨制，历经坎坷与磨难，在文化大革命"批黑画"运动期间被打入冷宫。改革开放以后，这幅长卷中的局部已陆续成为首都机场、北京建国饭店、人民大会堂金色宴会大厅的主体壁画。2014 年 9 月 13 日，中国邮政发行了多达 9 枚一套的《长江》邮票，完整地再现了《长江万里图》这幅长卷，并以此向祖国母亲 65 周年华诞献礼。

往事不能如烟。袁运甫 40 多年前创作的《长江万里图》，曾与共和国命运紧紧地联系在一起。了解真相，还是让我们拨开历史的尘埃⋯⋯

"粪筐画派"急调北京

1972 年是北京中央工艺美院的院长、教授、老师们在河北怀鹿县李庄进入劳动改造的第三年。从 1969 年开始，以接受贫下中农再教育为目的地的李庄，陆续迎来了一批又一批穿补丁衣服、戴金丝眼镜的人。当地老百姓只知道他们是教书匠，是知识分子，但不明白的是，他们既不教书，也不上课，成天在地里干活，平地、除草、拾粪、

《长江》

收麦子。这其中，就有中央工艺美院教师袁运甫。

　　袁运甫，祖籍江苏南通。1949年，他16岁考入杭州国立艺专，师从林风眠、潘天寿、庞薰琹等先生。1953年，袁运甫转读于徐悲鸿为院长的中央美术学院，师从张光宇、张仃、彦涵等前辈。经过不同院校的教育和锤炼，袁运甫不仅拥有扎实的中西绘画功底，同时横跨了设计学与美术学两大领域，从事国画、油画、水粉画、壁画、书籍插图装帧等艺术创作，并形成了自己独到的艺术风格。早在20世纪60年代，袁运甫已在中国美术界崭露头角。然而，来虔诚接受再教育的袁运甫，一到李庄就接到了一条匪夷所思的纪律：在接受再教育期间，不许绘画，不许写生，不许创作。1969年过去了，1970年过去了，这些为绘画艺术而生，为绘画艺术而执着追求的艺术家，真要崩溃了。他们不能离开画笔，不能眼睁睁看着时光流逝。吴冠中和袁运甫首先突破禁区，每次出工前他们将画具偷偷藏于粪筐中，离开驻地之后，一边干活，一边写生，农村的场院、麦田、大树、碾子，都是他们写生的对象。时间长了，袁运甫和吴冠中都得了个头衔——"粪筐画派"。

　　1972年的一天，袁运甫尚未下工，突然接到上级的电话，要他立即返回北京接受一项任务。返回北京？这对于离开家庭过集体生活已两三年的老师们来说，的确是天大的好事，人们纷纷用羡慕的眼光投向袁运甫。但一向不追风逐流，将艺术视为生命的袁运甫则祈盼：堂堂正正地作一次画！

几天后，袁运甫在北京建筑设计院接受了一项令他无比兴奋的任务——为即将开工建设的新北京饭店大堂设计一幅壁画。将学院的纯艺术向公共大美术开拓发展，这是袁运甫一直在思考的课题。中国古老的极其优秀的敦煌壁画艺术，能不能移植于当代？令整个世界美术界着迷的墨西哥壁画艺术，其精髓能否为我所用？袁运甫知道，这是上天给了他摸索尝试的机会，是给处于低潮的中国美术界的一次机会！

正在兴建中的新北京饭店，由著名建筑设计师吴良镛先生担纲总设计。在一层大厅的设计中，吴良镛先生提出用一幅通体壁画进行装，这在当时是一个全新的思路。画什么，由谁来画？则没有方案。当时主抓北京饭店建设的是北京市的万里同志，经层层推荐，由万里同志拍板，袁运甫成为唯一人选。

在北京建筑设计院，袁运甫看了一层的设计图纸后，一个想法跳入脑海——长江！装饰长达 60 米的一层大厅，没有比长江更适合、更切题！长江的激荡与雄伟、开放与包容，正是中华民族特有的本质。在北京最主要的饭店，向国内外来宾形象地展示中华民族的母亲河。这个思路，让袁运甫极其兴奋。他将想法告诉万里，征求北京市领导的意见。没想到万里告诉他，你的意见和我们的设想完全一致！这个意见也得到了吴良镛先生的支持，他认为长江这个主题非常适合作壁画，有山、有水、有风光，蜿蜒曲折，气势磅礴。

袁运甫，这个在长江边上长大的画家，用手中的笔淋漓尽致地把对长江的挚爱绘制在纸本上。一个月后，《长江万里图》的效果图与大堂室内模型一起送到了北京市政府。

几天后，袁运甫接到通知：立即赶到人民大会堂，中央首长审查《长江万里图》及室内设计。原来，新北京饭店是当时的重点工程，对于饭店的建筑风格、建设进度、大厅壁画，都要经国务院领导的审查。

只可惜，当时北京并没有满街跑的的士，等袁运甫换乘两趟公交车赶到大会堂时会议已经开始，袁运甫只能在会议室外等待。据袁运甫回忆，会议开得时间很长，他的心始终忐忑不安。他记得，长安街上的灯都亮了，会议才结束。出席这次会议的有周总理、郭沫若、万里等中央和北京市领导。

会议室的门打开后，只见郭沫若径直朝他们走来。和大家握过手后，郭沫若告诉大家，他不能讲会议的情况，会议有纪要，以后会通知大家。同时，他对袁运甫说："长江画得很好。"

袁运甫知道，郭老的话等于告诉他，《长江万里图》通过了。果然，会议后不久，万里将袁运甫找去，询问完成这幅画稿还有什么要求？袁运甫提出，这幅画稿是个初稿，要放大绘制还需要进一步充实细节，画稿中很多细节还未表现出来，要进一步深入生活，实地考察，补充素材。万里很赞成，并说，你一个人去，还是找几个伴一起去？袁运甫突然想到了仍在李庄为不能画画而痛苦煎熬的师长和至交。他提出了三个人选，希望他们和自己一起来完成这次长江的采风。这三个人选是：祝大年、吴冠中和好友黄永玉。万里同意，并嘱咐说，这次采访还是你总体负责，几位都是老专家要照顾好，市里拨你们8000块钱作为差旅费，希望你们把生活安排得好一些。

8000块钱，着实让袁运甫吓了一跳，这在当时普遍工资只有30—40元的时代，简直就是天文数字！袁运甫深知国家的困难，他对万里说："我先拿800元，不够再申请。"

采风三月走长江

以袁运甫为首的创作小组，首先制定了从上海启程，溯江而上进行采风的方案。

上海是长江从万里之外的源头辗转流经的最后一座城市，也是汇集了千百条河流、浩浩汤汤奔向东海的出海口。这座几百年前还是一个小渔村的城市，黄浦江沿岸的西洋建筑记录了这座城市的沧桑和屈辱。如何准确地表现浦东和浦西的全景画面，让袁运甫颇费周折。从取景的角度选择，最佳位置应该在浦东，而高度最好是高于浦西的最高建筑，但是五十多年前的浦东还没有开发，既没有一览无遗的高山，也没有高大建筑。创作小组在一片一片低矮的平房中，只看到了一座废弃的水塔，水塔通高三十多米，只有铁棍弯成的长方形脚蹬一个一个通向塔顶。这种危险自不必说，但又没有第二种选择，华山一条路——只有上。《长江万里图》的设计者、实施者、组织者是袁运甫，这是责任。袁运甫没有犹豫，也不能犹豫，他孤身一人顺着铁镫爬上去。当袁运甫登上塔顶后，真傻了，塔顶是斜的，不仅没有坐的地方，也没有支撑画板的地方。更困难的是如何在斜面上连续站立工作？不过，登高之后的他被眼前景象惊呆了，在晴朗的天空下，浦东一片田园牧歌，浦西一片都市风光，把它们无情劈开的黄浦江在阳光下犹如一条熠熠闪光的银链。袁运甫几乎忘记了只身在只有简单护栏的高空，一只手拿住画板，一只手握住画笔，迎着高空的强风，沉浸在艺术创作的享受之中。一个小时过去了，又一个小时过去了，时间很快演化成了精彩壮阔的大上海全景画。饥渴也完全被激情取代，登塔之前随身携带的馒头和白水早已被他忘在脑后。五六个小时高强度的绘画劳作后，他艰难地爬下地面。然而，长时间在斜面上的站立，令袁运甫第二天竟然到了无法下地走路的地步。

从上海启程后，袁运甫一行沿着长江，先后在南通、无锡、苏州、南京写生，凡有山，必登顶，登高才能把位置、大小比例安排清楚。

20世纪70年代初，长江下游最著名的，也是引以为豪的建设成就无疑是南京长江大桥，这座完全依靠中国人自己的智慧建成的跨江大桥，自然要成为《长江万里图》中的亮点。俯览南京长江大桥的最佳位置在南岸，要画大桥必登狮子山。五十多年前的狮子山，尚未开发，没有一条可走的路。袁运甫背着画具，手脚并用，爬上了狮子山山头，当他喘过气来，才发现手上、袖子上都划出了口子。为了不耽误宝贵的时间，每天午饭都由自己带，但食谱都一样：两个馒头，几根咸菜，一瓶白开水。饿了，啃几口馒头；渴了，灌两口白开水。白天清晨出发，晚上不到夜幕降临，袁运甫不会轻易收手。尽管枯燥，尽管寂寞，尽管艰苦，但对于艺术家来说，逃离了早请示、晚汇报，躲开了令人胆寒的政治漩涡，自由自在地画画、创作，这就是难得的幸福时光。这些当代最优秀的艺术家，天天沉浸在自由创作的亢奋之中，一幅一幅的画稿在他们的笔下，不，从他们的心里流淌出来。他们要把失去的时间找回来，要把丢掉的创作实践抢回来。

有人说，不会喝酒的艺术家不是真正的艺术家。在中华民族几千年的文明史中，文人骚客历来与酒结缘。黄永玉、祝大年、吴冠中等一行人尤其好酒，无酒对他们来说就是一种折磨。但是对于国家的这项重点工程，几位艺术家深知责任重大，到各地采访均事先通告：谢绝一切宴请。

一天的工作完成以后，久违的笑声重新回到他们中间，诙谐的玩笑、幽默的对话，没有了师生的隔阂，没有了客套的寒暄，他们讨论艺术，也憧憬未来，他们期望有一天把"早请示、晚汇报"的时间交给他们画画，这是他们最大的奢望。

进入小寒，是江南一年中最难过的日子，特别是庐山和黄山，进入山区，树上挂着冰凌，一阵一阵的寒气直逼心窝。几个人的画笔不听使唤了，蘸上水墨和水彩，还没下笔，手僵了，笔头冻住了。袁运甫真的上火了，面对此情此景，难道要留下遗憾不成？深谙酒道的黄永玉提了个醒，用白酒调色试试！这一奇招果然灵验。冰天雪地的高山上，艺术家们重新挥洒画笔，雄伟壮丽的山河出现在他们一张张画稿上。

闯三峡，是艺术家们久违的奢望。三峡之雄、三峡之险、三峡之秀，是他们魂牵梦绕之地。今天，他们终于可以圆梦。

宜昌，是袁运甫一行人溯江而上的出发点。当地安排了最好的船——东方红一号。这艘船是当时接待外宾的专用设备，两层船舱，设施齐全。宜昌南津关是从东进入三峡的门户，一过南津关，水流加速，高山峡谷扑面而来。工作人员要求在船舱外写生的艺术家全部回到船舱里，以免发生不测。但船舱内空间狭小，视野受限，无法全景式的写生，袁运甫反复央求，船长最终勉强答应可以出舱，但要求只能一个人上去，并由船员保护。

走出船舱的袁运甫，没有按船长的要求来到船头，而是直接爬上了视野更加开阔的舱顶。袁运甫被眼前的景象震撼了：两岸高山对峙，崖壁陡峭，湍急的江水被船头劈开，泛起堆雪一样的浪花，朝着船尾咆哮而去。风声、水声、激流与崖壁的撞击声，震耳欲聋。大自然的景象是雄奇之美、撼人心魄之美，袁运甫陶醉在天地之中。画笔裹随着激情，在一张一张白纸上，留下了三峡永远的印记。

东方红一号顶着滔滔江水艰难地前行，西陵峡、巫峡、瞿塘峡逐渐闪到身后，袁运甫五张画稿完整地记录了三峡壮丽的自然风貌。

重庆，是袁运甫一行沿长江写生的终点。将近三个月艰苦的、超乎寻常的艺术创作，无人打理衣物的狼狈，令袁运甫一行人到达重庆南天门码头时，各个相视而笑，人人自诩"叫花子"。就在艺术家们兴奋地整理行囊满满的艺术成果时，一个悄然而来的打击正在等着他们。

一道电令被迫结束长江行

就在袁运甫重庆写生进行到一半时，一个电话打乱了艺术家们的行程。北京打来的电话，要求袁运甫一行人立即返回北京，参加文艺界的批林批孔运动。

原来，江青一伙在北京工人体育馆导演了一场"批黑画"大会，紧接着又在中国美术馆举行了"批黑画"展览。被点名批判的名单中，黄永玉赫然在列。在中国美术馆展出的"黑画"中，黄永玉那幅《猫头鹰》由于鹰一只眼睁着，一只眼闭着，被江青一伙污蔑为对文化大革命不满。

袁运甫一回到北京，就感到气氛不对。昔日的一些同窗、师长，三缄其口，人人自危。黄永玉更是感到从未有过的压力，他家大门外已经有人监视，往日高朋满座的家里，已然冷清清无人光顾。黄永玉不知道这场运动要搞成啥样，也不知搞到啥时算一站？他最担心的倒不是自己，而是最牵肠挂肚的多年收集起来的资料和画作。这是他倾尽半生的心血，是他的命根子。他要托付给一个人，一个他最信得过的人。黄永玉思来想去，觉得这个人非袁运甫莫属。袁运甫知道黄永玉的想法后，马上和夫人商量，决定帮助黄永玉保护好这批资料。事不宜迟，袁运甫连夜将这批资料转移到家里。他和夫人深知这批画作的分量，既不能受潮，也不能被虫蛀。家里仅有的一只樟木箱子，装的是毛衣之类，被全部腾空，黄永玉的画作和资料得到了精心保护。在黑云压城之时，没有考虑个人的安危，这是大义；在朋友危难之际，伸手托住，这是大爱！

乌云过后是蓝天，随着文化大革命结束，黄永玉得到平反，被袁运甫保护的画作和资料，毫发无损地回到了他的身边。黄永玉知道这份情谊的重量，从湘西凤凰走出来的汉子早已在琢磨应该用什么方式来表达对袁运甫一家肝胆相照的情谊。

5 月的一个上午，黄永玉只身来到袁运甫的家——白家庄工艺美院宿舍。一进门，黄永玉就点名要吃袁运甫夫人烧的菜。袁夫人名钱月华，出身名门，与袁同窗。同样来自江南的钱月华，能烧一手好菜，黄永玉是早有耳闻。

俗话说：有菜无酒，不算招待。菜烧好了，不能没酒。袁运甫拿出珍藏的老酒，满上一杯，双手举起，祝福躲过劫难的老友健康长寿。黄永玉兴致极高，酒过三巡之后，让袁运甫准备一张纸。斗方？太小。六尺？还小。最后，袁运甫拿出两张他们都喜欢用的高丽纸，他知道黄永玉要挥毫作画。但看了看自己的斗室，却难有摊开这张纸的地方。黄永玉历来以我行我素的性格闻名于圈内，常有匪夷所思的奇思妙想。他右手握着烟斗，指着袁运甫身后的墙板，就在这，就在这！说罢，把纸钉在墙板上，挽起袖口，蘸上颜料，信笔由缰，尽情挥洒。不一会，极具神韵的一幅工笔重彩《荷花》跃然纸上。出淤泥而不染，濯清涟而不妖，不正是袁运甫踏踏实实作画、清清白白做人的写照吗？

画罢，二人继续入席，边聊边饮，直到掌灯时分。墙上的画，墨迹已干，黄永玉揭下画作，却发现下面的衬纸已然沾上墨色。来世上一遭，也要物尽其用。黄永玉一边说，一边又二次拿起笔，在染上墨色的地方，勾勒几笔，立即变成古朴苍劲的枝干，顷刻间一幅大写意梅花展现在袁运甫夫妇面前。　月牙高悬，微醺的黄永玉才与袁运甫夫妇道别。

《长江万里图》横遭厄运

袁运甫回到北京后，避开嘈杂的运动，一头扎进了《长江万里图》的二度创作之中。沿长江三个多月的采访与写生，使袁运甫对长江有了更深刻、更感性的认识，长江这条中华民族的母亲河，千百年来就这样静静地流淌着，但是它孕育了一代又一代勤劳勇敢的华夏儿女，它特有的宽阔胸怀，既融进了过去的苦难，也书写了今天的辉煌。沿途写生的一百多幅作品，已不是纯自然的描摹，更多是袁运甫对母亲河流露出的一种挚爱。

北京饭店建设的总设计师是著名的建筑大师吴良镛先生，袁运甫是第一次和这位

袁运甫在创作

大师合作，相同的兴趣、相同的性格，第一次见面就如同久别的朋友。面对北京饭店大堂环墙的大型壁画，袁运甫必须提前与总设计师进行沟通。将一层的各种门、管道、玻璃窗等，在壁画的设计上留出位置，既要保留其功能，也要减少其对整体效果的影响。经两位大师在设计图纸上的连续推演，并实地丈量，精确毫厘的壁画与建筑方案终于落锤。

袁运甫已经没有昼夜的感念，他要尽快将画稿修改完成。单位已然不具备创作的环境，对所谓"黑画"的批判正变成对艺术家的又一次迫害。他的工作室只能放在家里，长达60米画卷的修改难坏了袁运甫。在他的斗室里，小小的画案已勉为其难。家中面积最大的只有床，但那是一家四口过夜离不了的。他想到了每天晚上接床用的宽木板，要睡下夫妇俩加两个孩子，必须要加一块宽木板，这块宽木板便成了袁运甫临时的画案。白天，躬身埋在画稿中的袁运甫不敢浪费一分钟的时间；夜晚，白家庄工艺美院宿舍最后一个熄灯的必定是袁家。

这一年的夏天，袁运甫将灌满心血的《长江万里图》送上审查，他不知道这幅画等待的是希望还是失望，他是多么希望中国的第一幅公共艺术壁画能在首都北京亮相啊。

一周后，袁运甫终于等来了消息，但这个消息却是兜头一瓢冷水，画稿审查没有通过。《长江万里图》壁画下马！专程来通知袁运甫的是北京市政府的一位干部，似乎有话，但欲言又止。无奈的他和袁运甫握了握手，匆匆地离开了。

事后，袁运甫才知道《长江万里图》被迫下马的前前后后。原来，周总理在主持审查北京饭店建设的有关事项中，其中就包括《长江万里图》壁画画稿。但是，画稿一经亮相就遭到江青一伙的疯狂反对，极"左"的爪牙带头发难：你们不去画工业学大庆、农业学大寨，却画这些没有阶级性的山水，新北京饭店必须要反映工农兵！《长江万里图》被搁置下来。

《长江万里图》融进了袁运甫太多的情、太多的爱。他站在斗室里，望着《长江万里图》长卷，潸然泪下，他真想大声疾呼：中国壁画的春天还要等待多久！

首都机场壁画风波

1979 年，是中国改革开放迎来的第一个春天。这一年，北京发生了一件轰动整个社会的新闻事件。

首都机场，是文化大革命后建成的第一座全功能现代化机场。这座象征着古老中国重新走向对外开放的标志性建筑，里面的一组壁画惊动了中央。

首都机场的建设总指挥是 20 世纪 50 年代的劳动模范李瑞环，这位对文化艺术的热爱达到痴迷程度的建设者，为了把首都机场建成带有独特艺术风格的对外窗口，亲自挑选了一批艺术家为即将建成的候机大厅作画。第一个圈定的艺术家是中国工艺美院的院长张仃，而后又确定了袁运甫、祝大年、袁运生、肖惠祥、吴冠中等艺术家。这在文化大革命刚刚结束，历经磨难的艺术家仍心有余悸的年代，画什么？这是每一个画家都必须谨慎揣摩的题目。艺术家陆续到机场报到，他们都有自己心仪的题目，但是能不能得到批准，那就是另外一码事了。深谙知识分子心思的李瑞环先给他们吃了颗定心丸：画什么、怎么画，一切都由你们自己定！

这是一批享誉当代的、最著名的艺术家，他们的特点是，既拥有扎实的油画、水粉等西画的基本功，又从传统的中国画中汲取了营养，是兼具中西画法的中国工艺美术界的翘楚。他们一边实践，一边探索，孜孜以求的是想走出一条中国壁画的新路，即在中国画的基础上将世界上公认的装饰性、现代性相统一的墨西哥壁画风格，与中国壁画的瑰宝——敦煌壁画有机地结合，开创出全新的中国壁画，这就是以中央工艺美术学院教授袁运甫为首的一批艺术家要担当的一种责任。袁运甫要追逐的就是这个梦，现在这个机会来了，机会就是在建的首都国际机场。

在机场建设工地上，他们成了李瑞环朝夕相处、推心置腹、无话不谈的朋友。李瑞环吃住在工地，临时居住的小屋成了艺术家们每天晚上聊天常去的地方。面对直来直去、已经成为挚友的李瑞环，艺术家们不再遮遮掩掩，他们想画的早已了然于胸。袁运甫是候机大厅整个壁画创作组的副组长，他把自己掩埋已久的心声向李瑞环作了倾诉。8 年前的那个未竟的壁画梦仍然搅动着袁运甫的心，他要把长江最精彩的部分——大开大阖、雄伟激荡的巴山蜀水奉献给国内外的旅客，让壁画告诉他们：神州壮丽的河山值得造访！李瑞环静静地听完汇报后，异常兴奋，一拍桌子：方案非常好，就这么定了！袁运甫原以为，这个方案肯定要向上汇报，不经上级的审查，是绝对批准不了的。没想到，艺术家们这次碰到了一位既懂艺术又果敢的领导。

三十多年后，当袁运甫谈起这段往事时，对李瑞环的艺术修养和干练的工作作风仍然钦佩不已。

李瑞环敲定方案后，提出要以最好的材料用于国家的公共工程。当时，国内壁画颜料的稳定性和持久性都有待提高，机场工程是百年大计，艺术家们提出了当时国内罕见的丙烯材料，李瑞环一口答应，一定要进口国外最好的壁画颜料用于这项壁画绘制工作。这个提议令所有艺术家都颇感意外，真没想到一个领导居然对艺术创作这么支持。果然，从法国进口的壁画颜料用上之后，色彩艳丽，稳定性强，数十年后的今天，首都机场的壁画仍然鲜艳如新。

1979 年 10 月，总面积达 500 多平方米的首都机场壁画群终于完成。新机场壁画一露面，立即成为轰动京城的新闻，继而波及全国。十年的思想禁锢，巨大的惯性使人们真正看到了思想解放的阻力。当久违了整整十年的神话、山水、裸体人物重新回到人们的视野之后，犹如一个急转弯，"车"里的一些人不习惯了，各种议论鹊起。从那时起，北京首都机场便迎来了一批又一批的客人，大轿子车、大解放、小轿车、212吉普，载着人们，一车又一车，鱼贯进入北京首都机场。这些客人既不是前来乘坐航班的旅客，更不是到此一游的旅客，而是专程从北京的机关、厂矿、院校、艺术团体慕名而来的，专为看一眼壁画的老百姓。

大报、小报、内参，铺天盖地的报道，酝酿发酵出来的是截然不同的两种观点——有褒，有贬。结论很正常但又不正常，艺术家们心里打鼓了。

袁运甫多么希望有一位权威的文艺界领导给他们以支持，恰在此时，一位在新中国成立之后长期领导文化艺术工作的专家，从一个破庙被解放出来。他，就是周扬。尚未安排工作的周扬夫妇被请到了北京首都机场。文化大革命中第一批就被打倒的周扬，见到袁运甫的第一句话就是：壁画的方案是哪一级批准的？当听到没有经过任何一级官员批准后，周扬大感意外。

500多平方米的壁画群，周扬夫妇看得非常仔细，《哪吒闹海》《巴山蜀水》《泼水节——生命的赞歌》《森林之歌》……饱经风霜的周扬夫妇看得如醉如痴，激动、兴奋、欣慰写在他们的脸上。好，好，太好了！周扬一边击掌叫好，一边对陪同的袁运甫说，你创作的巴山蜀水把人文社会与大自然的雄伟有机地结合起来，这是有益的尝试。

小平同志来了，王震同志来了，李先念（第七届全国政协主席）同志来了。改革开放的总设计师，对这组标志着思想解放的绘画作品，给予了高度评价。后来，尽管壁画群遭到一些非议，但随着改革开放的深入人心，首都机场壁画风波才逐渐平息。给绘画加上的围挡撤掉了，禁止参观的牌子拿掉了。当时，正在内地投资的霍英东（第八、九、十届全国政协副主席）曾说过这样一段话：我每次来北京，都要看看壁画在不在，只要在，我心里就比较踏实。

四十多年前，这组壁画拉开了中国文化艺术复兴的大幕，也引来了社会各阶层对思想解放的关注，因此，这组壁画还成为改革开放的重要标志之一。

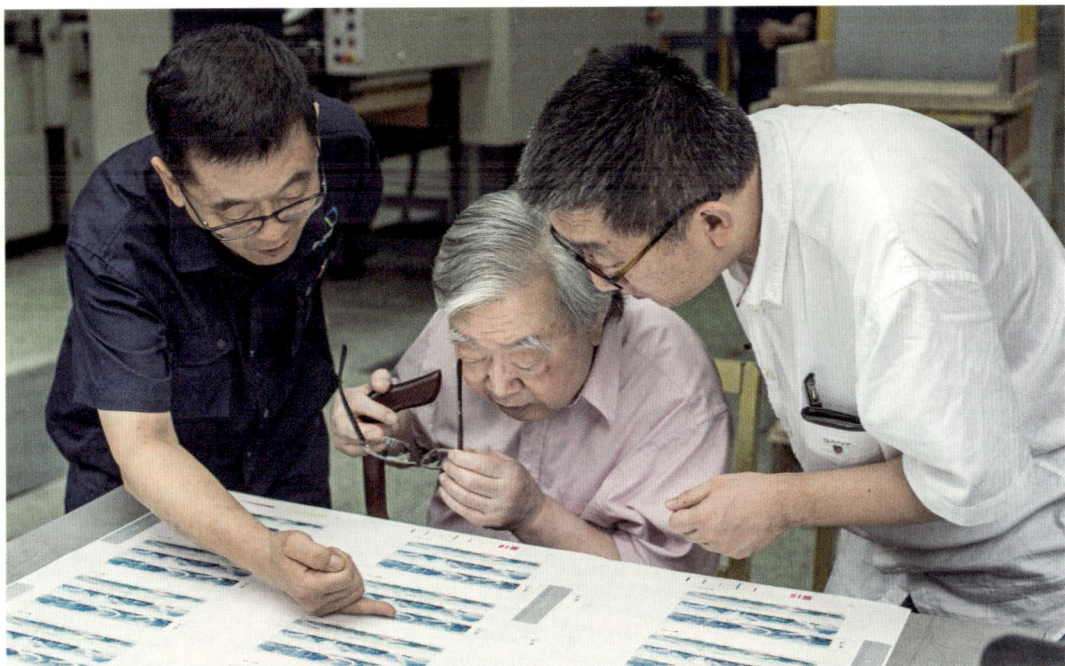

袁运甫和袁加在邮票印制局审看《长江》邮票样张

父子联袂 珠联璧合

2014 年，是人民共和国走过的第 65 个年头。中国邮政决定，将《长江万里图》设计成九枚一套的邮票，向祖国母亲 65 岁华诞献礼。

年逾八旬的著名艺术家袁运甫听到此消息后，激动不已。融进半生心血的壁画原稿得以重见天日，是他做梦也没有想到的。但是，今日长江与四十年前长江相比，已发生天壤巨变。袁运甫的年龄已不允许第二次再走长江，他把续写长江的责任郑重地交给了儿子袁加。袁运甫有两个儿子，一个在国外，一个在国内，目前都是颇有建树的艺术家。老二袁加，毕业于中央工艺美院，是出色的壁画家、职业艺术家。

袁加对《长江万里图》并不陌生，从小受艺术熏陶的他曾亲眼看见父亲一笔一笔完成了这幅巨制。2013 年，袁加还与父亲一起，为人民大会堂金色大厅共同创作了长 18 米、高 3 米的新一版《长江万里图》壁画。应该说，袁加是续写并进一步完善《长江万里图》邮票的不二人选。当袁加郑重地从父亲手中接过接力棒后，查阅了无数新的关于长江近几十年风物历史变迁的资料，特别是城市人文景观的发展，他把改革开放以后社会进步的历史印迹，深深地植入《长江万里图》中，为新中国成立 65 周年献上了一份厚礼。

至此，袁运甫父子联袂完成的当代《长江万里图》及《长江》邮票，终于画上了完美的句号。

袁加与《黄河》邮票

2015 年 8 月 23 日，以《黄河》为主题的邮票在祖国大地上公开发行。

从 1878 年中国第一套邮票诞生起，黄河和长江这两条横贯古老神州的龙脉，这两条哺育、滋养、繁衍世世代代华夏子孙的母亲河，不论是在腐朽的晚清，还是在风雨飘摇的民国时期，始终没能搭上邮票发行这趟列车。邮票作为"国家的名片"，不能没有黄河的位置，不能没有长江的位置！这不仅源于华夏子孙的期盼，也是当代人的一种责任。党的十八大以后，弘扬中华传统文化，实现两个百年的"中国梦"，使黄河和长江——带有鲜明标志性的中国符号，终于列入了中国邮票发行的年度计划。

2014 年 9 月 13 日，一个名叫袁加的中年艺术家，走进了湖北武汉公众的视野，不，确切地说，是第一次走进了千千万万集邮者的视野！武汉，长江中游著名的大都市，万里长江以磅礴气势冲出瞿塘峡后，与最大的支流汉江在这里交汇，两江携手，浩浩荡荡，奔向东海。在这里举行《长江》邮票的发行仪式，对于被长江和汉江切割为三镇的江城百姓来说，不啻是个盛大的节日。清晨，一批批的人流夹在汽车、电动自行车中间，向汉口江滩公园聚集。江城的人们要亲眼见证滋养了他们世世代代的《长江》邮票是什么样子？它的设计者又是谁？

2015 年 4 月 25 日，又一个集邮界盛大的庆典活动让袁加站在了领奖舞台的中央。

革命圣地井冈山市博物馆大礼堂内，横贯舞台的大标语"2014 年最佳邮票颁奖典礼"点明了正在这里隆重举行的活动主题。掌声、欢呼声、音乐声伴着璀璨的灯光，将颁奖活动逐渐推向高潮。11 时 10 分，最后一项大奖揭晓。主持人宣布，"2014 年

《黄河》

最佳邮票——长江"，"设计者袁运甫、袁加！"略带腼腆的袁加走到舞台中央，全国人大常委会原副委员长何鲁丽将中国邮票最高奖的奖杯颁给了袁加。这项由《人民日报》、中央电视台等 7 家新闻单位联合举办的最具影响力的大型集邮活动，迅速通过平面媒体、电视荧屏、网络平台传向各地、各个虚拟空间。袁加——《长江》邮票的设计者之一，立即成为广大集邮者、网民熟悉的一个名字。但真正要了解袁加，还要从 30 多年前的一桩往事说起。

与专业邮票设计师擦肩而过

这里所说的专业邮票设计师，主要指在中国邮政邮票印制局任职的，专门从事邮票、邮资信封、邮资明信片等邮资票品设计工作的专业人员。1949 年 10 月，邮电部作为政务院下属的部门成立后，第一个走进专业邮票设计队伍的，是邮票设计泰斗——孙传哲，而后邵柏林、刘硕仁、万维生、卢天骄等从中央工艺美院陆续毕业，相继成为专业邮票设计师队伍中的一员。对于艺术院校毕业的学生来说，能够走进专业邮票设计队伍，在当时是他们的一种向往。

机会，就是机遇，往往稍纵即逝。

1985 年，邮电部对中国邮票管理体制进行了一次重大的改革，将原中国邮票总公司一分为二，组建邮电部邮票发行局和中国集邮总公司。邮电部邮票发行局主要负责邮票发行等政府职能，中国集邮总公司主要负责集邮业务经营工作。邮电部在这次改革中，认真贯彻中央关于落实知识分子政策的决定，作出了一个在当时堪称破天荒的决定，就是在邮票发行局的领导职数中增加了一名专业领导干部。1985 年 7 月 3 日，邮电部部长杨泰芳签署了［1985］部任字 31 号，任命邵柏林为邮票发行局总设计师。

邵柏林，一个对邮票事业热爱得几近痴迷的人，曾被打成"右派"达22年之久的老知识分子，终于可以实现"提高中国邮票设计质量"的夙愿了。

十年"浩劫"，不仅令中国的经济遭遇灭顶之灾，在邮票发行领域也是积重难返。邵柏林碰到的第一个难题，就是人才短缺。十年动乱，成为十年人才成长和选拔的空当，特别是能与国外平面设计潮流对接的，在专业设计队伍中几近空白。怎么办？邵柏林想到了位于大北窑的中央工艺美院。中央工艺美院，既是荟萃当时中国工艺美术顶尖艺术家的殿堂，也是培养未来中国工艺美术家的摇篮。在这里，他要为中国邮票事业选拔一批能够担当本世纪最后十几年，乃至下个世纪的邮票设计队伍骨干。

邵柏林没有按常规出牌，他既不找院长常沙娜，也没找教务处，而是直接向授课教师了解学生的水平。不久，来自第一手的顶尖学生名单渐渐浮出水面：袁加、张磊、王虎鸣。三个优秀学生，已经成为邵柏林心中的目标，更让邵柏林对袁加另眼看待的，是一次美国著名教授对袁加的考核。

1981年，改革开放之初的中央工艺美院，为尽快了解国外美术发展的潮流和状况，派遣一批学者和艺术家到美国考察。回国后，感触颇深的艺术家立即向领导建议，邀请国外著名艺术家来国内讲学，填补国际美术发展潮流这一课。这个当时颇具风险的动议，意外地得到了当时文化部的批准。于是，一个美国"超级照相写实主义"潮流的代表人物姚庆章，走进了中央工艺美院。他的授课，令学生们兴奋不已，他们好像触摸到了当时国际美术跳动的脉搏。讲课之后，是姚庆章严格的考试——每个人作一幅画。在众多的学生中，姚庆章只给了两个学生满分——五分，其中就有袁加。

邵柏林为了进一步考察袁加，邀请与袁加同届的学生共同设计《哈雷彗星回归》特种邮票。1986年，在天文学领域是一个特殊的年份，久别地球76年的哈雷彗星将又一次准时造访地球。如果错过这一次发行邮票的机会，那么只能耐心地再等上76年。溜走，不行！邵柏林抓住了哈雷彗星，他要让哈雷彗星定格在中国邮票上！同时，更重要的是要考察袁加有没有这个天分。

其实，袁加并不了解邵柏林的意图，也没有洞察邵柏林的心思，他觉得这只是一个老师留给学生的作业。即便是作业，袁加也当作一次对他的考试来对待，最终他没有让邵柏林失望——代表炽热能量的红色哈雷彗星展现在邵柏林面前。邵柏林被袁加大胆、超然的色彩运用所感叹。尽管最后邮电部在审查时建议改为蓝色，但邵柏林并不隐瞒对袁加使用红色的赞赏。可惜的是，今天集邮者已看不到袁加原稿的精彩。

1987年7月，同届的袁加、张磊和王虎鸣毕业了。踌躇满志的邵柏林出马了，这次他直接找中央工艺美院的院长常沙娜：这三个人我要了！

常沙娜也是个爱才惜才之人：对不起，三个人都已分配完毕，你可以要其他人。

原来，三名高才生一直是各方觊觎的对象，中央工艺美院自然不会放走这些人才。袁加和张磊被留校，王虎鸣由内蒙古文化部门要走。邵柏林如五雷轰顶，一下子跌坐在椅子上：难道他精心策划的这台戏就这么谢幕了？

邵柏林没有软磨硬泡，软磨硬泡不是他的性格。

时不我待。当晚，心急如焚的邵柏林来到景山后街一栋独立的小楼前，叩响了紧闭的大铁门，这是轻工业部部长杨波的家。中央工艺美院的顶头上司就是轻工业部，邵柏林这一招就是破釜沉舟。杨部长听了这位不速之客的说明，立刻提笔给常沙娜写了一个便条，希望把王虎鸣留下来分到邮电部，请她尽力支持。就是这个便条，把已经寄走的王虎鸣档案又追了回来。

在人生的转折点，机遇往往不经意地会和你开个玩笑。一个便条改变了王虎鸣的人生轨迹，而袁加却与专业邮票设计师擦肩而过。

对长卷画情有独钟的艺术家

袁加出生在一个绘画世家，爷爷是一位品位很高的读书人，对绘画和传统文化谙熟于心，父辈则出了两位著名艺术家——父亲袁运甫、叔叔袁运生。袁运甫，清华美院教授，博士生导师，第九届全国政协委员，中国国家画院公共艺术院院长，是清华学群的领军人物。袁运甫钟情于公共艺术的研究和实践，从 20 世纪 70 年代末开始，分别为毛主席纪念堂、邓小平故居陈列馆、人民大会堂、全国政协文史馆、中华世纪坛、首都机场、北京地铁等地创作了多部大型公共壁画艺术品，是中国当代著名艺术家。袁运生，清华美院教授，著名艺术家。1979 年的一幅作品，让人们对他刮目相看。袁运生，在创作首都机场大型壁画《欢乐的泼水节》中画了几个裸体的少女，这让刚刚从文化大革命荒芜年代走出来的个别人不舒服了，袁运生立刻被推到了风口浪尖。文明和开放的脚步毕竟已经迈开，任何羁绊想阻拦这种洪流都是不可能的。两年之后，围住裸体少女的挡板被移开了，舆论也终于风平浪静。

从小受家庭熏陶的袁加，对绘画有一种痴情的热爱。对于文化大革命嗤之以鼻的袁运甫，没有裹进那场轰轰烈烈的"革命"。他带袁加找到了一处清静的所在——故宫。故宫的东路，有一排雕梁画栋的房子，这里常年展出故宫珍藏的明代和清代的名人画作。文化大革命中的"明清绘画馆"，游人罕至，极清静。爷儿俩背着画板、馒头和水，一进去就是一天。他们在古画的海洋里欣赏、临摹、徜徉。一张又一张的临摹画，在日积月累中悄悄地发生着变化，袁加就是在这里播下了绘画的种子。

长卷画，是中国绘画史上的一朵奇葩。浏览了众多古画的袁加，不知从何时起对中国长卷画产生了浓厚兴趣。在袁加的履历表上，有这样的记载：

1989 年至 1990 年，在瑞典莱克桑德手工艺学校访问学习；

1990 年赴美游学……

1996 年回国之后的袁加，对西方现代艺术和早已融入血脉中的中国传统绘画技巧有了更深层的认识。他认为，相对西方绘画来说，中国的长卷画有着自己明显的艺术特征，这就是不讲焦点透视，不强调自然界对于物体的光色变化，不拘泥于物体外表的形似，更多的是抒发作者的心灵感受与主观情趣。同时，在透视的方法上，西方绘画一般是用焦点透视，就像照相一样，固定在一个立脚点，摄入镜头的就如实照下来，否则就照不下来。中国画是根据画者的感受和需要，使立脚点移动作画，把见到的和见不到的景物统统摄入自己的画面，这就是不同于西方绘画的散点透视或多点透视。中国的长卷画在唐宋已十分成熟，如北宋张择端的《清明上河图》，用的就是散点透视法。《清明上河图》反映的是北宋都城汴梁内外丰富复杂、气象万千的景象，它以汴河为中心，从远处的郊野画到热闹的"虹桥"；观者既能看到城内，又可看到郊野；既看得到桥上的行人，又看得到桥下的船；既看得到近处的楼台树木，又看得到远处纵深的街道与河港。而且无论站在哪一段看，景物的比例都是相近的。如果按照西方绘画焦点透视的方法去画，许多地方是根本画不出来的，这是中国古代画家们根据内容和艺术表现的需要而创造出来的独特的透视方法。

"五四"之后，西方绘画大量涌入，中国画以自己宽阔的胸怀，吸收了不少西方艺术的技巧，丰富了中国画的表现力。但是，由于用西画和印象主义改造中国画，也出现了中国画走向非中国画的苗头。特别是中国长卷画逐渐衰微，能流传后世的精品几乎断档。袁加认为，不管如何变化，中国画传统的民族的基本特征不能丢掉，中国画的优良传统特别是中国长卷画这一传承上千年的画种应该保持并发扬光大，因为中国画在世界美术领域中自成独特的体系，在世界美术百花齐放、千舸争流的艺术花园中独放异彩。

从西画与中国画介入社会的程度来说，袁加认为现代西方绘画以艺术介入社会是毋庸置疑的，但中国画是内心的，是绘画者心境的独白，所以从社会学的角度来说，袁运甫先生20世纪70年代创作的长卷画《长江万里图》的问世，既是现代中国长卷画介入社会的一种尝试，也是对中国传统长卷画的继承与思考。

20世纪初受西方绘画艺术的影响，中国长卷画逐渐衰落以后，曾令中国有识之士扼腕痛惜。袁运甫、袁加等一批艺术家则担起了恢复、发扬、传承中国长卷画的历史重任，继袁运甫先生反映中华民族精神的《长江万里图》面世之后，袁加于1996年创作了中国外交部驻香港特派员公署大楼大型壁画《大山水》，2004年创作了最高人民法院大楼壁画《高山仰止》，2006年创作了最高人民检察院大楼壁画《江山胜揽》，2013年创作了人民大会堂金色大厅大型壁画《长江万里图》。2013年，在袁运甫先生因年事已高无法重新补充、完善《长江万里图》的情况下，袁加接过这个重任，两个月后原图未完成的长江源头部分及长江沿岸新的景观天衣无缝地补充到原图中，一幅全新的《长江万里图》问世。袁氏父子运用传统的散点透视法，把从长江源头一直到长江出海口的所有景观清晰地展现在观众面前，历来十分挑剔的故宫博物院郑重地把这幅历经四十多年的画作作为当代珍品予以收藏。恢弘壮美的《长江万里图》被浓缩成九枚一套的邮票，于 2014 年 9 月 13 日在全国正式发行。是否可以这样说，久违的中国长卷画又回归它的本源了。

走马玛曲探源头

2014 年 9 月 13 日上午 10 时，袁加出席了在湖北武汉举行的《长江》邮票首发式，而他的父亲此时则坐在万里长江流经的最后一个大都市——上海。父子俩珠联璧合完成的《长江》邮票，分别在长江的两个节点上见证了这套邮票的发行。

就在《长江》邮票发行的第 8 天，来不及喘息的袁加登上了飞往大西北的航班。他多么想放松一下，旅游是他的爱好，但他没有时间，西北的寒冬即将到来，他要赶在大雪封山之前赶到青海，赶到玛多！那里有一个梦想正在等着他，梦想就是黄河！

袁加说不清为什么黄河令他这么魂牵梦绕？为什么不顾艰险赶往莽莽高原？

海外游学七八年的经历，让他有太多的感触。欧洲、美洲，无论他走到哪里，总能见到黄皮肤、黑头发的中国人。他们勤劳、淳朴、与人为善，他们两代、三代，甚至已经四代生活在第二故乡。他们的身世，他们旅居海外的原因各不相同，但是他们都有一个共同点——我是中国人！他们乡音不改，上三代没有改，这一代在家里仍然说中国话！乡音不能改，这是中华老祖宗留下来的标志！

每逢中华民族的传统节日，端午、重阳、中秋、春节，他们像在国内一样，家庭团聚，朝东祭祖。他们知道，祖先就在中国，他们都是黄河巨大摇篮里的子孙。黄河就是他们的念想，黄河就是他们朝思暮想的故乡。

尽管对黄河敬畏，尽管对黄河有太多的未知，袁加还是迈出了充满挑战的一步！

目的地——玛多。从西宁下了飞机，换乘汽车，一路向西。柏油路面的状况尚好，汽车以将近 100 迈的速度疾行，他们必须在天黑前赶到玛多。紧邻公路的是另一条正在修建的高速路，司机告诉袁加，明年这条高速公路就能通车，时间可以节省一半。

经过近 7 个小时的路程，汽车终于驶进了玛多。玛多，古称"黄河沿"，所以，到了玛多就一脚踏进了黄河的源头地区。说起它的历史，还和邮政有渊源哩！它曾是历史上由内地进入西藏的一个驿站，裁驿归邮后逐渐萧条。新中国成立时，这里没有一间房屋，也没有一顶固定的帐篷。现在，玛多已成为几千人口的高原小镇。在通信不发达的年代，邮电所就成了唯一与外界联系的希望。现如今，多种新业务的开办，使这里成了玛多百姓常来常往的去处。

邮电所的所长告诉袁加，明天有雪，能不能上源头要看运气，如有大雪是决不能去的。这一夜，袁加失眠了，头疼，闷气，海拔 4200 米的玛多给了袁加一个下马威。更让他睡不着的则是明天的天气，难道黄河源头之行就此打住？

天亮了，还好，多云。汽车驶出了玛多，就是黄河的河源地区，方圆三百多里，没有一条路。汽车躲过一个一个沼泽，小心翼翼地爬行。一阵云飘过，雪花扑面而来，这更给前方增添了若干未知数。大地白了，远山已变得朦朦胧胧。看来，严冬已经不请自来。怎么办？袁加不甘心，对司机说：走，朝前走！

大约一个半小时后，天不知什么时候放晴了，眼前就是袁加朝思暮想的黄河源头——玛曲。袁加被眼前的景色惊呆了，他从来没有见过这么美的风光。这仿佛是另一个世界，天空湛蓝，像被水洗过一般。远山白雪皑皑，在阳光映照下，银光闪闪。

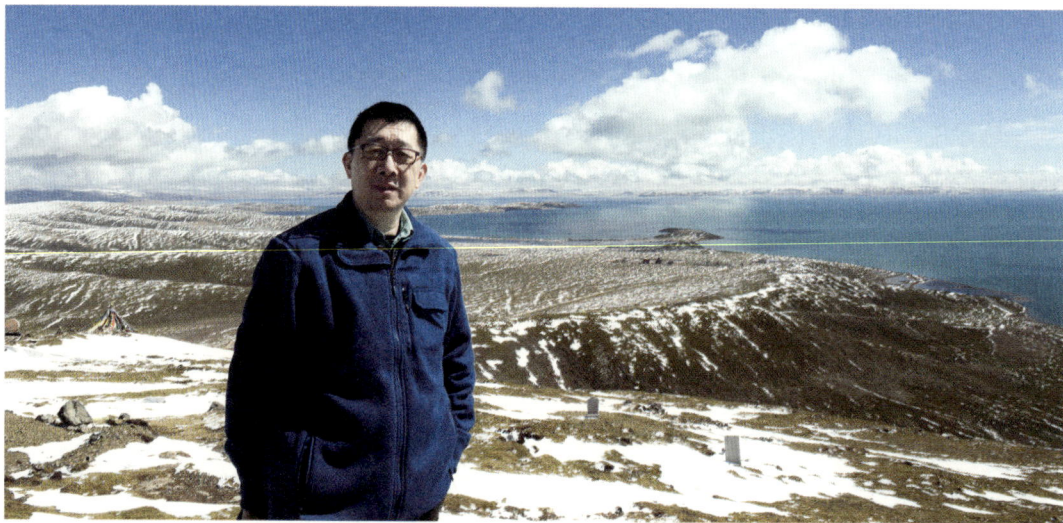

袁加在黄河源头

湖水清澈，波光粼粼。空廖，寂静，绮丽壮观，整个宇宙，没有一丝声响，仿佛时间都被凝滞了。原来，这就是著名的扎陵湖和鄂陵湖。黄河从源头流过星罗棋布的"海子"（水潭）后，清澈的河水就注入了扎陵湖和鄂陵湖。袁加的腿不想动了，一步都不想动。他真想坐下来，铺开画板，尽情地挥洒。一天，不够！他想画它十天半月。有人告诉他，天下最美的地方是瑞士，他曾慕名而去。现如今，占据他心中最美位置的地方不是瑞士，是玛曲！

司机告诉他，这里不能久待。源头的天，小孩的脸，一天十八变，大雪看来要提前到。袁加只能用相机拍下源头的山山水水，但是他的大脑已经装满了足可以震撼心灵的源头素材。

离开玛多之后，袁加顺流而下，沿河而行。黄河上游和中游的景观，让他对黄河有了一个颠覆性的认识。黄河流域，河水浑浊，水土流失，书本上的图片和文字早已种植在袁加的脑子里。他不曾想，在毛泽东发出"要把黄河的事情办好"的六十多年后，黄河流域已经有了翻天覆地的变化。黄河流过玛多之后，迤逦东行，达日河、吉迈河两条支流汇入黄河。过青海，进四川，跨兰州，整条黄河水质清澈。黄河两岸丰饶的大地上，树木参天，一片一片森林像卫士一样固守在两岸的土地上。即便是沿着晋陕峡谷下行，国家"退耕还林""退耕还草"政策的实施，已经欣喜地看到成效。两岸的树木、草地锁住了几千年不断坍塌的黄土坡，河水的含沙量在逐步下降。应该说，从那时起，袁加的腹稿已经有了对黄河上游、中游完整的方案。

2014 年 11 月中旬，袁加完成了对甘肃、宁夏、内蒙古、陕西、山西、河南、山东黄河沿岸的考察。此时，心中的黄河已经在奔腾，在冲撞他的心灵，不能再等，回北京！

回到北京，袁加已经不能自恃，创作的冲动和兴奋始终包围着他，这是他必须要做的事，必须要完成的事，一刻都不能等。他头脑已有了《黄河万里图》的一个轮廓，至少要六米长，才能装下从源头到出海口的整个山山水水。可六米长的画案哪去找啊？这让袁加犯愁了。袁加的夫人提醒他：找，不如做。对啊，袁加马上请人，就在自己的画室内，制作了一张六米长的画案。为了防止长卷卷曲、起皱，袁加索性将画纸绷在画案上。光线也是影响整体颜色的关键，六米长的画卷在房间不同位置，明暗差距较大，必须使画卷的上下左右光线一致，整体的用色才能统一。袁加又到专业灯光市场选购了几只大灯，经过调整亮度，终于获得了满意的效果。

从 2014 年 11 月下旬起，望京金隅国际 31 层楼一扇窗户的灯光，每晚都是最后一个熄灭。这是袁加的画室，每天午饭后他一头扎进画室，心目中的黄河在徜徉。此时，九曲黄河中的塔尔寺、炳灵寺、西夏王陵、同心清真大寺、成吉思汗陵、黄帝陵、龙门石窟、白马寺、孔庙、孔林等中华文明在黄河流域中的一个一个记号，顺序来到袁加的大脑中报到。这些记号是几千年来中华民族从荒蛮走向文明的脚步，是中华各族儿女互相融合、彼此尊重、休戚与共的例证，它们像珍珠一样被袁加镶嵌在黄河图稿之中。每到凌晨两点多，袁加才拖着疲惫的身躯，恋恋不舍地离开画室。他不能不走，

袁加在创作"黄河"邮票图稿

《黄河》

第二天六点半要送孩子上学，袁加不能把这个每天必须完成的程序再推给夫人。袁加的妻子是同届同学，一位优秀的艺术理论研究学者，但为了袁加的事业，她放弃了少年时的所有理想，主动承担起全家的家务。最近，又把袁加父母的衣食住行扛起来，让袁加这个孝子十分感动。三个月后，六米长的《黄河万里图》全景图稿完成。

广纳良言，精心修改，袁加不厌其烦地一次次作局部的、部分的、整体的修改与完善。正是充满激情的投入和虚怀若谷的胸襟，使《黄河万里图》成为又一精品力作。2015年5月25日，经过技术人员近三周的精心调试，融进袁加无限深情的《黄河万里图》邮票在中国邮政集团邮票印制局正式开印。

1947年，毛泽东曾在陕北佳县峡谷边俯瞰黄河，他凝视脚下波涛滚滚的黄河，深情地说：没有黄河，就没有我们这个民族啊！是啊，黄河这个伟大的母亲，孕育、繁衍了生生不息的中华民族。多少年来，黄河是一种象征，象征着勤劳、勇敢、不畏强敌；黄河又像一条纽带，维系着华夏儿女的过去、现在和将来。衷心希望，《黄河万里图》邮票的发行，能够成为海内外中华儿女带在手边的对黄河的念想！

拯救即将消失的记忆

《木版年画》系列邮票策划始末

原国家邮政局于2003年推出了特种邮票一个新的系列——"木版年画"邮票系列。这一特种邮票的新系列历时9年，先后发行了《杨柳青木版年画》《桃花坞木版年画》《杨家埠木版年画》《武强木版年画》《绵竹木版年画》《朱仙镇木版年画》《漳州木版年画》《梁平木版年画》及《凤翔木版年画》。这个邮票系列发行的特点是，发行时间一致：每年农历腊月二十三发行；邮票枚数一致：每套都是四枚邮票，同时发行小版张，每个小版张都是两套邮票；邮票规格一致：九套邮票都是 30×40mm；邮票设计者一致：都由著名邮票设计师王虎鸣担纲。该系列邮票发行的节奏密集，不断档，不隔年，因而在系列邮票中独树一帜。

发行"木版年画"系列邮票的想法纯属偶然。新千年一过，国家邮政局邮资票品管理司周密组织策划的"新千年"系列纪念邮票的发行工作也落下了帷幕。我每天都有午休的习惯，翻翻报刊，小憩片刻，是一天中最惬意的时候。报刊上，天津著名作家冯骥才（第七届全国政协委员）先生一篇关于"拯救杨柳青"的文章让我睡意全无。文章详细列举了天津著名的杨柳青木版年画在十年"内乱"期间遭受的厄运：珍贵的明清时期的老印版被损毁、被锯掉；制作木版年画的老艺人已从人们的视野中消失；

杨柳青木版年画历经几代人传承的技艺即将失传……这是一个多么可怕的现实！杨柳青，一个可爱的名字，一个熟悉的名字！儿时春节，最大的乐趣就是大人带着我们逛厂甸，看着那红红绿绿的年画，大人一句"杨柳青"年画，让我们永远记住了"杨柳青"三个字。那时候，最喜欢的年画是一个大胖小子抱着大红鲤鱼，挂在墙上，一年都喜兴。

杨柳青年画全称"杨柳青木版年画"，属木版印绘制品，与苏州桃花坞年画并称"南桃北柳"。杨柳青年画产生于明代崇祯年间，清雍、乾至光绪初期达到鼎盛期。当时，杨柳青镇的戴廉增画店一年生产成品达 2000 种，每种 500 张，共达百万幅。杨柳青年画在清代出现了两大派——以表现历史故事为主的齐家及以表现小说戏曲为主的戴家，清末又出现了集两者之长的霍家，至此杨柳青年画三大派形成鼎足之势。1926 年，霍派五世传人霍玉棠创建了杨柳青镇最大的"玉成号"画庄。杨柳青年画制作较为复杂，首先要由专业匠人在梨木版上雕出画面线纹，然后用墨印在上面，套过两三次单色版后，再以彩笔填绘。既有版画的冲击力，又有手绘的色彩斑斓，民间艺术的韵味十分浓郁。杨柳青年画跟北方其他地区的年画不同，因为挨着北京，它要给皇家和贵族送年画；又发祥于天津城附近，所以杨柳青年画就有了大城市的精细，半绘半画，半印半绘，使其更接近国画。但是由于 20 世纪 60 年代到 70 年代众所周知的原因，杨柳青，远不止杨柳青，众多耳熟能详的著名木版年画，杨家埠、桃花坞、凤翔……都已面临永远消失的境地。这是一个多么可怕的现实！诞生于农村，流传于农民，历经几代甚至几十代的传承，给千千万万欢度春节的人们带来希望、带走烦恼的年画，就这样消失吗？作为邮票发行部门，能不能也有些作为呢？我把这个想法交给了邮资票品司的发行处，请他们做些研究，并把结果告诉我。

不久，发行处向我汇报了调研的结果，认为可以搞个年画系列。因为各地的年画造型古朴、色彩鲜艳，比较适合邮票画面表现。特别是年画的内容，都是吉祥喜庆、祝愿生活美好的画面，一些历史题材或戏曲人物的内容，也是伸张正义、弘扬忠义，虽然有些糟粕，完全可以摒弃，并建议就从杨柳青木版年画开始发行。

这期间，又一件偶遇的事让我更坚定了尽快发行木版年画的决心。2002 年，为了第二年即将举行的绵阳亚洲国际集邮展览，我应四川省邮政局的邀请到绵阳考察邮票的选题。

从成都北行，约莫车行七八十公里，即到了德阳地界。原本要去绵阳，咋就进了德阳呢？主人操着浓重的川音道，咱们在这打个尖儿，请你看看绵竹年画，好有特点呦！看来调研木版年画选题的消息也吹到了这里。恭敬不如从命，好，去看看！

接近两个小时的参观和介绍，又给我上了一课。

没想到，绵竹年画的历史更为悠久。据北宋《成都古今记》记载，当时成都有几个市场：正月灯市，十月酒市，十一月梅市，十二月桃符市。其中的"桃符市"，即年画市场的俗称。由此可见，宋代成都已有了年画市场。而成都"桃符市"的年画，大多是由附近的绵竹、夹江等县的年画作坊提供。到了乾隆、嘉庆年间，绵竹年画的生产规模已相当庞大。据不完全统计，年画作坊多达三百余家，从事年画生产的人员达万人以上。清代后期，绵竹专门开辟了销售年画的市场，故当地有"冬月初一挂望子，腊月初一摆摊子"和"东门河坝去观花，南华宫里去看画"的谚语。

绵竹年画的题材内容极为广泛，大致有几个方面：辟邪迎祥、风俗习惯、生活生产、戏曲故事、历史人物、神话传说、讽刺幽默、花鸟鱼虫等。绵竹年画的画匠和其他地区的年画艺人一样，大部分都是农民，熟悉农村生活，了解农民的爱好和愿望，所以农民一生祈望的福寿吉庆、万事如意、富贵白头、神灵保佑、消灾赐福等经常出现在绵竹年画中。

绵竹年画的品类很多，可分为门画、斗方、中堂、条屏、拓片等，经过长期发展，绵竹年画形成了独特的艺术风格——构图完整、饱满，人物造型夸张，线条古拙，色彩艳丽，流畅明快。

民国年间，由于军阀割据、内战频繁、土匪横行，绵竹大部分纸厂和年画作坊被洗劫或焚毁，绵竹年画趋于衰落。新中国成立以后，特别是改革开放，给濒于绝境的绵竹年画带来了巨大生机。一批年轻的年画作者在老艺人言传身教下迅速成长起来，他们认真研究吸收传统年画艺术的表现手法和特点，并发挥现代艺术丰富的表现力，创作了一批又一批新年画。2002年2月，绵竹年画入选首批中国非物质文化遗产项目。

回到北京后，经国家邮政局批准，《杨柳青木版年画》被列入2003年邮票发行计划。

《杨柳青木版年画》

安排在哪天发行呢？发行处建议放在春节前，我叮了一句：腊月二十三，是农历小年，发行木版年画邮票恰逢其时。古时的民俗，腊月二十三是祭灶的日子。从这一天开始，迎春的氛围一下子浓烈起来。贴春联、挂年画也成为家家户户筹备过年的一道风景。就这样，"木版年画"系列邮票的第一套的发行日，就安排在了 2003 年 1 月 25 日，这一天就是农历"壬午年"的腊月二十三。由此往后，连续发行的九组木版年画系列邮票，发行时间都安排在了当年的农历腊月二十三。

根据邮票组稿的原则，《杨柳青木版年画》采取竞争、择优选稿的办法。《杨柳青木版年画》共安排发行四枚邮票，内容分别为"五子夺莲"、"钟馗"、"盗仙草"和"玉堂富贵"。由于这是一套极富中国传统文化的题材，专业邮票设计者和社会美术家纷纷加入邮票图稿创作的竞争行列。在邮票图稿评议委员会的会议室，七八套风格各异的邮票图稿展现在各位评委面前，靳尚谊、袁运甫、杜大恺等评委一一对图稿进行了点评。

最后，众人眼光落在一套白底子的图稿上，这套图稿虽是古老题材，但画面清新明快，布局疏密得当，文字安排和铭记、面值恰到好处，评委会最终将这套图稿推荐为向国家邮政局建议采用的最佳方案。由于送审的邮票图稿都是不公布设计者的，事后我才从赵玉华口中得知，图稿的设计者是王虎鸣。

王虎鸣 1987 年从中央工艺美术学院毕业，从事邮票设计工作。尽管他设计邮票只有短短的 15 个春秋，但他对传统文化题材邮票图稿的理解和把握，拿捏得非常到位。可以这样说，在目前的专业邮票设计队伍里，传统文化题材的邮票设计，尚无人与之比肩。今年恰逢王虎鸣从事邮票设计 30 年，谨祝他为了中国邮票的辉煌再立新功。

国家邮政局邮资票品司为了使这套系列邮票的设计风格一致，从 2004 年发行《桃花坞木版年画》开始，都安排王虎鸣进行设计。尽管安排他作为唯一的设计者，但图稿的评审环节却不能少，必须经邮票图稿评议委员会的"过堂"，才能获得认可。

"木版年画"系列邮票的发行历时 9 年，当我们看到《杨柳青木版年画》《绵竹木版年画》《桃花坞木版年画》等一个一个陆续被国务院批准列入国家非物质文化遗产项目；看到每逢过年，各地年画市场又逐渐红火起来，我们的确为传统年画的新生感到由衷地庆幸与喜悦。

一位老艺术家对邮票艺术的浓浓关情

从华君武给朱高峰副部长的一封来信说起

1985 年 9 月 27 日，著名艺术家、时任中国美术家协会副主席、中国文联书记处书记的华君武（第五、六、七届全国政协委员）先生亲笔给邮电部副部长朱高峰（第九届全国政协委员）写了一封信。信的全文如下：

高峰部长：

听说你让我担任邮票图稿评审委员会主任，感到不安。日前赵永源局长和邵柏林同志来舍，我谈了我的意见，确是经过慎重后思虑的。在美术界外，你们会认为我们都是美术家，但作为艺术专业来说，张仃同志所长更适合对邮票设计的指导。黄永玉在艺术才能上也比我广博，因此让我当主任，好像因为我是中国美术家协会的副主席、文联书记处书记就可以领导其他我不熟悉的专业。

因此考虑再三，还是以赵永源同志任主任为好。从外界来看，他是邮票发行局的局长，不存在黄（永玉）、张（仃）、华（君武）和他比高低的问题，虽然不熟悉美术，但他熟悉邮票业务，顺理成章。他当了主任，我们三人当副主任，也并不显得压低（说的庸俗，请谅）。我是关心邮票艺术的，我也比较熟悉美术界的情况，我一定尽量做到辅助赵永源同志，帮助他出些点子。

我认为我是从实际情况出发，有利于工作的。再说我今年已七十岁了，精力已大不如前，所以希望部长再考虑一下，这是我作为共产党员，对工作应当负责的一点请求。

敬礼

华君武

27/9/85

从这封信的内容来看，是著名艺术家华君武就邮票图稿评审[1]委员会领导人选事，给邮电部领导的一封言辞恳切的亲笔信。那么这封信是在什么背景下写的呢？事情还要回溯至20世纪的80年代。

1985年，邮电部对中国邮票管理体制进行了一次重大改革，将中国邮票总公司原有的职能一分为二，即邮票发行管理部门和邮票经营部门分开，组建邮电部邮票发行局和中国集邮总公司。这是改革开放以后，邮电部对政企合一的中国邮票总公司第一次作出带有政企分开性质的重大调整。在邮票发行局领导职数中增加一名专业领导干部，就是其中重大调整之一。同年7月3日，邮电部部长杨泰芳签署任命邵柏林为邮票发行局总设计师。

走马上任之初，邵柏林就撰写了《关于提高我国邮票设计质量的报告》，送到邮电部杨泰芳部长和主管邮政工作的朱高峰副部长的办公室，他在报告中向邮电部提出了两项改革措施。

一、敞开大门，邀请社会美术家和平面设计方面的精英参与邮票设计。建议邮票图稿由专职人员设计的同时，向社会美术家广泛约稿、征稿，使全国千百万美术家也有机会参加邮票设计工作，使一个题材多几人设计、多几个方案，从中择优选用。这样既发挥了专职设计人员的积极性，又调动了广大社会美术家的积极性。我们既邀请著名的美术家参加邮票设计工作，又注意发现名不见经传、富有才华的青年一试身手。

二、组成以著名美术家为主的，包括集邮家、出版家、专业设计人员和邮电部、邮票发行局的行政领导参加的评审委员会，对邮票图稿的思想性、艺术性进行咨询把关。这项措施的实质是实行尊重知识、尊重科学、尊重人才、尊重内行的意见，按艺术规律办事，以保证决策的科学化、民主化。

邮电部部长杨泰芳在听取邮票发行局汇报时，充分肯定了邵柏林提出的两项改革措施，指出：邮票图稿评审委员会是我们请来的专家，好比是我们的外脑、我们的"兰德公司"，我们要尊重专家的意见。

这是邮电部杨泰芳部长对成立邮票图稿评审委员会这样一个非常设机构的充分认可，并将设立邮票图稿评审委员会的作用比作美国智库兰德公司。这种评价不可谓不高啊！

在整个邮电行业里，邮政和电信两大专业，就性质来说基本属于交通运输与信息传递。邮票设计与邮票艺术则属于文化范畴，属于邮电行业里的另类。特别是 20 世纪 80 年代中期，老干部陆续退休，一批批年轻有为的知识分子走上领导岗位。邮电系统已担当重任的知识分子，不论是专家还是各级领导干部，都出自理科学院，如北京邮电学院、南京邮电学院等。他们对邮票设计和邮票艺术的规律不熟悉，这就碰到一个问题：如何保证邮票设计的艺术质量？如何不断提高邮票的设计质量？杨泰芳部长和朱高峰副部长给出了正确的答案：专业的事情请专业的人来办，政治上由党组把关。

不能不说，这正体现了已走上高级领导干部岗位的知识分子对邮票发行工作特点的清醒认识与卓越的领导艺术。两项改革的结果是，我国的邮票设计水平迎来了又一个高峰。

邵柏林提出的这两项改革措施的目的只有一个：在不太长的时间内尽快提高我国的邮票设计质量，第一步先达到国内最好水准，第二步再进入世界先进行列。

邮票图稿评审委员会里的专家请谁好呢？作为 20 世纪 50 年代初从中央美术学院毕业的学生，邵柏林对学校的老师实在太熟悉了，那是一批中国顶尖的艺术家啊，吴作人、李可染、张仃、黄永玉、周令钊等老师，经过历次风雨走出来的这些艺术家，在老百姓看来个个如雷贯耳。其实，邵柏林的心里已经有了评审委员会的初步名单。但是，他还想听听老师的意见。中央工艺美院院长张仃是他第一个拜访的老师，随后又去拜访了中国美术家协会党组书记、副主席华君武先生。两人推荐的名单出奇地一致：黄永玉、周令钊、伍必端、邱陵、郁风（第六、七届北京市政协委员），再加上张仃先生和华君武先生，邮票图稿评审委员会基本架构就成型了。这些大艺术家在粉碎"四人帮"后都像换了个人，个个精力充沛地投入创作，犹如迎来了第二个创作的春天。他们都愿意牺牲自己的创作时间，来参加邮票图稿的评审吗？邵柏林决定亲自登门一家一家拜访。众位艺术家听到"为了尽快提高我国邮票的设计水平"这样一项重任，纷纷表示赞成。原本让邵柏林纠结的落实工作，居然三下五除二迎刃而解！

这么多老艺术家，由谁来担任邮票图稿评审委员会的主任、副主任呢？当时，邮票发行局对此也认真做了研究，并提出初步意见。朱高峰副部长听取汇报后，建议请邮票发行局局长赵永源和总设计师邵柏林代表他去征询一下华君武先生的意见后再做决定，这就是文章开头华君武先生给朱高峰副部长来信的缘由。

朱高峰副部长收到信后，从善如流，立即采纳了华君武先生的建议。1985 年 10 月 15 日，邮电部第一届邮票图稿评审委员会正式成立。名单如下：

主任委员：赵永源（邮票发行局局长）

副主任委员：华君武、张仃、黄永玉

委员：刘天瑞（邮政总局局长）、周令钊、郁风、伍必端、邱陵、邵柏林、王仿子、成志伟、林丰年、董纯琦、李印清

秘书长：邵柏林（兼）

邮电部副部长朱高峰出席成立大会，他向每一位评委颁发了盖有国徽图案的邮电部大印的评委证书，并代表邮电部对邮票图稿评审委员会的成立表示了祝贺。

注：①"邮电部第一届邮票图稿评审委员会"用的是"评审"一词，第二届改为了"邮票图稿评议委员会"。

怀念梅葆玖先生

梅葆玖访谈《梅兰芳舞台艺术》邮票旧事记

惊悉梅公葆玖先生仙逝，不胜哀痛。一年前（2014 年），梅葆玖先生欣然接受《中国珍邮》剧组采访，讲述梅兰芳生平与《梅兰芳舞台艺术》邮票，那朗朗的笑声、幽默的言谈犹在耳际。如今物是人非，先生已驾鹤西去，不禁令我及所有参与采访的剧组人员唏嘘不已。如今，《中国珍邮》中的《梅兰芳舞台艺术》纪录片刚刚在央视播出，谁能想到那次采访竟成永别呢？

《梅兰芳舞台艺术》邮票和小型张于 20 世纪的 60 年代发行，距今虽然只有六十多年，但已成为集邮界公认的珍邮。《中国珍邮》大型电视系列片理所当然地把它列入其中。追踪这些邮票画面背后的故事，则是《中国珍邮》要挖掘的重要内容。

那么谁最了解其中味呢？毫无疑问，是梅兰芳先生的亲属。当时仍活跃在舞台上的梅兰芳后人，只有著名京剧表演艺术家梅葆玖先生，采访梅葆玖先生当然是最恰当不过的人选。本来，我与梅先生有过一面之交，那还是在 20 世纪 90 年代末，上海市邮政局举行过一次庆典活动，特邀请梅葆玖先生和著名琴师李慕良先生到沪演出。当时，我已到国家邮政局邮资票品司工作，恰巧也参加了这次活动。在回京的飞机上，我和梅先生邻座，从小就对京剧着迷的我，一落座就京剧的很多知识请教梅先生。时间过得飞快，一个多小时的飞行时间，转眼已到北京。我还有很多方面要请教，梅先生早已看出："建

《梅兰芳舞台艺术》（小型张）

辉，以后有的是机会聊，我住在干面胡同，欢迎到家来做客。"

由于在邮资票品司工作太忙，之后一直无暇去看望他老人家，这让我内心十分愧疚。如今，梅先生是否还住在老地方？到家去是否方便？这让我十分忐忑。

说来也巧，一个邮政劳模的出现使事情有了转机，这个人就是东四邮局的原局长沈智慧。东四邮局是20世纪60年代北京市著名的先进典型，历任局长个个都是好样的。东四邮局的服务半径，就包括东四干面胡同。东四邮局和沈智慧因邮政服务周到，受到梅先生赞许，一来二去，沈智慧和梅先生竟成了忘年交。

一天之后，沈智慧来信说：明天下午，梅先生到干面胡同路口的丽晶酒店见面并接受采访。

2015年5月9日下午4时，梅葆玖先生出现在丽晶酒店大堂，一袭深蓝色西装、白色衬衫，步履轻快，精神矍铄。寒暄之后，在一杯"卡布基诺"的闲适氛围中，采访便自然而然地在聊天中开始了。

整套邮票　个个精彩

话题就从《贵妃醉酒》小型张谈起，我递过小型张的放大样，梅葆玖手指着画面，侃侃而谈。

梅葆玖：发行《贵妃醉酒》这张邮票时，也是纪念我父亲逝世一周年出的小型张。这张相片是1956年在日本拍摄的。当时，中国访日京剧代表团去日本，在日本演出了《贵妃醉酒》这出戏。当时是《朝日新闻》邀请我们去的，日本的广播电台、电视台都对演出录了像。全本的《贵妃醉酒》在日本都录下来了，都是日本人录的。后来又给了我们一个版本，现在都保存在梅兰芳纪念馆。

《贵妃醉酒》这张相片也是当时日本方面给照的，杨贵妃是我父亲（扮演的），高力士是中国京剧院的老先生孙盛武孙先生（扮演的），他演的高力士。这个戏在日本演出特别受欢迎，因为日本人说杨贵妃安史之乱以后跑到日本来了，跟着宫女逃出来了，后来好像还结了婚，生儿育女，说得有模有样的，我们也就一乐。还有贵妃坟，说是葬在青森那儿了，面对中国。让我们还去看一看，我们也没说什么，反正一部历史早有定论。

整个这套邮票，现在来说是非常难得的，除了这个小型张以外，还有就是八枚

作者采访梅葆玖先生　　　　　　　梅葆玖先生讲述《梅兰芳舞台艺术》邮票

《梅兰芳舞台艺术》

邮票。八枚邮票中有七出戏，除了我父亲便装那枚以外，一个是昆曲《游园惊梦》，一个是京剧《梁红玉》，这是爱国题材的；这枚是《霸王别姬》，都是名剧；这枚是《穆桂英挂帅》，就是国庆十周年的时候向国庆献礼时演出的《穆桂英挂帅》；这是早年演的《天女散花》；这枚是《生死恨》，也是抗战时候排演的表现爱国情操的一出戏；这枚是《宇宙锋》，是他常演的一出戏，个个都是经典，一共七出戏。在日本演了《贵妃醉酒》，演了《霸王别姬》。《穆桂英挂帅》是1959年庆祝国庆十周年时上演的，1956年去日本时还没演。现在就这套邮票来说，小型张是相片做的版，日本人给照的。其他那几枚因为邮票画面太小，那时候还没有这个技术，没法用相片合成邮票，因为才一寸大小，所以邮票都是照着相片画出来的，画的完全逼真。每一张的神态，就好像在戏里头，脸上的表情跟妆素都是按照相片来做的。这张（梅兰芳）便装也非常好，跟素描似的，非常好。

三访日本　东瀛轰动

梅葆玖：我父亲最早是1919年第一次去的日本。在东京，那时候歌舞伎的老前辈都认识我父亲，邀请我父亲去的。1924年第二次又去了日本，因为日本东京大剧院发生火灾了，把大剧院烧了。烧了很可惜，因为我父亲曾在这个大剧院演出过。到日本去就为了复修这个大剧院，我父亲为这个大剧院义演，帮助募捐、筹款，再把原来的大剧院恢复起来。所以那一次是为了公益事业。日本发动侵华战争后，我父亲就再没去过。

1956年，日本民间又一次邀请我父亲赴日演出，我父亲当即婉言谢绝。此事被时任国务院总理的周恩来知道后，就找到我父亲做工作。我父亲说，日本侵华干了那么多坏事，我还能给他们演出？周总理说，日本军国主义和日本民众不是一回事，侵华是日本军国主义干的事，和老百姓没关系。你曾去日本演出过两次，还给日本的大剧院帮助义演恢复重建，日本民众多欢迎你啊，这次去日本民众也会欢迎的。

我父亲想也对，日本观众没错，所以就答应了。在周总理的动员下，我父亲于1956年又一次率团到日本演出。中国京剧院的李少春、袁世海（第五、六、七、八、九届全国政协委员）等很多名家都去了。因为我父亲是中国京剧院的院长，负责带队。全团大概有七八十人，包括乐队。那时候我和我姐姐葆玥也跟着去了，我还演了《天女散花》，葆玥也演了，我姐姐演的是《辕门斩子》。就在东京国立大剧院演出，那是最好的专门演歌舞伎的剧院。那次演出，除了在东京演出，还到了大阪、名古屋、神户等五六个城市，人还没去票就已经卖完了。还有一些老观众，是我父亲1919年、1924年去演出时候的老观众，当年有的老人还在，就拿着前两次演出的说明书到后台给我父亲看，说这是你什么年代来的，我看过你的戏，请求给他们签名，让人非常感动，因为这些老观众没有忘记梅兰芳，人民之间的感情是很真挚的。

我们在日本演出，台湾蒋介石集团也没闲着。我们的车在前头走，他们在后头的车里喊大喇叭，说你们只要下了这车，到了我们这车，你就投奔自由了，你要吃有吃，你要喝有喝，你跟着我们回台湾吧。我父亲说，谁跟你去，我们到日本唱戏，你跟我们捣什么乱！在大剧院演出时，这些人就从楼上往楼下撒传单，日本人连拿都不拿，根本不理，该看戏还是看戏。后来他们又搞了几回，看着没什么作用也就算了。这次赴日演出，受到了日本民众的热烈欢迎，也为中日间开辟民间交流渠道开了个好头。

身陷险境　铮铮铁骨

梅葆玖：上海沦陷后，日本极想请我父亲出来演戏，也想请他到广播电台做演讲，日军可通过舞台演出和广播电台，借梅兰芳之口，宣传"中日亲善"及"大东亚共荣圈"。他们天真地以为曾在战前两次赴日演出的我父亲会配合，没想到，第一次来就碰了一鼻子灰。我父亲说我岁数大了，也没嗓子了，身体也不行了，望不要再来干扰。日本人不死心，几次三番到家里来，威逼利诱。后来，日本人听说梅兰芳患病，还特意派了一个日本医生要来看看是不是真的有病。

我父亲为了让日本人彻底断了这个念想，就想了一个近乎于自残的办法。他曾听说打伤寒预防针可致人高烧，就向大夫打听相关情况。大夫一听就急了，说那是很危险的，搞不好会要人命的！梅先生，不可，不可！

我父亲说，日本人让我演出，我就是不演！日本侵略中国，到处打，把中国毁成这样了，我还演戏？他还想"大东亚共荣圈"中日亲善？别捣乱了，我就是不演！你别害怕，我先给你写一个字据，万一出事了跟你没关系。

我父亲在得知日本人又打算登门来访后，提前三天、开始打伤寒预防针，连续打了三天，每天打一针。紧跟着，我父亲就发起了高烧，且神志昏迷、茶饭不思，家里人十分害怕。

日本人一批又一批来家里，查看情况。他们还不死心，还想让梅兰芳回心转意。最后，来了一个日本军官，他看到在床上躺着的我父亲果然发着高烧，神志昏迷，也就作罢了。

当时日本人也明白，我父亲这是想方设法拒绝演出。鉴于梅兰芳这种骨气，日本人也没再进一步强迫。因为他们日本人是讲武士道的，你要一怂，他反而看不起你了，你越是我就这样了，你怎么办吧，他们反而十分钦佩我父亲。1945 年抗战胜利以后，我父亲才剃掉胡须，恢复演出，期间中断演出整整 8 年。

诚信爱国　为人楷模

梅葆玖：我父亲一辈子为人诚信、爱国，我们从小就看我父亲做这些事儿，也深受教育。做人应该这么做，不能忘本，不能不爱国，不能骗人，不能坑人，这是做人的基本原则。所以我觉得现在对年轻一代，要把这些老的故事告诉他们。我父亲这一辈子从艺很不容易，从小受罪，出身很苦。我父亲1894年出生，那年是甲午，小时候他父亲很早就没了，一直是伯父梅雨田带大的。

他小时候曾看见过洋人抢包袱，他说我那时候还小，看到中国人受欺负，记忆深刻。他说国要是不强，什么都会没有。他的一腔爱国心是真挚的，因为他小时候看见过中国人的苦难，所以这个是他绝不会忘记的。

再看看这八枚邮票，七出戏，每一个戏都是非常有意义的，尤其是抗战时期演的这两出戏，一个《生死恨》、一个《抗金兵》这两个戏，都是他爱国情操的反映。到十年大庆时演的《穆桂英挂帅》等等，这三个戏都是非常有意义的。

为什么在他去世一周年的时候发行这套邮票，就是要把他的艺术把他的品德，把他一生的诚信、爱国，把他的忠诚、爱心，传扬下去。

我父亲有一件事儿很令人感动。我父亲第二次去日本，就是1924年去给那个被火烧掉了的国立大剧院募捐，演出完了以后可能是累了，得了胃炎。当时全船人都回来了。有一个老大夫给我父亲看病之后对他说，你不能走，他说你这个胃里整个发炎了，如果你要坐船一个月，你在船上要发生点什么，就麻烦了。所以，我父亲又在日本多待了二十多天，老大夫把我父亲的病完全看好了之后，我父亲才返回国内。回国以前，我父亲问他喜欢中国什么东西？他说我就喜欢中国的景泰蓝，还有就是袖口、领带。我父亲说我再来的时候一定给你带一对景泰蓝。后来日本发动侵华战争，我父亲就把这事搁下了。所以等到1956年又要去日本的时候，我父亲还记得这事儿，说向当时救过我命的老大夫要的景泰蓝一定要带去。他到市场买了最好的景泰蓝，以及袖口，还有装饰品等都带去了。

当年老医生的地址、姓名他还留着，后来听说这老医生已经去世不少年了，可是

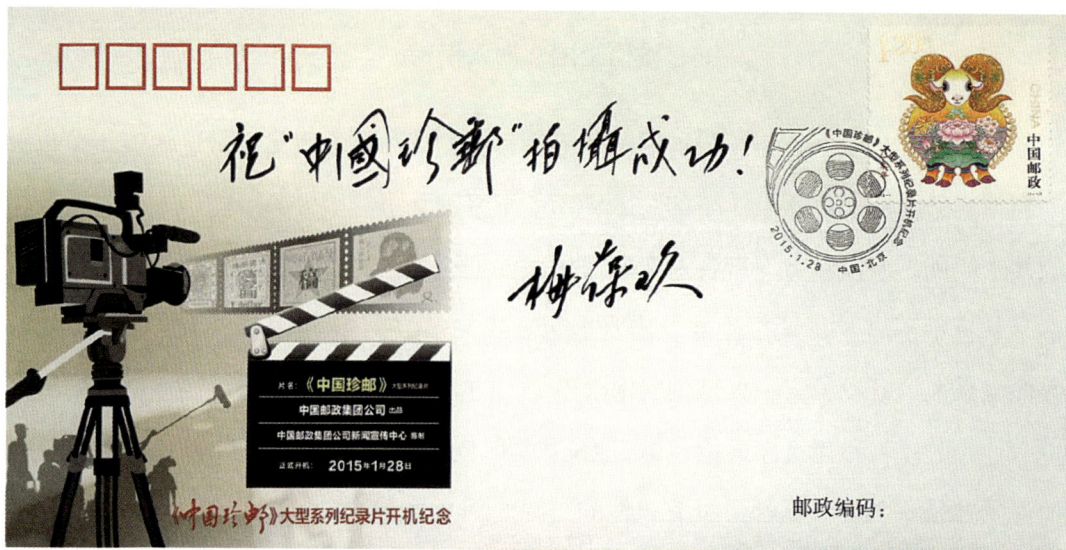

梅葆玖接受作者采访后为纪念封题词

他老伴还在,老伴那时候已经90多岁了,孙男娣女也都有,我父亲就定下日子去拜访了。我父亲一进屋就看到他的遗像了,我父亲说当年我在日本生病的时候,您给我治好了病,您要的这些东西、袖口我始终没忘,我给您带来了。可是事隔这么多年,您已经升天了,这些就作为我的一个心意,放在您的相片头里,然后给他三鞠躬,这令在场的人和家属非常感动。

因为我父亲说这不能忘,当时他救过我的命我能忘吗?所以我父亲一直想着老医生要的东西,最后把这些礼品给他带去,这是一段佳话。就证明中日之间的友谊、人民之间的友谊没断,他们对梅兰芳,梅兰芳对老医生这感情还都在。在日本的很多报纸都报道了这件事,一致赞扬梅兰芳这人伟大,事隔了这么多年,两国又发生了矛盾,但是他还没有忘掉这个老大夫给梅先生看病要的东西。我觉得这也是值得咱们青年人学习的,为人要诚,要做到诚信。

采访结束。我请梅葆玖先生在《中国珍邮》开机的纪念封上提几个字,梅先生略一沉思,挥笔写下了:"祝《中国珍邮》拍摄成功! 梅葆玖。"

谨以此文表达对梅葆玖先生的追思与怀念,祈望梅葆玖先生一路走好!

才华横溢　英年早逝

新中国早期邮票设计师韩象琦的短暂人生

韩象琦这个名字，对于今天的人们，知道的已经很少了，但是细心的集邮者，就能在洋洋洒洒的《中华人民共和国邮票目录》里，找到这位才华横溢邮票设计师的踪迹。

在《中华人民共和国邮票目录》里，共有四套邮票和韩象琦有关。其中，"特18"《儿童》邮票是由韩象琦独立设计的，另外三套邮票是其与他人合作共同完成的。一套是"特35"《人民公社》，这套邮票一共12枚，韩象琦设计了第2枚（工）和第4枚（商）；另一套是"纪63"《世界和平运动》，这套邮票是与刘硕仁合作；还有一套是"纪72"《第一届全国运动会》，韩象琦设计了第3枚（射击）、第11枚（武术）和第14枚（自行车）。

韩象琦独立完成的《儿童》邮票，设计得极为精彩，曾获国际奖。第一枚名称为"婴儿"，画面表现了一位年轻母亲正哄婴儿睡觉，母亲神态安详而优雅，婴儿长得白白胖胖，他不肯安睡在摇篮里，伸着手要妈妈抱。婴儿身边的一只布老虎，既烘托了生活气氛，又在构图和色调上起着点缀作用。母亲的身体和手臂用的都是流畅、柔和的弧形线条，表现了她的朴实、善良和温柔。背景的荷花莲蓬，是最富于民族性的一种装饰花样，它象征吉祥、幸福、和平。这枚邮票宁静而富有诗意，画面上所用的色彩

《儿童》

是民间艺术常用的原色，色调鲜艳、明朗。

第二枚为"浇花"，画面是在高高向日葵的浓荫下，两个穿肚兜的儿童在浇水，童趣盎然。他们模仿大人的动作，儿童稚气惹人喜爱。画面采用了夸张的手法，线条粗阔，色彩对比强烈，画面活泼生动。

第三枚为"游戏"，画面上红漆木架上摆着青花缸，缸里长着慈姑叶，两个戴着花脸面具的儿童绕着青花缸捉迷藏。正面的一个取下面具在偷看，顽皮十足；另外一个手持红缨枪，另一只手扶着青花缸在小心地前行，动作生动活泼，整个构图匀称而有变化。

第四枚为"放船"，画面是少先队员在户外活动，他们在河边试放着自己做的小帆船，表现出新中国儿童爱科学、爱幻想、聪明智慧的面貌。作者采用夸张手法表现鸡冠花的高大丰盈，以此作衬托，别有一种活泼、热情的气氛。

从《儿童》邮票的设计以及其与他人合作设计的邮票来看，韩象琦的绘画水平高超，画面布局也别出心裁的。特别是《儿童》邮票可以看出韩象琦的观察能力、细节把握、色彩掌控都有独到之处，非一般人所及。韩象琦1955年从中央美院研究生班毕业，在张仃先生的力荐下，分配到邮电部从事邮票设计工作，短短的三四年时间就对邮票设计规律掌握得如此娴熟，令人赞叹。但奇怪的是，从1960年以后我在《中华人民共和国邮票目录》里，再也找不到韩象琦设计的作品！这是怎么回事呢？究竟是离开了邮票设计岗位不再从事邮票设计，还是……

这个谜团究竟由谁来帮我解开呢？

曾经和韩象琦一起工作过的同事，大多已不在人世。在世的，部分人得病在家，极少露面；健在的也已进入耄耋，在家颐养天年。贸然打扰他们的生活，向他们请教，这事做得还是做不得？这让我踌躇不已。但这个谜团不解决，我做梦都在寻找答案！不得已，我还是拨通了邵柏林先生家的座机，尽管我家离邵先生家很近，但我们有个约定，尽量不登门打扰老人家的平静生活。通通电话，聊聊家常，互致珍重，通话也是有话则长，无话则短。

几句寒暄，直入主题。

电话那头的声音依然洪亮：没问题！

在邵柏林家的对面有家"兔头老妈"餐馆，冬日午后的阳光斜晒进来，餐桌上犹如铺上了一层金。一杯茉莉花茶，邵柏林的话匣子打开了。让我这个晚辈惊诧的是，真不知老天怎么这么眷顾邵柏林，六十多年前的往事不仅来龙去脉记得清清楚楚，每个人的音容笑貌讲起来都犹在眼前，这种记忆力真是世间少有！

韩象琦和邵柏林同是中央美院1950年入校的同学，但不在一个系，邵柏林在实用美术系，韩象琦在绘画系。1953年邵柏林毕业，分配到邮电部从事邮票设计工作，而韩象琦的绘画天赋在学校则被激发出来，最后被留校到新成立的国画彩墨班继续学习，师承张仃、李可染、叶浅予、李苦禅、田世光。你想想，在这些大家的指导下，韩象琦的绘画水平能差得了吗？

韩象琦在学校也是活跃人物。20世纪50年代美院最有趣的活动是每年举行的新年联欢会，策划人和导演是学生中的"大活宝"蔡亮，这个人组织能力强，每年的联欢会都由他策划。1952年的新年联欢会是一场"大马戏团"，由学生们扮演各种杂耍。韩象琦扮演了一个天桥耍坛子的民间老艺人，穿了一身灰色长袍，坛子是美院塑料系用废报纸糊成的，耍起来干净利落，博得阵阵喝彩，从此同学送他外号"大象"。

在校期间，张仃、李可染两先生曾带着韩象琦和其他同学到颐和园写生。颐和园有一处地方叫"画中游"，地处万寿山前西部，"画中游"的亭台楼阁别具一格，各建筑物之间以爬山廊连接，利用山形地势的高低，筑有不同高度的平台，而且建筑的不同形体相互搭配，构图丰富。登阁眺望湖光山色，犹如置身画中。相传这"画中游"

是乾隆皇帝亲自设计的。据说，当初乾隆三下江南，回到北京后便想仿照江南景致造清漪园。他先找来工匠制作模型，可模型完成后他总觉得听鹂馆后空着块地方不合适，找人设计了多种图样均不满意。乾隆日思夜想，后于梦中见一白须老者带二使女前来，使女手中各持一画轴，打开后是两幅画着亭台楼阁的图画，美妙绝伦。老者邀乾隆去画中一游，梦醒后乾隆把梦中所见画了下来，命内务府制成烫样，按图施工，形成了现在的"画中游"所在。韩象琦用画笔精彩地将"画中游"搬到了纸上，后被学校选送到华沙青年节上并最终获奖。

本来中央美院国画研究班是培养师资的，但韩象琦新中国成立前是兵工厂的车工，文化水平不高，只有小学水平。经张仃等几位老师研究，认为韩象琦做老师不太合适，就这样把他分到了邮电部，也从事邮票设计工作。由于邵柏林和他是同学、同乡，艺术上也聊得来，因此二人成了形影不离、无话不谈、推心置腹的好朋友。

韩象琦的爱人是北京国棉三厂的纺织女工，善良贤惠，从不多说多道，是一个凡事都隐忍退让的妇女。当时，单位分给他们的住房在东华门路北一间二层楼的小屋，距离路南的剧场仅二三百米远，韩象琦是个戏迷，一有角儿的戏必定要光顾。受韩象琦的影响，邵柏林也爱上了京剧，叶盛兰、杜近芳的《柳荫记》，裘盛戎的《姚期》……至今回味无穷。这样一个热爱生活、多才多艺、家庭幸福的韩象琦，居然在中央美院研究生毕业后的第五个年头，即1960年初突然自杀，没有留下只言片语，把一切悬念留给了身后！

为什么？他究竟碰到了什么事，让他必须以结束生命作为代价？

拨开历史的尘埃，往事不能如烟呐！

20世纪50年代初，正是新中国如朝日蓬勃向上的时代，推倒了三座大山的人们，以忘我的热情建设新中国，憧憬新生活。从学校走上社会的邵柏林、韩象琦也被这种欣欣向荣的情绪感染，以炽热的情怀投入到社会主义建设的高潮中。但是，一心要报效祖国的艺术青年，工作中碰到的最大困难就是部分领导瞎指挥，这与他们追求艺术、创作出无愧于这个时代的优秀邮票图稿的愿望形成了激烈的碰撞！

几个从中央美院毕业的学生苦闷、彷徨，他们不知路在何方？

1956 年 5 月中旬的一天，刘硕仁、邵柏林、韩象琦三人走进了中国美术家协会的三楼，他们要向美术家协会的领导倾吐心里的苦闷。

中国美术家协会的党组书记蔡若虹、副书记华君武接待了这几位年轻人，当美协领导听了他们的反映后，蔡若虹勃然大怒，霍地站起来，拍着桌子说："这太不像话了，我要向周总理报告！"华君武接着说："你们反映的情况带有普遍性，类似情况不止你们一个单位的问题，你们把它写出来，我拿到《人民日报》发表！"

回到局里，大家一致推举邵柏林执笔，然后交由大家看后同意，一一签上自己的名字。

1956 年 8 月，人民美术出版社编辑出版的《创作与出版》第一期刊登了《邮票设计工作者的苦闷》（以下简称《苦闷》）一文。

以下是《苦闷》全文：

邮票设计工作者的苦闷

编者按：这篇文章是从几个邮票设计工作者写给蔡若虹、华君武同志的一封信中摘录下来的。所提的问题，在其他设计工作上也同样不同程度上存在着。

邮票的发行数量大，流传广，接触面也宽，本身虽然小，但它的影响是非常大的。但是，我们在工作中也遇到了不少困难，使我们苦恼过，同时也使我们的工作没有很好地开展。

我们的困难是：

印刷水平低——这个问题已解决（明年成立工厂）。

设计人员思想、业务水平低——今后要组织社会上的美术家设计，这可以解决一半问题。另一半须自己克服缺点，努力提高业务水平，以求得解决。

关于邮票创作方面存在很多困难和问题，特别是对于艺术创作采取简单的行政方式来领导。

例如：

1.最近设计的一套风景邮票，内容为桂林、黄山等。送审时，部长批示道："风景邮票意义不大，不发行。"但群众却一再来信要求发行风景邮票。

2.不久以前我们设计了一套储蓄邮票，作者采取了装饰性的表现手法。用装饰图案做底纹，中间一颗储蓄徽。处长说："群众接受不了这种东西，最好画上人物去银行取款。"

3.再如今年发行的首都风景邮票。图案内容有颐和园、北海、天安门、天坛、故宫。颐和园图，作者为了表现季节和构图的需要，拟在前景上加垂柳。处长说："加不得，因为外国邮票上从来没见过在前景上加柳树的。"作者为了使这套邮票统一，五枚邮票的票型尺寸一致。处长认为："颐和园不能和其他四个图一样大小，因为颐和园的面积比其他四个地方都大。根据艺术创作的原则，形式要服从内容，内容既大，那么形式也要大。因此颐和园图的票型尺寸要大于其他四个，否则强求统一，结果必然导致内容服从形式，有陷入形式主义泥潭的危险！"作者提出解释时，处长又引苏联的根据说："苏联邮票有大有小，这就是先进经验，你不要保守。"

4.最近设计的一组青年生活邮票，其中有枚是表现青年人锻炼身体，踢足球，背景是蓝天白云。送审时，副局长问道："为什么背景不画工业化呢？这样不是可以明确地表示出青年人锻炼身体是为了建设祖国、保卫祖国吗？而且旧中国和新中国的天空有什么区别呢？这又如何说明这些青年是生活在新中国呢？"

5.我们曾经选过一组首都风景建筑特写准备印刷明信片。有些领导同志看了，认为这样不全面、不完整。要介绍九龙壁一定要九条龙，十七孔桥一定要十七个孔。

6.又如在一次会议上某领导同志，对我们设计邮票采用立长方形提出意见。他认为，立形邮票和文字横写精神不符合，特别是以后我们都用西式信封了。

7.我们设计的邮票和明信片是由部委会议审核决定的。参加这个会议的都是高级行政领导，却没有一个美术工作者，即使有意见也没有机会和部委会议的决定商榷。有些创作上的技术问题，我们和领导上的意见有分歧或争论时，我们常听见这样说法："我是接受你们作品的第一个群众，专家也要考虑群众的意见。你们搞技术的，就是太自信了。"

同时，对于我们要求有体验生活的机会和时间，领导只是口头上答应，而实际上很少支持。认为下去，太浪费时间，不一定解决问题。一位局长说："农村那么大，你能看到什么？……"

领导上怕受坏的影响，不愿叫我们看资本主义国家的邮票。

我们写这篇东西是提出我们的困难，请美协帮助。当然必须肯定我们的领导同志也给我们提过不少正确的意见，我们自己也有不少缺点。

我们要求改变目前这种不好的工作状况，同时我们也决心改进工作，完成祖国的托付。

刘硕仁　邵柏林　卢天骄　万维生　吴建坤　韩象琦　孙传哲

1956 年 6 月 14 日

《苦闷》发表后，邵柏林立即向邮电部领导原原本本地报告了事情的经过和美协的态度，邮电部领导和邮政总局的领导事后都对几个年轻人反映的问题给予了积极评价。

1957 年 6 月 8 日，《人民日报》发表了《这是为什么？》的社论。

命运似乎并没有眷顾韩象琦，他也被定为"中右"，从此被下放浙江长兴劳动改造。

1959 年夏天，回到北京的韩象琦和设计室主任孙传哲发生了激烈冲突，他质问孙为什么把好的题材留给自己，把难弄的题材给他？盛怒之下，韩象琦掏出工作证撕个粉碎，啪地扔在地上不干了，拂袖而去……

后来，中央各部委在北京十三陵建了很多农场。韩象琦被分配到这里，进行劳动改造，同时把他的户口也迁出了北京。韩象琦想不通，凭什么把我下放？凭什么把我的户口迁出北京？

一个满怀激情、对新中国充满希望的青年，连续遭受打击，韩象琦受不了了，终日闷闷不乐，郁郁寡欢。就在韩象琦回城里休假期间，将家里的钱票、粮票一股脑全部搜罗光，偷偷跑了。整个农场，以至于邮电部，没有人知道韩象琦去了哪儿，他居然无声无息地消失了。

邮电部保卫处急电全国邮电管理局：发现此人，立即送回北京。

终于，在湖北武汉，韩象琦出现了。原来他出走时所带的钱和粮票都被扒手偷光了。那年月，钱没了可以借，粮票丢了可寸步难行。不得已，他终止南下，最后被湖北省邮电管理局送回了北京。

应该说，对这样一个无组织、无纪律的年轻人，所有人都认为，等着韩象琦的必定是被严肃处理，但韩象琦遇到了宅心仁厚的领导：屈井河。

老屈没有处理他，还长时间地开导他：现在农活也不忙，你是学画画的，这北边是长城，南边是十三陵，没事的时候你可以出去走走，写生，画画，不是很好吗？

此时，韩象琦对画画已经没有了丝毫兴趣，等待他的究竟是什么呢？

1960 年春节到了，十三陵农场的人们陆续回北京过年。年假一过，人们又陆续返回农场，但韩象琦没有回去。正在大家四下寻找打听他的下落时，大队部突然接到北京急电：韩象琦在前门外一家小旅馆自杀了！

据旅馆介绍，临近中午服务员要打扫客房卫生时，叫门无人应，遂破门而入，发现客人竟吞服了一整瓶多达 100 片的安眠药！旅馆急忙送医院抢救，可惜为时已晚，无力回天。

就这样，一个才华横溢、对新中国充满憧憬的邮票设计师，在屡遭磨难之际竟以这种极端的方式了却一生，不能不令人扼腕痛惜！

踏破铁鞋　终有惊喜

《齐白石作品选》特种邮票设计过程中鲜为人知的一段往事

　　1980 年 1 月 15 日，多达 16 枚一套，外加一枚小型张的特种邮票《齐白石作品选》正式发行，这是文化大革命以后我国邮政部门发行的首套多于十枚的大套票。精彩的画面、优美的设计，外加人见人爱的好题材，立即吸引了集邮者的眼球。1981 年，《齐白石作品选》特种邮票被评为 1980 年度最佳邮票。40 多年过去了，当年这个选题为何要发行 16 枚？设计过程中有哪些鲜为人知的轶事？最近，笔者与该套邮票的设计者、著名邮票设计师邵柏林先生的一次长谈，才揭开了 40 多年前那一段鲜为人知的往事。

　　邵柏林先生，当代著名邮票设计师、摄影家，1953 年毕业于中央美术学院实用美术系，后进入邮电部专门从事邮票设计工作。邵柏林以"艺术创作是一种严肃的使命与真诚的呼唤"为准则，精心设计了《殷代铜器》《牡丹》《齐白石作品选》《西周青铜器》《曾侯乙编钟》《庚申年》《簪花仕女图》《故宫》等一系列为集邮者所津津乐道的珍稀邮票。1985 年，被邮电部任命为邮票发行局总设计师。在他的主持下，20 世纪 80 年代后期集中出现了一批设计质量上乘的邮票佳作，形成了新中国邮票史上第二次设计水平的高峰。

　　1979 年初，党的十一届三中全会召开后的第一个春天。新春伊始，万象更新，祖

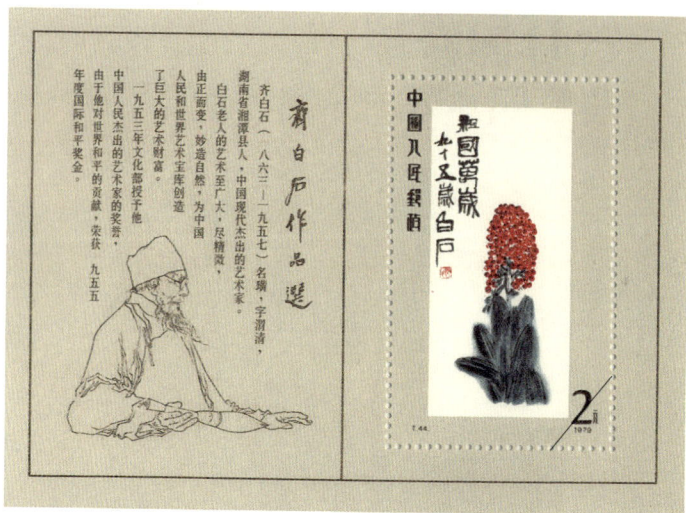

《齐白石作品选》（小型张）

国改革开放的大幕正在徐徐拉开，邮票发行部门对邮票题材的选择也更加多样化。就在此时，《齐白石作品选》被列入1980年的邮票发行计划。这套邮票题材被确定之后，发行枚数并没有确定。《齐白石作品选》怎么出，出几枚？都由设计者提出方案后报局定。邵柏林对这套邮票内容的选择非常慎重，他十分清楚齐白石先生是中国近现代著名艺术家、世界文化名人。如论渊源，白石老人不仅是中国美术家协会主席，也曾任中央美术学院的名誉院长。这样说来，他们之间还是"师生关系"呢！邵柏林清楚地知道这套特种邮票的分量，他要在认真调研的基础上拿出方案。邵柏林认为，白石老人一生创作颇丰，据闻逾万件，要把这套邮票出好，必须详细了解齐白石先生的生平，遍访齐白石先生的画作，包括博物馆馆藏的、流入民间的，以及在名人手中的作品，只有这样才能把《齐白石作品选》邮票内容选择好、发行好。

早年，齐白石居住在北京劈才胡同内的跨车胡同13号，从50岁起一直到去世前，齐白石绝大部分时间都是在这里度过的。在这个小院里，白石老人创作了大量艺术作品，小院也陪伴他走过了晚年艺术最辉煌的时期。春节过后，邵柏林数次拜谒白石老人的旧居，特别是老人居住的北屋，每每至此，必怀恭敬仰慕之心，观察每一个精心保留下来的历史印迹，并与齐家的后人多次长谈，请他们详细介绍老人的生平事迹和轶闻趣事，也拍摄了齐家珍藏的老人最后的墨宝。紧跟着，邵柏林又遍访北京各博物馆，搜集齐白石先生的资料和作品。点滴如涓，沁润心泽。邵柏林对《齐白石作品选》内容已有一个大概的轮廓。首先，邵柏林为这套邮票定下两个原则：一是要精选白石老人最得意的花鸟画作品；二是只选择条幅的作品，因条幅作品最有中国特色。

在遍访齐白石先生画作的过程中，邵柏林始终有一件事割舍不下，就是要找一幅齐白石的"螃蟹图"。为什么呢？这还要从当时的社会背景谈起。1979年，是中共中央一举粉碎"四人帮"的第三个年头。人民群众对"四人帮"的倒行逆施深恶痛绝，邵柏林更是在文化大革命中遭受了"莫须有"的迫害。对"四人帮"，老百姓早就有个比喻：他们就是四只横行霸道的"螃蟹"，如果在《齐白石作品选》中有一幅螃蟹图，岂不是好？

邵柏林遍寻了当年坊间、琉璃厂、荣宝斋，虽然见识了不少白石老人画的螃蟹，但不多不少只有四只的螃蟹图却难见踪影。

齐白石先生一生曾收过不少弟子，其中许麟庐先生也是老人的高徒。1945年经国画大师李苦禅先生引荐，许麟庐拜齐白石为师，前后13年伴其左右，研墨展纸，耳濡目染，潜心学习，其画作深得齐派真谛，20世纪70年代许麟庐已成国画大家。邵柏林听说许麟庐先生藏有不少老人的画作，便慕名登门拜访。许麟庐一听为齐白石先生发行邮票，慨然应允，并将多年收藏齐白石先生的作品悉数拿出，供邵柏林遴选。邵柏林将花鸟鱼虫的条幅作品一一拍照，但许先生所藏多幅作品中仍然没有邵柏林心中"订制"的"四只螃蟹"。

邵柏林打听到，一些美术大家也都收藏过齐白石先生的作品，能不能从他们那里找找看呢？邵柏林凭着这股执着劲，敲响了张仃先生的家门。张仃先生既是我们党的老干部，又是中国工艺美术界德高望重的著名艺术家，中央工艺美术学院就是在张仃先生的主持筹备下于1955年创办的。他不仅参与主持了中华人民共和国国徽的设计工作，也是新中国第一套纪念邮票《庆祝中国人民政治协商会议第一届全体会议》的设计者之一。邵柏林在中央美院读书时，曾师从于张仃先生。文化大革命之后师生再次相见，不胜唏嘘，共庆祖国春回大地。张先生虽有白石老人的几幅精品，但仍难觅"四只螃蟹"的踪影。

邵柏林没有气馁，他坚信在齐白石先生一万多幅画作里，一定有一幅"四只螃蟹"在某个角落里等着他来"捉"。邵柏林又先后拜访了吴作人、李可染、李苦禅、黄永玉等艺术家，遗憾的是，他想找的"四只螃蟹"依然没有下落。

斗转星移。1979 年初夏来到北京，绿草茵茵，百花盛开。邵柏林无心欣赏大地的美景，他念念不忘的仍然是挥之不去的一幅画稿——"四只螃蟹"。

苍天不负有心人，邵柏林想到了母校——中央美术学院。齐白石先生曾是中央美院的名誉院长，院里自然收藏了老人不少精品佳作。当中央美院图书馆负责人把老人的作品一一展示时，突然一幅"四只螃蟹"惊现眼前。画中题道："我且看你行不休"。这简直是冥冥之中的天赐之作，果然应了那句话："众里寻他千百度，蓦然回首"，那画就在唾手可得处！但令邵柏林不解的是，这幅画上竟被墨笔画上了大大的"×"！据美院图书馆人员介绍，这幅画在文化大革命期间曾被诬为"攻击党、攻击社会主义的大毒草"，并被画上了大大的黑"×"。邵柏林兴奋劲还没过去，就又蒙上了一层阴影：这个大黑"×"如何被修掉呢？为了使整套邮票尽善尽美，邵柏林只好忍痛割爱，继续找！

北京画院曾在北京东城区雨儿胡同，是一所标准的四合院，新中国成立后，齐白石先生曾在这里居住过一段时间。当时由于齐白石在世界文化界的影响，常有苏联和东欧社会主义国家的外宾慕名到齐家拜访索画。由于西城区跨车胡同 13 号的小院不大，齐家人口又多，不适宜接待外宾。在周恩来总理关心过问下，文化部拨专款为齐白石在东城区的雨儿胡同购买了一座四合院，专供白石老人居住和作画。这座四合院原为清代内务府一位总管大臣的房子，规整，清净。齐白石搬入不久，便觉得与家人及儿孙们相聚的天伦之乐没有了。在他的一再坚持下，居住不久又迁回西城老屋了。随后，这个小院便改为"齐白石纪念馆"。文化大革命中"齐白石纪念馆"被撤销，北京画院迁至此。齐白石先生在世时，曾担任北京画院的名誉院长。邵柏林了解北京画院成立的来龙去脉，但究竟有没有要找的东西呢？去，找院长！俗话说，打破砂锅问到底。可邵柏林一定要见到"底"，这是他的性格，在邵柏林的字典里，绝没有"半途而废"这个词。

北京画院的崔子范院长接待了他，说明来意后，院长嘱咐秘书把院里齐白石先生的藏品取出来，供邵柏林遴选。他对北京画院的藏品一件件进行拍照，时近中午，院里的工作人员都午休了。邵柏林闲来无事，在画院的资料室翻阅报刊，打发时间。这时，资料室的一个小伙子走过来，询问邵柏林：您在等人吗？邵柏林便将来意和盘托出。小伙子一听要给白石老人作品发行邮票，沉思了一下说：北京画院保管的一批白石老人自己珍藏的作品刚刚从战备库转出来，您明天中午来吧，看看有无需要的作品。邵柏林听后甚是惊喜，他觉得希望就在明天！

第二天中午，邵柏林如约而至。小伙子搬出来一个个木箱子，每个木箱长约1.5米，宽50公分，像是一个装"三八大盖"的木头做的盒子。箱子没有刷漆，里面包裹着用来防潮的油纸。打开箱子，每个箱子里都装有20—30幅齐白石的作品。这些作品都已装裱，但去了画轴的轴芯。一个个箱子被打开，啊！邵柏林一看到这些作品，惊得目瞪口呆！箱子里齐白石的作品有花鸟，有虫鱼，有山水，有人物。作品的规格大多是条幅，每一件作品都堪称巅峰之作、绝世珍品。邵柏林饱览之余，如醉如痴！原来，北京画院所藏的都是白石老人在世时最精心、也是最满意的作品。他保留下来的这些作品是从不外卖、从不送人的。1969年，中苏边界紧张，毛泽东提出：深挖洞，广积粮，不称霸。为了准备打仗，一批珍贵文物、字画都被保护起来，白石老人的三百多幅作品也被转移至战备库，文化大革命结束后这批作品才被转移出来。

最令人意想不到的是，邵柏林在浏览这些珍品过程中，一副齐白石所作的"四只螃蟹"跳入眼帘。画面上一架烛台，红红的蜡烛下，一个酒壶，一只酒杯，盘子里是四只被蒸熟的螃蟹，盘子外边还有几只被扯下的螃蟹腿，好像就等着观者来尝鲜！真是应了那句话：踏破铁鞋无觅处，得来全不费工夫。白石老人的题款更是若有神谕："有蟹盈盘，有酒盈壶，君若不饮，何其愚也。"这真是当时全国人民对粉碎"四人帮"大快人心的写照。邵柏林知道，这才是他苦苦寻觅邮票图案的不二之选！

资料室的小伙子原来是清朝末代皇帝溥仪的外甥，是北京画院的工作人员。每每提到此事，邵柏林至今仍然对这个小伙子的鼎力相助心存感激。

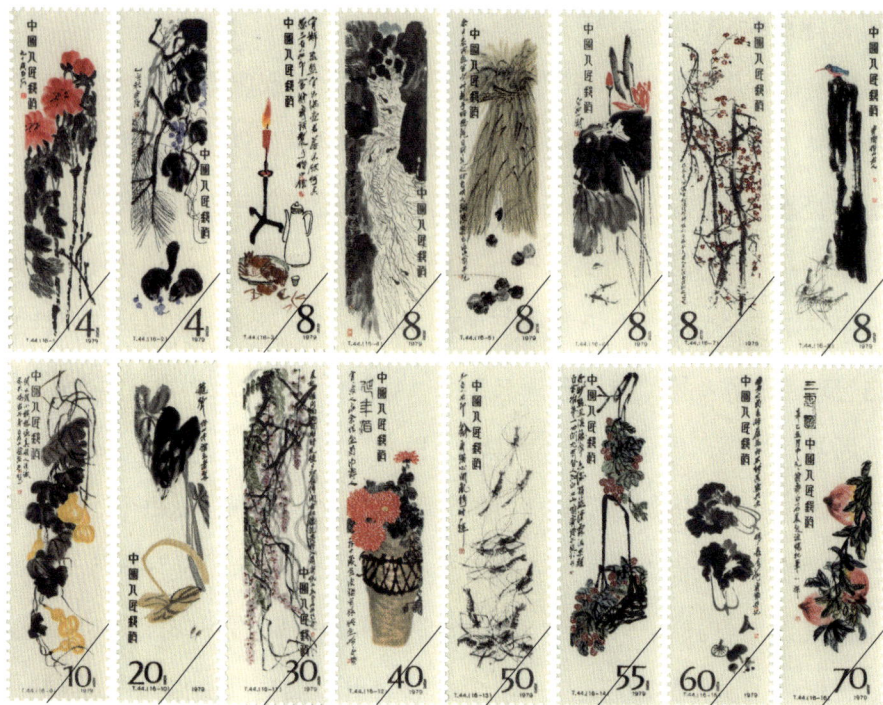

《齐白石作品选》特种邮票

　　面对这批齐白石精彩绝伦的作品，邵柏林重新对原方案进行了调整，以这批精品为主，设计了16枚一套，外加一枚小型张的邮票方案。16枚邮票分别是：（16-1）牡丹；（16-2）松鼠葡萄；（16-3）酒蟹图；（16-4）蛙声十里出山泉；（16-5）小鸡；（16-6）荷花；（16-7）红梅；（16-8）翠鸟；（16-9）葫芦；（16-10）秋声；（16-11）藤萝；（16-12）菊花；（16-13）虾；（16-14）荔枝；（16-15）白菜蘑菇；（16-16）桃。

　　1980年1月15日，精美的《齐白石作品选》特种邮票正式发行，并获得当年最佳邮票设计奖。

浓墨重彩　古朴浪漫

中国古典文学名著邮票的设计特色

中国古典文学源远流长，灿若群星，产生过《诗经》《楚辞》《史记》、两汉魏晋的辞赋和乐府、唐诗、宋词、元曲、明清小说等大量优秀的文学作品，也诞生过无数享誉中外的不朽文学名著。古典文学是新中国邮票中影响很大的一个系列，始于1958年发行的《关汉卿戏剧创作七百年》纪念邮票就是其一。

关汉卿，号已斋叟，大都（今北京）人，生卒年不详。关汉卿擅长填词作曲，吹拉弹唱、舞蹈、对弈等，样样精通。他一生从事戏剧创作，并常与著名艺人一起粉墨登场，被誉为"梨园领袖"。关汉卿一生创作的杂剧现已知有六十余种，多数已散佚。他的作品情节生动，人物语言质朴、性格鲜明，其中表现得最为成功的是那个时代妇女的苦难遭遇和斗争精神。这些作品数百年来久演不衰，令人难以忘怀。

1958年，世界和平大会理事会决议把关汉卿列为世界文化名人。我国隆重举行纪念关汉卿戏剧创作700周年活动，当时有一千多个剧团在全国各地同时上演他的剧作。同年6月20日，邮电部发行"纪50"《关汉卿戏剧创作七百年》纪念邮票，全套三枚，包含了《蝴蝶梦》和《望江亭》两部名著。6月28日又发行"纪50"M邮票小全张，《关汉卿戏剧创作七百年》全套三枚，第一枚棕黄底衬，靛绿色，采用明人所绘关汉

《关汉卿戏剧创作七百年》

卿元曲作品《蝴蝶梦》插图；第二枚邮票图案采用了一幅关汉卿画像。历史上关汉卿的像没有能够传下来，这幅画像是中国当代画家李斛为纪念关汉卿戏剧创作 700 年而创作的。人物肖像吸取了中国传统的民族画风格，那稀疏而飘逸有致的三绺胡须、炯炯有神的目光，给人一种气势雄浑的感觉。他那只伸在胸前的右手，仿佛在研墨，又仿佛要拿起笔，配合那豪迈的气概，生动地揭示了关汉卿热情爽朗、勇敢豪放、刚正

中国古典文学名著《聊斋志异》

不阿的性格特征；第三枚邮票图案采用了明版《元人杂剧选》中黄德珍为《望江亭》创作的插图。这是新中国邮票设计师第一次在古典文学名著上的设计尝试。

以邮票画面表现古典文学名著难度很大，人民群众心目中的文学形象和画家笔下的艺术形象往往有一定距离。从已发行的《西游记》《红楼梦》《西厢记》《牡丹亭》《水浒传》《三国演义》《聊斋志异》《儒林外史》等古典文学名著邮票效果看，欲体现其韵味，必须取其精华，浓缩为宜。

我国先后为九部古典文学名著发行了邮票，这些邮票设计可以分为三个发展阶段，设计思路和布局也存在明显的差异。由于新中国邮票选题在相当长时间并未将古典名著列入，1958 年发行的《蝴蝶梦》《望江亭》两枚邮票实际上是以《关汉卿戏剧创作七百周年》这一主题邮票而带出来的两部代表剧目，两枚邮票各用两出戏剧中精彩情节来表现的方式，纪念戏剧家关汉卿。

《中国古典小说——西游记》

1979—1984 年发行的"T43"《中国古典小说——西游记》、"T69"《红楼梦——金陵十二钗》、"T82"《西厢记》、"T99"《中国古典文字名著——牡丹亭》四套邮票，主题已完全定位在古典文学名著本身，采取一部作品用一套邮票反映的方式，其中还有三套发行了小型张。

从 1987 年起，陆续发行的《水浒传》《三国演义》《聊斋志异》《西游记》《红楼梦》邮票，分别采取将一部作品分为数组多年发行的系列方式，邮票和小型张的枚数、设计发行持续时间均创纪录，可以说三个阶段使古典名著邮票设计迈上了三个台阶。

从1979年起，我国邮票选题正式列入古典名著。这时设计者面临的一个重要问题，就是如何将一部文学著作变成一组微型图画。

文学作品邮票的表现方式通常有两种：一种是以人物为中心，即把作品中的主要人物一一描绘出来，《红楼梦——金陵十二钗》就是采取这种方法；另一种是以作品的主要故事情节为线索，按照故事内容顺序排列，其他几部古典文学作品都是采用这一方法来表现的。

《双玉读曲》（小型张）

古典名著设计的难处还在于邮票的枚数、票幅设置及绘画技法的选择。

《西厢记》和《牡丹亭》等戏曲文学，人物较少，情节也比较简单，用四枚邮票和一枚小型张来表现作品内容恰到好处。《西游记》为明代小说，人物比较多，情节也较复杂。大型文学作品邮票以配设小型张为宜，这样能将作品中最精彩的内容绘于其上，起到画龙点睛和烘托作品艺术气氛的作用。《西厢记》邮票在开始公布设计图案时，只有四枚邮票，内容显得单薄，经讨论后增加了"拷红"这枚小型张，取得很好的艺术效果。《红楼梦》邮票有"双玉读曲"这枚小型张，也增强了其艺术感染力。

"T43"《中国古典小说——西游记》邮票票面上绘有较多人物和背景，用30×40mm的票幅，图像显小。自《西厢记》开始，古典文学邮票采用较大票幅，人物线条鲜明，背景图像清晰可见、美观大方。其中《西厢记》票幅50×60mm，堪称新中国邮票票幅较大者。

历时十年交替隔年发行的《水浒传》和《三国演义》两大古典名著系列邮票，均分为五组，每组四枚邮票，并各有三枚小型张，规模之大、历时之长均属罕见。

《水浒传》第二组

这两套系列邮票题材相同，邮票图案均表现的是战斗场面，只不过《三国演义》为军事战争题材，《水浒传》为农民战争题材。由于这两部小说人物众多，头绪纷繁，虽是系列大套票，但其表现容量和内容浩瀚的小说相比，毕竟有限。因此，如何在有限的23个画面上体现原著的精髓和气质，首先要解决的是情节选择。《水浒传》邮票设计在情节选择上注重神奇怪异，如在"T138"第二组所选的"武松打虎"是一段高度夸张、富有传奇色彩的情节；"黑旋风斗浪里白条"则是一场有趣的打斗，适合绘画表现。

对图稿构思讲究分可独立、合则完整。如在"T167"第三组里所选的"梁山泊戴宗传假信""一丈青单捉王矮虎""顾大嫂登州大劫牢""孙立计破祝家庄"等四枚票以及"四路劫法场"的小型张，都可作为独立的故事，然而，串起来却成了第39回至50回的完整情节。

《水浒传》邮票图稿均由周峰一人创作，风格一致。他在绘画技法上追求的是古今结合，突破形式。以我国传统的工笔重彩画法为主，同时兼收其他画种的优点。除了借鉴宋代绘画和造型之长，也力求融进现代绘画的审美观念。为了求得绘画形式上的突破，体现一种写意性、时代感和生活趣味，夸张处理了人物形象。

在情节选择上，《三国演义》邮票的选题采取以蜀汉为中心，抓住三国矛盾斗争的主线，提炼选择其中最著名的情节为基本内容，每一枚画面有一个独立的故事，又有承上启下的联系，23个画面串起来即是一部完整的《三国演义》。描写战争是《三国演义》的艺术精华，因此邮票选择的战争情节占总数三分之二还多。

同是战争情节的邮票，如不从整体考虑就会造成画面雷同，缺乏艺术表现力。设计者在构图上富于变化，采取虚实、动静结合，并从多角度选择画面。这里有表现波澜壮阔的大战场面，如"赤壁鏖兵"；有表现大战中最关键的突破点，如"夜袭乌巢"；有表现战争胜利后的场面，如"孔明班师"；有表现战争失败，挽狂澜于既倒，如"空城计"；有表现战争前的准备过程，如"舌战群儒""智激孙权""蒋干盗书""草船借箭"。"千里走单骑""单骑救主""大闹长坂桥"，虽都是表现战争中的"单骑"，但关羽、赵云、张飞的性格不同，行为方式也不同。

在绘画技法上，《三国演义》邮票采用中国传统工笔重彩画形式，在仿古绢上绘制而成。单纯古雅的基色，吸取民间绘画色彩，大胆使用红、绿对比色，再把白色用好，使画面艺术感染力增强。在造型上适度夸张、变形，不少画面还吸取了汉代画像砖的特点，背景处理简洁、概括，留下开阔的想象空间。有些人物通过变形更具个性；有些人物和景物合在一起，夸张了的人物使人物更突出；所有的马匹都吸取了汉马造型夸张的特点，长嘴、圆肚、细腿，更显神骏。

《三国演义》第三组

　　《三国演义》邮票图稿由两位画家创作，前二组由陈全胜创作，邮票色彩用米黄色作底色，处理得十分和谐。后三组由戴宏海创作，画面用线流畅，富有装饰画效果。五组邮票上"中国邮政"四字采用古香古色的篆书，其采益彰。此外，《三国演义》小型张亦注重形式美，构图井然有序，韵味古朴浪漫。小型张均设计成长条形，票幅为 182×65mm，创新中国小型张之最。

　　从总体上看，我国古典名著邮票的设计水平处于上升期，正逐步走向成熟和完美。

六地争办首发　原地惊现奇观

《梁祝》邮票引发的原地之争

　　20世纪80年代至90年代，西方文化的大举涌入，让一些有识之士深感忧虑：中华民族的传统文化还能传承多久？如何在青年一代中继承和发扬中华民族传承几千年的灿烂文化？

　　国家邮政局成立后组建的邮资票品司，汇聚了一批对邮票事业挚爱的青年。这个沁润着平面艺术的工作，也使他们对上述忧虑产生了共鸣。1999年，邮资票品司正式启动了传统文化相关题材的调研工作。这项工作进展得十分顺利，为什么？参加论证的专家、学者一听说要上邮票，那劲头犹如拼命三郎上战场，拦都拦不住。专家学者一致认为，邮票是"国家名片"，没有任何一种载体的印刷数量能赶上邮票，动辄数千万枚的邮票是继承和宣传中华民族传统文化的最好载体。这个选题，你们放心，我们责无旁贷，会全力以赴。

　　很快，传统文化选题推荐了两组，一组是民间传说，一组是传统节日。民间传说从历史上看，尽管不同时期的划分不尽相同，但都是老百姓对美好生活和自由婚姻的一种向往。比较一致的看法是，四大民间传说为："牛郎织女""孟姜女""梁山伯与祝英台""白蛇与许仙"。

邮资票品司对专家推荐的题材进行了认真研究，决定两组题材均列入邮票发行的选题规划中，逐年实施。对第一组中"孟姜女"这个选题，一致认为应慎重对待，因中国老百姓已经把长城和我们的人民军队联系在一起，为防止歧义，决定"孟姜女"这个选题暂缓列入邮票选题规划。同时，增加民间传说《柳毅传书》作为备选题材。

2000 年 1 月 29 日（农历腊月二十三），《春节》邮票和小型张如期发行；2001年 6 月 25 日（农历五月初五）《端午节》邮票发行，2001 年 12 月 5 日，民间传说——《许仙与白娘子》邮票发行，同时发行小本票；2002 年 10 月 26 日，民间传说——《董永和七仙女》邮票发行，同时发行小本票；2003 年计划发行民间传说——《梁山伯与祝英台》，这个消息一出，立即引起了轩然大波。

《梁山伯与祝英台》

邮票首发的原地，历来是集邮爱好者极为关注的地方，也是原地封爱好者的圣地。就在《梁山伯与祝英台》邮票还在设计中时，四省六地就已开始对邮票的首发权进行了激烈角逐。究竟是哪几个省哪几个市呢？请看，依次是浙江的宁波、杭州、上虞；河南的驻马店；江苏的宜兴；山东的济宁。上述城市不仅在新闻媒体上做足了功课，而且都有地方的党政要员登场发声。

说到梁祝，首先叩开人们记忆闸门的，无疑是风靡海内外的越剧电影《梁山伯与祝英台》和小提琴协奏曲《梁祝》。越剧《梁山伯与祝英台》是第一个将梁祝故事搬上戏剧舞台的，剧中的梁山伯乃浙江会稽（宁波）人士，与浙江上虞人祝英台在杭州同窗三载,最后引发了千古传奇的爱情悲剧。浙江宁波至今拥有很多与梁祝传说有关的文物古迹,按说宁波在这场竞争中占尽天时地利,故从一开始就胸有成竹、志在必得。但和梁祝沾亲带故的城市则明里暗里与宁波较上了劲,这就是杭州和上虞,两地一个是祝英台的籍贯,一个是梁祝同窗之地。三地之争暂且不表,再说说另外三地的因故缘由。

如果说江苏宜兴与梁祝沾亲带故,您一定认为是天方夜谭,怎么可能呢?但宜兴为争一席之地,则打起了文化大旗。先是报民政部门,成立了"华夏梁祝文化研究会",而后推出了梁祝文化"宜兴"说,江苏学术界、史志界、旅游界在研讨会上拿出了佐证:从宋咸淳《毗陵志》至明代冯梦龙的小说中都有大量文字及其他证据显示,梁山伯和祝英台系宜兴人士。同时,宜兴举办了梁祝故事大型喷绘画展,用意明确,志在必得。山东济宁的理由是微山县地面上至今有重建于明正德十一年的梁祝墓,据说是全国众多梁祝墓中最早有碑文详细记载梁祝故事的一个。济宁还拥有一支颇有建树的梁祝文化研究队伍,他们研究认为:梁祝故里在济宁。河南驻马店也不示弱,有关专家多方考证,得出了这样一个结论:梁祝故事原本发生在驻马店市汝南县马乡镇,皆因西晋元帝渡江南下,汝南大户随之迁入江浙,故将梁祝的故事带进江浙一带。

据阮其龙先生在《梁祝故事的产生和发展》一文中考证,最早记录梁祝故事的文献《金楼子》距今1400多年,而后经过历朝历代的补充发展,故事流传范围已不仅仅只有南方地区,各种版本的说唱、故事散见于全国各地。可见梁祝故事影响之深远。张恨水先生在创作长篇小说《梁山伯与祝英台》时,也对梁祝故事来源进行了考证,他发现梁祝有关遗迹有如下的不同:

(一)浙江宁波,有庙,有墓。

(二)江苏宜兴,有读书处,有墓。

(三)山东曲阜,有读书处。

(四)甘肃清水,有墓。

(五)安徽舒城,有墓。

(六)河北河间,有墓。

（七）山东嘉祥，有墓。

（八）江苏江都，有墓。

（九）山西蒲州，戏中对白表明，为蒲州人士。

（十）江苏苏州，戏中对白表明，为苏州人士。

综上所述，由于梁祝故事自产生以来，经广泛流传，在各地影响极大。千百年来，这个美丽而又悲壮的故事早已家喻户晓。各地都以梁祝家乡为荣，更为了纪念这对为追求自由恋爱化身而去的青年男女，修建了不少地面建筑，这才有了"梁公墓地到处有，英台义冢不难寻"的现象。

这场由发行《梁山伯与祝英台》特种邮票而引发的激烈的原地之争，各地其实都心知肚明，梁祝是一笔巨大的无形资产，在倡导走绿色发展之路的今天，旅游资源就是吃不尽、用不完的财富。正如某地的官员所称：这是一件千载难逢的好事，意义甚为重大，必将促进我区旅游产业、文化事业和社会经济的发展。

邮资票品司面对各地申报举办《梁祝》首发式的报告，采取了极为开放的态度：端平一碗水，四省六地同时举办。这个决定，不啻使各地又掀起了新一轮的《梁祝》热潮。

2003年10月18日，我参加了在浙江宁波举行的邮票首发式。深秋的宁波，满目青翠，气候宜人。首发式就选在"梁祝文化园"举办，首发式还没开始，文化园里已是人头攒动、热闹非凡。年轻的情侣、怀抱婴儿的夫妻，还有满头白发互相搀扶的老年伴侣，他们要亲眼见证《梁祝》邮票在他们的家乡发行。

"梁祝文化园"在千千万万宁波人的眼里，那可是个圣地，民间历来有"夫妻要长久，梁祝公园走一走"之说。今天这个盛事，老百姓哪有不来之理。

上午9:00，邮票首发式正式开始。随着仪式的进行，最后由我和宁波市的领导共同揭幕。当《梁山伯与祝英台》邮票被大红绸缎掀开的一刹那，舞台四周飞出了千千万万只各色蝴蝶，白色的、棕色的、带花纹的，大的、小的，各种形状的，它们翩翩起舞，围着舞台，围着刚刚揭幕的邮票，留恋地飞过来飞过去。台下的群众立刻被这一幕惊呆了，瞬时他们又缓过神来，高兴地欢呼、鼓掌！现场一片欢腾！

事后，我曾问过宁波邮政局的领导，此时已是深秋，并不是蝴蝶的羽化期，你们是如何把它们变出来的呢？他们笑答，这是宁波昆虫专家的杰作。为了《梁祝》邮票首发式上能看到梁祝化身成蝶，专家们专门把一批蝴蝶蛹冷藏起来，推迟了它们的羽化期。这不，经过前几天的努力，昨天这批蝴蝶全部羽化成功，才使它们今天也见证了《梁祝》邮票的发行。

啊，美丽的千姿百态的蝴蝶，你们已经羽化了多少年、多少代，我们无从考证，但你们身上承载的梁祝故事必定还会一代一代传下去，传下去……

第三辑
轶珍揭秘与邮坛往事

改革开放后邮票设计的新气象

第一次采用征稿设计的《教师节》邮票

1984年12月15日，北京师范大学钟敬文、启功（第五届全国政协委员，第六、七、八届全国政协常委）、王梓坤、陶大镛（第五届全国政协委员，第六届全国政协常委）、朱智贤、黄济、赵擎寰联名，正式提议设立教师节 。教育部党组和全国教育工会分党组"关于建立'教师节'的报告"送中央书记处并报国务院。

1985年1月21日，第六届全国人大第八次会议正式通过国务院关于建立教师节的议案，并决定9月10日为我国的教师节。9月10日，在我国第一个教师节来临之际，时任国家主席的李先念发出了《致全国教师的信》，向全国的教师表示祝贺和慰问。

1985年，邮电部决定，拟于第二个教师节来临之际，发行一套纪念邮票。

著名邮票设计师邵柏林作为一位老知识分子，深知这套《教师节》邮票对于全国数百万教师的分量。他决定通过征稿，在征集的过程中，好中选好，优中选优。首先，他希望发行局设计室的专业邮票设计师全部参与这套邮票的设计，同时也希望北京几所艺术院校的学生能参与到这套邮票的设计中来。一是学生们对老师非常熟悉；二是他们都受过美术与设计的专业训练，二者的结合肯定能碰出火花。

在邵柏林的字典里，从没有拖泥带水一说。1985年已年满55周岁的邵柏林知

《教师节》

道时间对于他有多么宝贵，时间不允许他有一丝一毫的拖延。他亲自拜访了他的母校中央工艺美术学院，而后又到中央美术学院，向学校介绍了征集邮票图稿的意图，并分别向学生们介绍了邮票设计中的要求和规律。

20世纪80年代中期的中央工艺美术学院，荟萃了国内一批极有设计潜力的在校生。王虎鸣、袁加、张磊、李芳芳……他们在学校已经开始显露艺术才华，谁能想到30年后的今天，他们都已成为国内平面设计的扛鼎之才。

正在上大二的张磊，参与了这套邮票的设计，他的邮票图稿在几百幅征集的作品中独占鳌头，最终获得通过。

张磊回忆说，当时我正在念大二，邮票发行局来我校联系征集《教师节》邮票的设计图稿，学生、老师都可以参加设计。我当时很兴奋，这真是千载难逢的机会。邮票是国家名片啊，没有这种机会，我们不可能进入国家名片的设计行列中去啊！邮票属于平面设计，且是平面设计的重要领域，与我所学专业吻合，所以参与的热情非常高。那时，还没有电脑，完全靠画，当时手头的工具都用上了，尺子、画笔、水粉等。时间不长，我就设计出了三个方案，其中一幅图稿画了一支蜡烛，灵感来自"春蚕到死丝方尽，蜡炬成灰泪始干"这句诗。还有一幅画的是一个讲台上面放一束花，我把三幅图稿都交上去了。那次征集来的图稿有几百幅，筛选出了其中几幅比较好的作品，报当时的邮票图稿评审委员会评审，其中就有我的那幅讲台与鲜花的图稿。在评审中，张仃先生提出，这幅图稿为什么没有黑板呢？有黑板不是更好吗？

评审会后，邵柏林向我传达了评审会上的意见和建议。我当时对画黑板还有顾虑的，总觉得邮票是国家的形象，不敢大面积用黑。增加大黑板虽然好看，可过去从来没有过。所以，张仃先生提出的这个建议，实际上也是文化大革命后老艺术家们大胆突破旧框框、思想获得解放的一种反应。

后来，我按照张仃先生的建议，在图稿中增加了一幅大黑板。可以说，这是一次大尺度的突破。这幅图稿上还有几个特点，一是讲台，不是传统的近大远小的透视方法，我采用的是反透视方法：近小远大，看起来有一种现代感。另一个是花，这一束花既不是月季、牡丹，也不是百合、蔷薇。没有花名，是一束广义的花，可以说是广大学生心中的那一束花。

黑板在这幅图稿中所占空间较大，大块黑板上又很空，所以当时我想把"9月10日"写到黑板上。邵柏林看到后，认为不妥。（邵柏林先生后来向我介绍了关于黑板一处的修改情况，他觉得在黑板上用"9月10日"太直白了，不好。故建议张磊在黑板上做特殊处理，作出用黑板擦擦去粉笔字后留下的痕迹，既弥补了空白，也让明眼人一看就觉得这是老师刚刚上课用过的黑板。）

这一点小小的改动，也成为这套邮票设计的一个亮点。《教师节》邮票的设计是我非常喜欢的图稿，原因就在于设计者用最简单的设计语言，清晰明了地将教师的工作岗位，以及学生对教师的尊敬、爱戴，表现得淋漓尽致。画面上没有出现老师，也没有出现一个学生，但观者都能从画面上理解其中的意义。亚洲不少国家也发行过教师节邮票，画面上几乎都是一种模式：学生围着老师送花。而中国第一套教师节邮票的设计，明显要技高一筹。

邮票的设计语言，不同于绘画，不同于其它艺术作品。在方寸之间，留给设计者的空间不大，这就要求设计者要用最凝练的设计语言，去诠释复杂的邮票命题。做到了，就是高手。

特别的蓝军邮

网上曾报道过这样一件事，一位邮友在地摊上花 3000 元买到一枚《蓝军邮》，如获至宝，认为捡了一个"大漏"。高兴之余，他还是想请专家鉴定一下，结果专家一听这个价格，连连说道：你不用来了，这个所谓的《蓝军邮》是假的。这位邮友一下子蒙了，心里说，你还没见，怎么就说是假的呢？

这位邮友买到的所谓《蓝军邮》必假无疑。首先，《蓝军邮》是我国著名的珍邮，在国际集邮界也享有盛誉。我国著名集邮家李曙光先生，曾编组过反映我军军邮的邮集，这部邮集不仅史料完整、编排精美，更重要的是展示了几枚极其珍罕的《蓝军邮》。这部邮集获得了世界邮展的大金奖加特别奖。可以看出，这枚邮票在世界集邮界中的分量。第二，由于《蓝军邮》知名度非常高、数量非常稀少，它的露面都是在大型拍卖会上。第三，《蓝军邮》在 1994 年第一次参拍时就达到 80 万元的天价，2012 年在北方举行的一次拍卖中，一套《蓝军邮》四方连起价 280 万元，最终 320 万元拍出，所以说，3000 元买到的所谓《蓝军邮》不靠谱，一听就是假的。

那么，《蓝军邮》是什么时候发行的，究竟是什么原因产生了如此珍贵的邮票呢？

这还要从我国实行义务兵平信免费的政策说起。新中国成立之后，党和国家对中

《蓝军邮》

国人民解放军义务兵采取了平信免费寄递的政策，体现了党和国家对普通战士的关心和爱护。这项政策的实施，实际上是源于国内战争、抗日战争和解放战争时期我军实行的供给制度。在残酷的战争时期，为了鼓舞军队士气，便利军人寄信，在军队中实施了军人（包括军队干部、随军干部家属、普通战士）信件免费制度。新中国成立以后继续实行了一段时间，1953年2月为了更方便解放军战士寄递普通信件，也为了加强对这项工作的管理，经中国人民解放军军邮总局与邮电部邮政总局商妥，由邮电部发行《军人贴用》邮票一套，这套邮票专供部队战士免费寄递平信使用。

　　《军人贴用》专用邮票由邮电部著名邮票设计师孙传哲设计，经过两易其稿，图案最终确定为中国人民解放军"八一"军徽，军徽下面印有"军人贴用、中国人民邮政、800圆"字样。这个图案不仅画面简洁、主题突出，而且也体现了中国人民解放军总政治部的要求，图稿获得军地双方一致认可。最初，根据中国人民解放军军邮总局和邮电部邮政总局协商的意见，《军人贴用》邮票为一种图案、一种底色，印量为一亿枚。在印刷过程中，发现紫红底色不够美观，为了获得最佳效果，临时动议改为一种图案，三种底色。第一枚底色为橘红色，俗称"黄军邮"；第二枚底色为紫红色，俗称"紫军邮"；第三枚底色为蓝色，俗称"蓝军邮"。最终印量为107500000枚。

　　1953年7月30日，中国人民解放军总参谋部、总政治部、总后勤部联合发布《九月份起颁发＜军人免费邮票＞的指示》，规定《军人免费邮票》每月每人两张。邮电部于 1953 年 8 月 24 日正式发行《军人贴用》邮票。三种邮票中，《黄军邮》是最早印制的，并率先下发到各军区各军兵种部队使用。随即，一个重大问题被反映上来。

《军人贴用》邮票一共是三种，最早下发的是《黄军邮》。由于我国地域辽阔，部队驻地又分散，收到邮票有早有晚。一部分先得到的指战员，反映出一个重大的问题：如果一个地区集中出现大量的《军人贴用》邮票的邮件，会不会造成部队驻地、部队番号的泄露？会不会给敌特以可乘之机？

1953 年是新中国成立之初，一方面抗美援朝战争尚未结束，另一方面盘踞在台湾的国民党不时地叫嚣要反攻大陆。泄露军事秘密，这在当时是个极其敏感的话题。很快，这个敏感问题直接反映到军委，军委接到反映后，先后向各部队、各军兵种下达了两道指令，提出《军人贴用》邮票"延期实行"，明确提出"何时使用将另行通知"。实际上，这两道指令下发之后，军委再也没有就《军人贴用》邮票下达过任何开始使用或停止使用的命令。也就是说，"延期实行"实际上成为停止使用的最终用词。

由于《黄军邮》是最早下发的，各军区、各军兵种接到邮票以后，陆续下发部队基层，并发到了战士手中，目前社会上仍能发现一些《黄军邮》的实寄封和少量的新票、信销票。《紫军邮》是晚于《黄军邮》下发的邮票，在下发的过程中军委已下达"延期使用"的指令，所以先期下发的《紫军邮》到了个别军队领导机关后，没有下发到基层部队。而《蓝军邮》根本没有下发，就停止使用了。经总参谋部批准，1954 年 10 月 13 日，被封存的三种邮票被销毁。由于个别单位没有严格按照军委的命令执行，一些《紫军邮》和极少量的《蓝军邮》流出。

集邮界还有一种比较流行的说法，认为《军人贴用》三种不同颜色的邮票，是分别发给三个不同军兵种贴用的：《黄军邮》由陆军使用；《紫军邮》由空军使用；《蓝军邮》由海军使用。那么这种说法有根据吗？

一直以来，集邮界便有这种观点，其来源就在这三种不同颜色上。支持这种观点的人认为，如果不分军兵种，为什么要印制三种颜色？印制一种颜色不就行了吗？印制三种颜色又复杂，成本又高，这在新中国百废待兴、厉行勤俭建国的时候，不是与当时的形势相悖吗？

但是，根据我们查到的有关资料来看，在中国人民解放军军委领导机关和邮电部有关《军人贴用》邮票下发的所有文件中，均没有提到过三种不同颜色的邮票分海、陆、空三军使用的内容，而且下发的《黄军邮》邮票在海军部队也使用过。邮票的设计者孙传哲先生，生前曾回忆过这件事。他说：我设计《军人贴用》邮票没有考虑过区分军种的事。所以，《军人贴用》三种不同颜色邮票分三军使用的问题，是子虚乌有的。

那么，《蓝军邮》既然根本没有下发，那怎么就流向社会了呢？应该说，《军人贴用》邮票在管理、储存、销毁的过程中，的确存在着管理松弛、疏漏的问题。否则，就不会有少量的《蓝军邮》跑到社会上来。

也有人会问，究竟《蓝军邮》流出多少呢？这是一个非常难回答的问题。因为从目前来看，不论从上拍的《蓝军邮》，还是参展邮集中发现的《蓝军邮》，只有单枚的、两联的，即便是四方联，也只发现了一件，还从没有发现半版的，更没有发现整版的。据估计，存世量可能有几十枚吧。《军人贴用》邮票的整版共90枚，由此推算，流出的不会超过一版。

"华邮国宝"

"红印花小字当壹圆四方连"的传奇过往

1999 年第一次在我国北京举办的世界邮展，蜿蜒曲折的参观队伍成为二号展厅的一道亮丽风景，这是什么邮票会让观众等上一两个小时才能一睹它的芳容呢？

印花票变珍邮

清光绪二十二年（1896 年）3 月 20 日，在维新派的积极建议下，光绪皇帝正式批准开办大清国家邮政。同时，邮资计费单位也计划由原来海关邮政时期的银两制改成银圆制。新的大清邮政银圆制面值邮票已委托日本和英国厂商印制，但由于新邮未能及时运到，而邮政业务又急需用邮，大清邮政当局便将 1896 年委托英国华德路印刷厂印制的、因故未能使用的海关库存的印花票加盖"大清邮政"以应急需。因印花票为红色，故集邮界将这批加盖票统称为"红印花加盖票"。

"红印花加盖小字当壹元"则是这批"红印花加盖票"中的珍罕之品。原来，红印花加盖"当壹元"是最早加盖的，最初先试盖了两整张，计 50 枚。大清邮政当局嫌加盖的"当壹元"字体太小，决定改用大字"当壹元"字模。于是，"红印花当壹元"邮票就有了大小字之别，因为小字"当壹元"邮票只加盖了 50 枚，而存世只有区区 32 枚。

在32枚"红印花小字当壹圆"加盖票中，四方连仅有一件，因此这枚"红印花小字当壹圆四方连"成为蜚声海外的"东半球最罕贵之华邮"！

"红印花"的中心图案为阿拉伯数字"3"，数字下方缀英文"CENTS"，四周围绕对称装饰花纹，上方横排英文"CHINA"，下方横排英文"REVENUE"，红色底图，白色纹样。"红印花"为雕刻版印制，雕刻精细，富有疏密、深浅层次，网纹清晰，采用无水印白色厚纸印刷，质地柔韧，不易破损，有背胶，胶厚微黄。"红印花"体现了当时精湛的雕刻版印制水平，虽然"红印花"本身并非正式邮票，却是中国作为邮票使用的第一套官方加盖的代用邮票。

这批"红印花加盖邮票"的加盖数量约65万枚左右，加盖面值共五种，其种类和面值为：加盖小字2分、4分、1元。加盖大字1分、2分、4分、1元、5元。待正式的邮票发行后，绝大部分"红印花"都被政府销毁。

清代·红印花加盖邮票

华邮珍宝"红印花"

红印花加盖邮票面世7个月后便退出历史舞台。据考证，红印花原票仅流出53枚，存世极少，被列为"华邮四宝"之首。

清代·红印花小字当一元四方连

德国人费拉尔年轻时在法国学习绘画,1892年进入清朝海关造册处任邮票绘图员,从事设计和绘制邮票图案工作,同时参与监印邮票,曾受命参与"万寿""蟠龙"等邮票的设计印制。1896年,这批红印花票由德国人费拉尔监督加盖,他为自己留下了唯一的"红印花小字当壹元四方连"。

近年来,邮学家研究后得出一个结论,"红印花小字当壹元"实际上是试盖样票,加盖数量为两整版,共50枚,没有公开出售,是被以监印加盖邮票的费拉尔为首的少数人瓜分了。费拉尔共买得7枚,其中一件四方连,三个单枚。

这件原由德国人费拉尔"监守自盗"的华邮珍宝,在1904年费拉尔去世后,由他的遗孀秘藏,历经20年无人知晓,直到1924年才披露于世。

权权报国心

20世纪20年代的上海,集邮氛围浓厚,集邮界的重要代表人物为周今觉,1923年已45岁的他开始集邮,1925年发起成立中华邮票会,同年创办会刊《邮乘》。

1924年,"小字当壹圆"四方连先被上海英籍邮商施开甲得知,并告诉周今觉。周今觉托施开甲向费拉尔遗孀求购,费妻不肯转让,周氏费尽苦心,谋划三年,于1927年以2500两纹银购得,创造了当时中国邮票买卖的最高价格。周今觉因购得"红印花小字当壹圆四方连"这件最罕贵的孤品而享有"华邮之王""邮王"之美称。周今觉不仅在华邮研究方面作出了杰出贡献，还为提高华邮的国际地位不懈努力，他多次在国际邮展中被聘为董事、评审员。1936 年，纽约"万国邮票展览会"无视中华民族的尊严，公然要把华邮降格为镀金奖级。周今觉闻知，愤然撰文斥责"华邮降级，实为美国侮辱我国之见证，如该会不更正此点，余不愿担任任何名义，并不愿为丝毫之赞助，苟来聘书，当力掷还之"。"吾为美国邮界羞之"！最后该邮展答应将华邮升为金奖级，他才答应担任评审员，但未出席。拳拳报国心，感人肺腑。

20 年后，周氏年迈，身体不佳，集邮兴趣衰退（另有赵人龙先生一说为周今觉家庭遭遇变故），于 1947 年将这件华邮珍宝以 330 两黄金让与中国集邮家郭植芳。

1948 年郭氏移居美国，这件珍宝也跟随他漂洋过海到美国。从 20 世纪 50 年代起郭植芳陆续将邮品转让，唯有这件价值连城的四方连不肯出手。

1967 年郭氏病逝，他临终前叮嘱其妻要把这件"华邮珍品"转让给中国人收藏，宁愿价钱便宜让给华人，也不以高价卖给外国人。郭死后，其夫人刘兆珊女士恪守其夫遗愿，对前来购买的外国邮商、集邮家一律谢绝。在 20 世纪 80 年代初，香港集邮家林文琰欲谋这枚华邮孤品，当时郭植芳夫人坚持邮票新主人必须承诺不售让与外国人，也不交付拍卖，答应这两个先决条件，珍邮才能转让。林文琰于是向她承诺，终获梦寐以求的珍邮。

1982 年 2 月，香港集邮家林文琰先生以 30 万元美元将这件四方连珍宝从美国购回，使这件在海外流落几十年的"华邮珍宝"回到香港。而在寻觅这些邮票的过程中，中国集邮家表现出的崇高的爱国热忱，已在国内外集邮界传为美谈。1999 年的世界邮展上，这件"红印花小字当壹元四方连"首次踏进我国承办的世界级集邮展览的殿堂，向世界邮人一展其芳姿，参观者络绎不绝。也正因为这次世界邮展，使一个人和红印花邮票结下了不解之缘，也目睹了"红印花小字当壹元"的震撼。此后，他开始收集拍卖会上各种红印花及红印花加盖票，终于在 2010 年由他将这件"华邮珍宝"从香港携回上海，这枚"红印花小字当壹元四方连"经过六十余载的海外漂泊，终于重归故里。他就是来自"红印花小当壹元四方连"诞生地的上海集邮家丁劲松。在获得"红印花小字当壹元四方连"后，丁先生颇为感慨地说："收集中国古典珍邮，原来纯粹是个人爱好，现在感到是责任所在了，与其说是拥有，还不如说是守护。"

"红印花小字当壹元四方连"于1897年问世后，直到30年之后的1927年被中国人购藏。在此后的近百年间，"红印花小字当壹元四方连"经过周今觉、郭植芳夫妇、林文琰、丁劲松等几代人传承，守护至今。百余年沧桑，收藏这件"华邮珍宝"的中国集邮人各领风骚，周今觉不仅是首位收藏这枚四方连的主人，更以致力邮学研究、弘扬华邮、嘉惠邮坛而被尊为"邮王"。郭植芳"誓将瑰宝让于华人"的赤子之心，令邮人动心，受邮人称誉。林文琰"独乐不如众乐"的集邮理念，多次携国宝于邮展露面，让天下邮人一睹这枚四方连真品之善举，在邮坛传为佳话。

"华邮至尊"见证了邮政历史，积淀了民族文化，产生了迷人魅力，推动了集邮发展。故此，其宿主负有守护责任，"不售让与外国人，也不交付拍卖"，承诺寥寥数语，实则深明大义。首先，体现了报效祖国、热恋故土、珍重文物；其次，体现了感恩先辈、守护遗产、崇尚邮德。如此，珍邮才能善存，守护才能圆满，传者才能如愿。"华邮至尊"承诺的"接力"，折射出中国人的收藏美德。

由红印花加盖想起的

作为老北京人来说，芒种就是个坎儿，过了这个坎儿再无清凉可言。"艳阳辣辣"就是现如今北京的真实写照。怎么办？就一招，在家"猫着"。大蒲扇，喝凉茶。

日前，老友李毅民的一个电话，让我这个"猫着"度夏的散淡之人颇为纠结。毅民是集邮界非常勤奋之人，他的著作几乎等身，近期又一部大作即将问世，书名为《情系红印花——邮坛伉俪王纪泽与张包平之》。

我还没来得及祝贺，一声邀约，却带给我纠结无限。毅民是邀我写篇序言，另有一篇序言是孙老少颖先生执笔。为何纠结？原因有二。一是对前辈王纪泽和夫人张包平之从未谋过面，了解甚少；二来对前辈把毕生心血归集而成的《红印花专集》义捐国家，成为轰动邮坛的善举颇为敬仰。对这样一位近代邮坛的红印花"巨擘"，我来写序言有这个资格吗？能写好吗？

毅民的诚恳力邀，令我战战兢兢把序言的任务接下了。怎么办？没有捷径，只有一招，认真读书。整整两天，尽管汗流浃背，书稿一气读完。

翔实确凿的史料，群星荟萃般人物榜，人生脉络之缜密分析，流畅娴熟的文字叙述等等，都是这部书的特点，也是我一气呵成读完的助推器。

清代·红印花原票

　　红印花及加盖票，已经毫无疑问成为历史，成为清末国家邮政，外夷当道，大权旁落，束手无策的历史记忆。尽管发行时间短暂，但在中国邮票的发行史上，却是试盖变体最多、珍邮最多的一套加盖票。红印花加盖票历来被集邮界所喜欢，为集邮界所津津乐道。自打了解红印花加盖票以来，对它的主图、颜色、印制工艺，无不啧啧称奇。

　　"中国人以红为吉征，'红印花'邮票，色彩调和，鲜艳夺目，为红中之上品；而且雕刻精细，加盖简明，线条凹凸巧合，红黑相间互映；其内容无限含蓄、变化万千，象征着中国温文华贵的古典气派和深远的文化传统；加之版模、刷色、齿度、字体变异等，无不引人入胜。"正是红印花的迷人之处，才引得中外集邮家从20世纪初开始，为之痴，为之狂，为之殚精竭虑，也为之呵护有加，演绎出一幕幕精彩的大戏。

　　我作为曾主持过国家邮政局邮票发行工作的主要负责人，职业习惯让我始终有一个疑问：1896年3月20日光绪在总理衙门奏折上御批"依议"之后，海关试办邮政移交国家邮政，那么新的机构诞生了，还不麻利儿地把发行新邮票作为头等大事去办啊？为啥还要用红印花加盖作为临时过渡呢？从当年3月20日到年底，有9个月时间运作新邮票，从时间推算完全来得及啊？更可悲的是，国家邮政开办之初不仅为新邮票迟迟未到着急上火，还搞成同一套蟠龙邮票不得不在日本和伦敦两地印刷，两次雕刻制版，两次异地印刷，两次……不仅耽误时日，费用也必定要翻番啊？这中间究竟发生了哪些意外，又遇到了哪些变故？

　　打开尘封的历史，拨开层层的迷雾，真相终于露出水面。很显然，一系列莫名其妙的失误和缺乏监管，致使在不该发生的时间里发生了不该发生的事：

一、1896 年 3 月 20 日，光绪已经在奏折上御批"依议"，那么组建新国家邮政的机构应即刻启动。遗憾的是，这个机构主事的邮政总办座椅却迟迟无人落座。史料显示，第一任邮政总办葛显礼于批示三个多月后的 7 月才履职赴任。当然了，邮政总办这个一把手未到，作为伙计们肯定诸事不宜。时间白白溜走了三个月，这期间是否发生了朝廷与海关之间就邮政总办人选事宜产生了分歧？按理说，大清国邮政理应由朝廷派国人任职，怎么又来了一位洋人戴上了大清邮政的顶戴花翎？目前，尚未有历史档案可以查证。

二、清代国家邮政在批准之初便规定"邮政局须制造信票（指邮票）"，并确定邮资以银圆为计费单位。葛显礼履职后，直到 1896 年 8 月 15 日费拉尔才在首任邮政总办的授意下，完成了国家邮政邮资票品的设计方案。此时，距 3 月 20 日皇帝御批已过去了 5 个月。新邮票供应中的时间因素越来越凸显，这也影响到后来新邮票印制的各个环节。

三、在印制地点的选择上，葛显礼与总邮政司的赫德显然存在巨大分歧。赫德主张在英国印制，而葛显礼则倾向于在日本印制。葛显礼为了达到在日本印制的目的，曾三番两次地在来往文件中为在日本印制打保票，从而影响赫德在选择印制地点方面的决断。到 1896 年 9 月 15 日，赫德才通知葛显礼，授权他办理邮票印制和邮政物资供应，"如果你认为日本是办理各种事情的最好地方，你就从日本办"。就这样，拖拖拉拉又过了一个月。

四、承办新邮票印制的费拉尔于 1896 年 10 月 8 日抵达日本后的考察中，却没有选择日本官方的印制机构，也没有接受日本递信省的邀请，而是偏偏选择了不靠谱的意大利人乔索内。乔索内只是一个雕刻师，但他却以个人身份包揽了不该他承担的印制邮票的任务。这个不该发生的合同到 11 月 20 日最终签署，然而利欲熏心的乔索内不甘于只有一份印制合同，他的计划是要第二份、第三份……直到 1896 年 12 月 12 日，印制邮票事还在费拉尔与乔索内之间扯皮，国家邮政原本计划 1897 年 1 月开始启用在日本印制的银圆面值的蟠龙邮票彻底泡汤。乔索内承办的邮票印制居然延后达十个月之久，才陆续将蟠龙邮票交上，邮政管理监管工作的缺失造成了无法估量的后果。

这一连串的失误和监管失察，造成国家邮政开办之初无新票可售。直到1896年底也就是大清邮政官局正式营业的前夕，邮政主管部门才不得不另辟蹊径，以解燃眉之急。于是，先将海关试办邮政时期的小龙和万寿邮票加盖银圆面值。1897年1月，又将海关库存的红印花加盖暂作邮票，于1897年初陆续发售使用以应急需，这才演绎了一台红印花加盖的大戏。

试想：

——如果当初光绪御批之后，首任邮政总办能够立即走马上任；

——如果赫德坚持在英国印制邮票，而否决了葛显礼在日本印制邮票的动议；

——如果费拉尔在日本放弃与乔索内的合作，直接与日本官方合作；

——如果邮票发行管理完备、监管措施得当；

等等。

结果会是什么？当然，结果已毫无意义。因为历史就是历史，历史不是任人涂抹的小姑娘。

我是个头脑不太安分的人，常常会一个人胡思乱想，也曾扪心自问：如果1897年初蟠龙新票如期发行，你是愿意出现这样一个结果？还是愿意出现新票不能按时发

清代·红印花加盖邮票

行以红印花加盖票过渡这样一个结果？毫无疑问：红印花加盖票。

红印花加盖票，是清代第一个在非邮资票品上加盖大清邮政暨银圆面值的邮票，也是唯一的一个。它的出现，充分地把国家邮政成立后大权旁落、管理缺失造成的后果，明白无误地留给了后人，任凭历史评说。国家积贫积弱、朝廷腐朽至极、列强独霸邮权那一页已经永远翻过去了，但作为邮票发行管理方面来说，这种教训值得汲取。扛大任者，必有斯人也。把重要工作交给有智慧、有能力、有品德的人，一句话，交给靠谱的人！同时加以监管。即便是当下，也有普遍意义。

红印花加盖虽然仅发行了短短的 9 个月，但是红印花加盖邮票发行之后掀起的一波又一波涟漪，却延续了整整一个多世纪。研究红印花加盖的邮文，简直数不胜数，为红印花出版的文集用连篇累牍更觉得恰当。追逐红印花加盖、拥有红印花加盖、研究红印花加盖逐渐演变成为 20 世纪 20 年代一直到 60 年代经久不衰的"红学"热潮。在这股"红学"热潮下，催生了一代又一代的"红学"研究大家，红印花加盖过程中一个一个谜团被逐步解开，珍重国宝、守护国宝也成为那一代人的共识。周今觉、郭植方、王纪泽、林文琰……他们创造了历久弥新的故事，已经成为中华民族宝贵的历史记忆。或许，不是或许，这个故事必定还会延续下去！

致敬，红印花"巨擘"王纪泽和张包平之伉俪！

致敬，所有为红印花加盖的研究、传承、守护、传播的集邮界人士！

"放光芒"邮票未发行的来龙去脉

一位老邮票设计师之痛

1956 年，我国邮坛上发生了一件轰动性的事件。这就是 1956 年 6 月 12 日，邮电部急电突然停止发行特 15《首都名胜》第三枚的《天安门》邮票，即集邮界俗称的"放光芒"邮票。

《首都名胜》是当时邮电部为了更好地宣传北京名胜古迹而以特种邮票名义发行的。《首都名胜》共五枚，第一枚为《颐和园》，桃红色；第二枚为《北海》，绿色；第三枚为《天安门》，橘红色；第四枚为《天坛》，蓝色；第五枚为《太和殿》，棕色。这五枚邮票中，当时最具政治含义的非《天安门》莫属。因此，《天安门》这枚邮票图稿也格外引人关注。

1955 年，《首都名胜》邮票的设计者邵柏林先生，年满 25 岁，刚刚毕业于中央美院。风华正茂、心气极高的邵柏林为了设计好"天安门"这幅图稿，连续几天凌晨起床，早早赶到天安门，在中山公园一侧端着照相机，朝向东方，等待太阳初升的那一刻。功夫不负有心人，几天过去，邵柏林终于抓拍到天安门广场旭日东升的镜头。为了表现天安门在东方黎明时朝霞满天、光芒万丈的效果，邵柏林在后期又做了加工，一幅完整的天安门邮票图稿终于完成。

特 15《首都名胜》采用雕刻板印制，单色。由于当时邮电部还没有自己的邮票印制厂，多数邮票都是委托中国人民银行印刷厂承印。1956 年 6 月初，《首都名胜》印制完成，拟于 6 月 15 日正式发行。就在发行日前三天，即 6 月 12 日，全国各省、自治区、直辖市邮电管理局突然接到邮电部急电：

"天安门放光芒"（未发行）

《首都名胜》特种邮票一组中的第三枚《天安门》图，因图案需要重新修改重印，暂停发售，速转知各属局悉数退回，不得流入公众手中，其余四枚仍按规定期限发行。群众如有询问，可以答：该票还在印刷中，印好后再补充发售……

但就在这封急电发出之前，浙江、江苏和江西的个别市县邮局已经提前出售，其中以江西南昌、丰城售出最多，虽经追收，仍有七百多枚流入市面而无法收回。

那么，邮电部急电收回《天安门》邮票的原因究竟是什么呢？设计者邵柏林先生曾向我详谈了这枚邮票的遭遇，以及那场突如其来的"反右"斗争。

就在"天安门"邮票图稿完成并上交之后，在审稿环节遇到了麻烦。在层层的审稿过程中，有人将这枚本来是风光题材的邮票，与"政治"生拉硬扯到一起，认为天安门"不伟大""不美"，天空"阴沉""沉闷"，继而引申为天安门上空"暴风雨"来临，如同发生了"大爆炸"，更有甚者将意见演绎为"天安门前爆炸了一颗原子弹……"。欲加之罪，何患无辞。对于以上的指控，在新中国成立初期那个特殊年代的特殊背景下，三人言之则成"虎"，《天安门》邮票的命运可想而知。1956年6月9日，邮电部决定：《首都名胜》邮票《天安门》图暂停发行，6月12日急电全国收回。

《天安门》邮票停止发行后，邵柏林马上对图稿进行修改，去掉了光芒万丈的效果，随后邮票重新印制。1957年2月20日，重新修改过的《天安门》邮票正式发行。作为刚出校门的学生，邵柏林万万没有想到，噩梦竟由此而生。1957年4月，邵柏林去安徽黄山采风，当时黄山还没有进行旅游开发，既没有路更谈不上什么方便的缆车。他请一位老乡帮忙，带着照相机和画板画具，风餐露宿，整个5月的黄山深山老林里都留下了邵柏林的脚印。那年月，山里没有电，与外界不通音讯，几乎与世隔绝。一个月后，邵柏林终于完成了黄山的采风和速写。1957 年 6 月 6 日，邵柏林回到北京，头脑单纯的他完全没有想到一个突如其来的凶险正在临近。

1957 年 6 月 8 日，《人民日报》发表了《这是为什么》的社论，"反右派"运动开始了。邵柏林在整个 5 月份所谓的"鸣放"期间，都在黄山采风，没参加过一次单位的"鸣放会"，没写过一张大字报，更未进行过任何所谓的"反党活动"，却被以"反党"的名义被打成右派，其主要原因之一，就是"放光芒"！

党的十一届三中全会以后，党中央开始为右倾"扩大化"，错划"右派"的人落实政策，但邵柏林明明是"错划"的，却遭到某些领导的刁难与阻拦。在万般无奈的情况下，邵柏林再也不能无动于衷，他要申诉，他要表白，22 年的冤情必须向党中央反映！

邵柏林奋笔疾书，申诉信经人民日报社转呈中共中央书记处，胡耀邦总书记亲自对申诉信作了批示：请中组部认真核查处理。

邵柏林的"右派"改正终于有了重大转机。几天后，中组部中央国家机关干部处和知识分子干部处的负责人同时约谈邵柏林。邵柏林把被打成"右派"的来龙去脉向中组部的同志做了汇报，随后中组部的同志调阅了有关案卷，所有的"罪名"均属"莫须有"！邵柏林被洗白了！

改革开放以后，邵柏林没有因 22 年的不白之冤而消沉、愤世，他以难能可贵的创作激情，以"艺术创作是一种严肃的使命与真诚的呼唤"为准则，精心设计了《齐白石作品选》《西周青铜器》《曾侯乙编钟》《庚申年》《故宫》等一系列为集邮者所津津乐道的邮票。1985 年，邮电部对邮票管理体制进行了改革，邵柏林出任新成立的邮票发行局总设计师。为提高中国邮票的艺术质量，邵柏林放弃了参与邮票设计的所有机会，一心一意专职于邮票图稿的组织工作，呕心沥血、殚精竭虑，终于使我国 20 世纪 80 年代后期的邮票设计水平有了质的提高，形成了新中国邮票艺术水平的第二次高峰。

"放光芒"邮票停止发行距今已有六十多年了，无论如何，那个时代已经过去了，永远地过去了，但"放光芒"邮票作为一种历史的记忆，永远值得人们思考、思索。

《曾侯乙编钟》邮票和编钟录制的小唱片

著名邮票设计家邵柏林的奇思妙想

1977年9月，一支部队在湖北随州擂鼓墩平整山头、兴建厂房，不曾想一铁镐下去，挖到了一座2400年前的大墓。这座大墓中出土的一件乐器，震惊国人，也震撼了世界！这件超大型的乐器就是战国早期曾国国君的一套礼乐重器，名为曾侯乙编钟。曾侯乙编钟是世界上最大的音乐乐器，其编钟钟架长达748厘米，高265厘米，全套编钟共65件，分三层八组悬挂在呈曲尺形的铜木结构钟架上，最大钟通高152.3厘米，重203.6千克。它用浑铸、分铸法铸成，采用了铜焊、铸镶、错金等工艺技术，以及圆雕、浮雕、阴刻、彩绘等装饰技法。每件钟均能奏出呈三度音阶的双音，全套钟十二个半音齐备，可以旋宫转调。音列是现今通行的C大调，能演奏五声、六声或七声音阶乐曲。

曾侯乙编钟音乐性能良好，音域宽广，音调准确，音色优美，具有"一钟双音"的特点，即一个钟能够演奏两种不同的乐音，因此一套完整的编钟就可以演奏很多不同的乐曲。除了"一钟双音"，曾侯乙编钟七音齐备，且具有12个半音，这跟西方12平均律是一个概念。钢琴有七个八度，曾侯乙编钟有五个半八度，音律很宽广。曾侯乙编钟是至今世界上已发现的最雄伟、最庞大的乐器，被誉为古代世界的"第八大奇迹"。有关部门曾对曾侯乙墓出土的成套编钟进行调音，结果表明战国时代已具有完整的十二乐音体系，打破了过去认为十二律是古希腊传来的说法，改写了世界音乐史。也是中国迄今保存最完好、音律最齐全、气势最宏伟的一套编钟，代表了中国先秦礼乐文明与青铜器铸造技术的最高成就，在考古学、历史学、音乐学、科技史学等多个领域产生了巨大的影响。

这样一件国宝，中国的邮票选题哪能错过呢？《曾侯乙编钟》邮票的选题就落在了邵柏林身上。为此，邵柏林数次南下，考察编钟，为小型张邮票的设计做准备。在此期间，邵柏林突发奇想，这个国宝已经有2400多年的历史了，还能不能演奏？声音怎么样？演奏出来是什么效果？这一定是老百姓关心的问题。如果有这个可能，把这个编钟演奏一下，用录音机录下来，再制成唱片，让更多的人能听到2400年前的编钟音乐，并把它流传下来，那多棒呀！这个想法能实现吗？首先，这件国宝是在湖北省博物馆里靠墙放着，外面还有玻璃墙罩着，根本无法演奏，就是为邮票设计拍张照片都难。因此，必须把编钟移到比较宽大的房间里，才能拍下完整的照片，演奏也才能把它的音响充分释放出来。可这件国宝能从博物馆拿出来吗？要放在哪儿才安全，又不影响编钟演奏的效果呢？这是其一。其二，录音机是事成的关键设备，必须有最先进的录音设备才行，可是改革开放初期，哪能找到这样的录音机呢？其三，邵柏林要做成的唱片，不是直径为25或30厘米的黑胶唱片，而是能与邮票小型张同时放在一个邮折内的超小型唱片，当然也不能太厚。这个苛刻的要求有哪个厂家能接呢？这一连串的难题，放在谁身上都会冒出三个字：不可能！可邵柏林不信这个邪！年过九旬的他，面对镜头这样形容他的性格：我这个人办事特别执着，就是一根筋！只要认准的事，就一定要做，而且一定要做成！20世纪80年代中期的邵柏林非要挑战一下三个"不可能"！

第一个"不可能"的就是要把编钟搬出来，放到合适的地点，既能拍照也能演奏。可能吗？这件事让湖北邮电管理局的同志犯难了，他们找到省博物馆，博物馆拒绝了：我们决定不了，你们请示省里吧。

邵柏林要做的第一件事，就是说服湖北邮电管理局向省里打报告，请示在拍摄编钟照片设计邮票同时演奏编钟等事宜。报告打上去，却迟迟没有回音。您想，这件堪

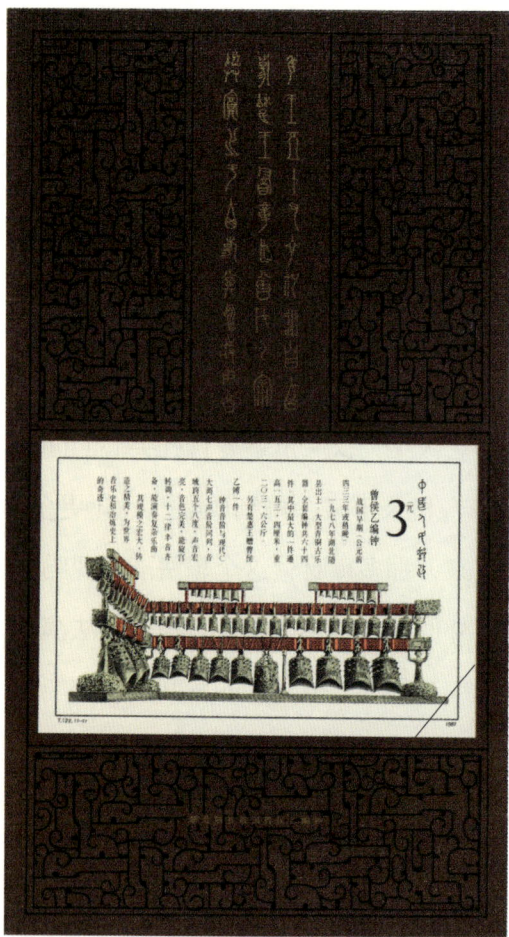

《曾侯乙编钟》（小型张）

称国宝的重器，要把它从博物馆移出来，还要演奏。其中所承担的责任，每个人都得
掂量掂量。放置场地、安全、运输、保管等一系列问题都要做到慎之又慎、万无一失！

半年过去了。就在邵柏林焦虑万分时，省里终于有消息了，出邮票是大事，特批：
同意。半年的等待，让邵柏林心中的第一个大难题终于破解了。 这套编钟总重量达
2500 公斤，这么一套大家伙放在哪里才更安全，也不影响演奏呢？最后，选择在武汉
东湖边上一个部队的大操场上，操场上有个舞台。半夜里，这套编钟从博物馆运出来，
安置在大操场的舞台上，邵柏林开始拍照，为邮票设计做资料准备。

挑战第二个"不可能"，就要把编钟演奏的珍贵声音录下来，没有好的录音机不行。

邵柏林一位在北京广播电台工作的朋友赵维端，是专业录音师且该台刚从国外引进了一台先进的录音设备。你说，这不是天意吗！

录音机有了，但录音必须要到武汉，电台刚刚引进的录音机能放行吗？邵柏林心里直打鼓。令邵柏林没有想到的是，赵维端极其轻松地回答：没问题！

后来，邵柏林说：编钟一共敲响过三次。第一次是出土后，给湖北省委领导演奏过一次；第二次就是在大操场演奏，进行现场录音；第三次是到北京，向中央领导汇报。之后，就再也不允许敲击这件国宝了。

晚上，武汉车水马龙的街道终于安静下来，警卫按照部署已各就各位，赵维端的录音机摆好了，湖北省歌舞团的演奏员也已到场。邵柏林盼望已久的编钟演奏真的就要开始了！谁也没想到的是，一片嘈杂声音从远处飘过来，一听，原来是东湖里的住家——蛤蟆上班了，吾儿哇，吾儿哇……

一切准备停当的大戏，在蛤蟆的捣乱下，只好停下来。

凌晨2时以后，嘈杂声音逐渐安静下来。哎呦，谢天谢地，等了一宿总算安静下来了！负责录音的赵维端兴奋无比，招呼演奏员赶快开始，65件古乐器，在几位专业演奏家的演绎下，浑厚的古编钟声音搭载着古曲《竹枝词》，在整个大操场里回荡，在东湖边上回荡，在武汉的上空回荡，余音久久不曾散去……

赵维端携带的录音机完整、忠实地记录下了编钟演奏的古曲《竹枝词》，这是他一生中最最难忘的录音经历。

有了编钟完整的录音，邵柏林就要挑战第三个"不可能"。北京唱片厂离得近，就在北京。邵柏林亲自去厂里联系，想制作小规格的薄唱片。没想到北京唱片厂一口回绝：做不了。那口气就是没有商量余地！

怎么办呢？也是天无绝人之路！就在邵柏林为此着急上火之时，北京广播电台的赵维端又给他解了围。原来，赵维端在上海有一个朋友，就在上海唱片厂工作，名叫李维鍼，是位工程师。赵维端说，我联系联系他，看能不能帮忙。

赵维端电话打过去，李维鍼欣然回答：行！你们带着东西来吧，我给你们解决。邵柏林和赵维端兴奋地随即赶到上海。李维鍼是上海唱片厂非常有事业心又好钻研的技术工程师，李维铖直接把他们带到自己的工作室，工作室里面有一台机器。赵维端把录制有《竹枝词》的编钟录音交给李维铖，李维铖二话不说，埋头就在刻录机上干了起来。

李维铖对邵柏林和赵维端说，你们也不用等了。我把它刻录下来，做成小唱片，还需要几天。你们就在北京等吧，到时给你们打电话，再过来取就行。

在李维铖工程师的精心制作下，一批薄如蝉翼的红色小唱片终于通过一枚枚曾侯乙《编钟》的小邮折到达广大集邮者的手里。在改革开放初期，尚未见过这种精致的迷你小唱片的集邮者，无不对《编钟》唱片与《编钟》邮票的组合啧啧称奇，也对邵柏林先生在集邮品上的创新无不表示钦佩！

为了保护2400多年前的国宝——曾侯乙编钟，国家明确规定，只把它作为文物供观赏，不再允许任何人、任何理由去敲击或演奏。令人唏嘘的是，成就编钟音乐小

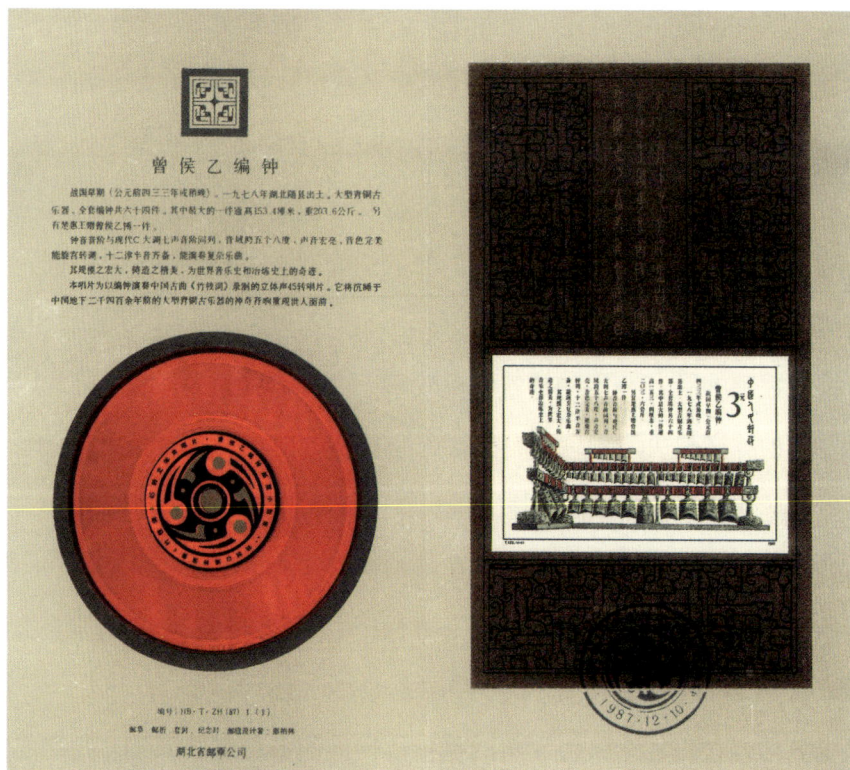

邵柏林设计的《曾侯乙编钟》邮折及小唱片

唱片的赵维端和李维铖帮助邵柏林成功地挑战了三个"不可能"后，已先后去世，我们相信他们在天堂也一定有编钟奏响的《竹枝词》的回响陪伴他们。

这套邮票发行以后，集邮界曾经引起不小的波澜。有不少集邮爱好者提出疑问，新中国成立以来，所有发行的邮票都带背胶，为什么《编钟》邮票没有背胶？而且也不打齿孔？这在新中国邮票发行近40年历史中是绝无仅有的。如果不带背胶，不打齿孔，这套邮票不俨然成了一张画片吗？那么当时什么原因才导致《编钟》邮票上缺少这两个重要元素呢？

对这个集邮界普遍关注的问题，我想"解铃还须系铃人"吧。恐怕也只有邵柏林先生能解开这个谜！北京卫视《春妮的周末时光》拍摄完成后，我拨通了邵柏林家的电话。

当我的问话一出，邵柏林长长叹了口气，哎——。

为什么邵柏林有如此的感叹呢？原来，邵柏林把《编钟》小型张设计好以后，确定用雕刻版，这也是邵柏林最中意的邮票印刷方式。《编钟》邮票请谁来雕刻呢？孙鸿年，这是邮票厂非常著名的邮票雕刻师。钢版雕好后，邵柏林非常满意。但邮票厂的领导推托这套邮票安排不了，就请541厂（人民银行印刷厂）印吧。

541厂是专门印制钞票的，有雕刻印刷设备。没想到邵柏林一联系，卡壳了。541厂当时安排不了雕刻设备来印制《编钟》，只能采用假雕刻，用胶版印刷。为什么是假雕刻呢？真雕刻印出来之后，用手来摸，墨迹是凸出来的。而假雕刻是用胶版印刷，不起凸，摸起来是平的。由于北京邮票厂的纸张都是根据印刷邮票的设备定制的，而541厂是印制钞票的，北京邮票厂的纸张无法在541厂的设备上使用，所以只能用其他纸张替代，这也造成了《编钟》邮票无背胶的尴尬。不仅如此，541厂不是邮票的专门印制厂家，也没有邮票的打孔设备，所以《编钟》邮票既没有背胶，也没有打齿孔，这成为新中国邮票发行史上的一个特例。

手绘封上罕见的蒲松龄墓中的印鉴

中国古典文学名著《聊斋志异》发行的前前后后

近日整理旧物，翻出来一枚山东著名美术家陈全胜在参加古典文学名著《聊斋志异》特种邮票首发式之后寄给我的手绘封。虽落上些浮尘，幸好有塑料封套保护，时隔整整 22 年，揭开封套，手绘封居然一尘不染。幸好，幸好。

这枚手绘封有何珍贵之处？这样，请容我先把《聊斋志异》这套邮票发行前后的一些情况介绍给您。

选哪部古典文学作品发行邮票

1998 年国家邮政局成立之后，邮资票品管理司当时对今后邮票选题中的古代文学名著题材发什么，怎么发？还拿捏不准。8 月下旬，中国古典文学名著《水浒传》《三国演义》最后一组已经分别发行完毕，两部名著各五组的邮票发行大幕终于落下。尽管还有这样或那样的议论，但我认为两部古典文学名著的分组安排和图稿设计是成功的。至此，世人耳熟能详的"四大名著"都在邮票上亮相了。此外，在民间脍炙人口的《西厢记》《牡丹亭》特种邮票也已发行。那么，今后应该选择哪一部古典文学作品作为邮票选题呢？邮资票品管理司内设的发行处也没闲着，一直在查阅资料，调研选题。

《聊斋志异》（手绘封）

中国古典文学是中华民族最宝贵的文化遗产之一，就广大人民群众对古典文学作品的了解和熟悉而言，无疑是明清时期诞生的那些文学名著。有不少人曾经为明清时期的十大名著文学作品开列过"座次"，虽然每个人开列的角度不同，但划定的作品大都包括"四大名著""聊斋志异""儒林外史""镜花缘""金瓶梅"等。当时国家邮政局尚未成立邮票选题咨询委员会，最后决定为了稳妥慎重起见，责成山东省邮票公司召开"聊斋志异"和"金瓶梅"两部文学作品的研讨会，征求专家的意见，容后定夺。

《聊斋志异》邮票研讨会群贤毕至

中国古典文学名著《聊斋志异》邮票选题的研讨会在山东省淄博市召开，邮资票品管理司专门派了徐银川副司长和发行处的副处级调研员范云操出席，当时国内公认的古典文学评论界的泰斗史树青、徐朔芳、李希凡、宁中一、蓝翎等一一应邀出席了会议。

中国文学评论界这些当年如雷贯耳的大腕，难能可贵的是在选题咨询研讨会上，都发表了对《聊斋志异》这部古典文学作品的评价和意见，一致赞成发行这套在中国文学史上拥有重要地位的邮票。

古典文学名著《聊斋志异》选题研讨会的主持人，是当时的淄博市委书记李群（现为国家文化和旅游部的副部长），面对研讨会上有人提出，邮票要表现的是正面人物，而《聊斋志异》中狐妖鬼怪怎么能上邮票呢？李希凡驳斥说，谁都知道，中国文学史上最著名的一短一长两部书，一长是《红楼梦》，一短就是《聊斋志异》。《聊斋志异》在文学史上的地位是不可否认的，影响是不可磨灭的。《红楼梦》可以发行邮票，这部《聊斋志异》怎么就不行呢？发行这部作品的邮票其实根本不需要论证。真是一言九鼎啊！

选择陈全胜设计邮票是天意

研讨会后，山东省邮政局正式向国家邮政局上报会议讨论的情况，并附上各位专家同意发行《聊斋志异》古典文学作品的亲笔签名，建议尽早安排《聊斋志异》邮票的发行工作。

古典文学名著《聊斋志异》邮票设计没有采取广泛撒网的征集办法，而是特约山东著名美术家陈全胜进行设计。这种安排现在看，也是天意。陈全胜最擅长的是工笔重彩，曾参与过《孔子诞生二千五百四十周年》纪念邮票及《三国演义》特种邮票第一组和第二组的设计，对古典文学名著邮票的设计已了然于心。更难得的是，在没接到《聊斋志异》邮票图稿设计任务之前，他对此书的喜爱早已深入骨髓。有一次，我问这位身板结实的山东汉子：全胜，约你设计《聊斋志异》之前，你读过这部书吗？全胜听我这么一说，急赤白脸地操着一口山东话说：司长，这部书俺太喜欢了。咋没看过呢？书都让俺翻烂了，400多个故事俺都能倒着给你背！

的确，作为一个土生土长的山东人，对同样是山东出生的文学巨匠蒲松龄有着非同一般的仰慕和喜爱。接到这个选题后，陈全胜很快进行了创作。《聊斋志异》特种邮票共分三组发行，每年发行一组。2001年和2002年发行的前两组为每组4枚，2003年发行的一组为4枚。2枚小型张分别安排在第一组和第三组发行。三组邮票共有《聊斋志异》中16个故事。等发行完第三组之后，我发觉一个细节，遂即打电话给陈全胜：全胜，这三组邮票尽管内容不同，16枚工笔重彩图稿不是分三次设计的吧？

全胜得意地操着山东话说：司长，你说对啦！人就是这样，俺分三次画，每次画必定有细微的不同，你莫办法，俺就一次性都画出来了。

你看看设计者想的多周到啊！这是严肃艺术家对艺术的态度，这就是对邮票设计敬畏的态度！

《聊斋志异》特种邮票发行后，陈全胜憋不住，还向我吐露了对这套邮票发行的遗憾：司长，这部名著那么多的精彩故事，为什么只安排三组呢？完全可以安排五组吗？而且挑选的故事也有待商榷。《聊斋志异》邮票每个故事 1 枚，因此邮票的画面应该大开大合，不要选择故事相近的，场景相近的，避免画面雷同。以便使亭台楼阁、松石山野、夜半初晓等每 1 枚的场景都不同，这样邮票画面会张弛有度，设计者在构思中也能游刃有余。

这就是陈全胜。不吃透小说，能提出这么专业的问题吗？

邮票首发式现场爆棚

2001 年 4 月 21 日，中国古典文学名著《聊斋志异》特种邮票首发式在蒲松龄的家乡山东省淄博市博物馆举办。消息一出，就在这个古老地区的乡亲们之间传开了，大家不知道给咱老辈乡亲发的邮票是啥样？那可得去看看。

据山东邮票公司经理温少宁回忆，早上时针还没指向 8 时，距首发式开始还有一个多小时，淄博博物馆前的广场上已然人山人海，人头攒动。温经理一看这阵式，原打算台下摆张桌子让陈全胜签字肯定是不行了，那还不把桌子挤翻啦，那还得了？赶快另想办法。当地邮政局临时在广场的廊子里设立了签字台，前后左右都安排了警察、保安维持秩序。设计者陈全胜这才开始为热情的集邮爱好者签字，那排队的人简直一眼望不到头。到了中午，没有签上字的集邮者不走啊！必须接着签。不过，经过工作，大家理解了，全胜这才抽空扒拉口饭，抹抹嘴，接着签。山东汉子陈全胜真是憨厚呀，就这样低着头，整整为集邮者签了一整天，等放下笔，腰都直不起来了。

第二天，陈全胜等从淄博出发，坐车直抵蒲松龄的故居——淄川蒲家庄。蒲家庄，原名三槐庄，始建于宋代，得名是因为村子里面有三棵古槐。

1980 年，蒲松龄纪念馆在淄川蒲家庄落成，蒲家庄也成了著名的旅游景点。现在的蒲松龄故居，不再是华丽的纪念馆似的建筑，而是按照蒲松龄早年的生活环境，修整成一座恬静的院落。那几颗古槐还是挺拔在门前，作为这个村落的地标。大门上依旧悬挂着郭沫若为蒲松龄故居题的那五个字，显得是那样的庄严肃穆，蒲松龄生前喜欢的花花草草也种满了整个庭院。

手绘封中隐藏的秘密

这枚手绘封已经发黄，我原以为是岁月绵长所致。好友温少宁后来介绍，此封为宣纸制作，原纸本色微微泛黄。由于宣纸材质较薄，要加衬，制作相对复杂，因此下单不多，主要供《聊斋志异》特种邮票的设计者陈全胜先生制作手绘封之用，尺寸为230×160 毫米。这枚手绘封的左侧，为陈全胜手绘的蒲松龄画像，画像为墨笔白描，寥寥数笔，蒲松龄先生的睿智、含蓄、谦恭的形象跃然纸上。旁边一行为陈全胜的落款：蒲公松龄像 全胜画（全胜名章）

手绘封的右侧上方贴有《聊斋志异》（第一组）邮票小型张《崂山道士》，加盖"山东 淄川 蒲家庄 2001.04.22.17"销票日戳。后来听温少宁介绍，为了搞好这套邮票的发行工作，不仅在淄博和浦家庄举办了隆重的首发式等活动，还在浦家庄设立了临时邮局。为此，淄博市邮政局特申请制作了临时邮局的日戳，供集邮者加盖。

下方为此封的制作者陈全胜的亲笔题词："此下乃蒲公生前所用印也 文革中於其墓中出土 为国家一级文物 余共制蒲公像手绘封六枚以原印钤之 全胜又题。"

题词的下方为珍贵的四方钤印：自左至右分别为："蒲氏松龄"圆形印，阳文；"松龄留仙"方形印，阴文；"留仙"方形印，阳文；"人物、小桥、柳树、山泉等图案"组成的"柳泉居士"图形印，方形，阳文。这枚图形印既是一方篆刻作品，又是一幅山水画。这方寸之间有山泉、垂柳、小桥，还有书生，布局上运用了斜角呼应的对比关系，十分精彩。以山水入印章在清代之前并无记载，故此印开创了山水图印之先河。

蒲松龄墓中出土的四枚印章，也曾出现在他的手稿和画像上。

说起这四枚印章的来龙去脉，颇为曲折。蒲松龄仙逝后，归葬于故土——山东淄

"柳泉居士"图形印

博的淄川蒲家庄中。这座蒲松龄墓现在所处的方位是在蒲松龄墓园的西北角，是一座合葬墓，墓中除了蒲松龄之外还有他的夫人刘孺人。墓地被拆和被盗发生在"文革"期间，当时《聊斋志异》这部作品被打成"牛鬼蛇神"的代表，所以早已仙去的蒲松龄竟然戴上帽子，坟墓也被红卫兵砸开，墓室遭到破坏。蒲松龄墓地封土高达两米左右，墓的前面原有一块立于清雍正三年的碑石，上面曾刻有一篇墓志铭，1966 年遭到破坏，同时被破坏的还有蒲松龄的墓室及一些殉葬的器物等。根据今天考古发现，蒲松龄墓中剩下的只有宣德炉、铜镜酒壶、酒杯、铜簪、寿山石印章四枚、耳勺、灯台、念珠、长明灯等，这些珍贵的物品后来被珍存在蒲松龄纪念馆中。虽然蒲松龄墓中东西不多，但仍然是值得保存的历史文物，比如那 4 枚印章，它是证明蒲松龄墓真实性的铁证，但当时现场的人根本没意识到，差点将其扔掉，后被蒲松龄纪念馆的人央求追回。1979 年，蒲松龄的墓才重新得到修缮，并刻录了新的墓志铭，新立的墓碑是由沈雁冰（即茅盾）先生撰写。在蒲松龄的故乡淄川蒲家庄修建了"蒲松龄纪念馆"，用以纪念蒲松龄一生为中国文学所做出的杰出贡献。

《聊斋志异》特种邮票在举办首发式之前，山东省邮政局的领导和山东省邮票公司的温少宁经理曾分别打电话给我，邀请我到淄博出席首发式。由于当时事务缠身，未能亲赴山东。为此，陈全胜在邮寄给我的这枚珍贵的首日封里，还加寄了他的亲笔信：

建辉先生，您好

近来很忙吧？本来以为能在《聊斋志异》首发式上见到你。但没能如愿。今将手绘封一枚寄去，请笑纳。这枚封上所钤四印是蒲松龄先生生前所用四印。所以，我认为这种封的意义是很大的。不知先生能否喜欢？望我们再见面畅谈。

敬礼

陈全胜

2001.4.24

正是《聊斋志异》特种邮票在蒲松龄家乡的隆重发行，"蒲松龄纪念馆"也成了陈全胜膜拜的圣地。2001 年 4 月 22 日晚，陈全胜心中唯一的祈愿得以实现：亲手使用蒲松龄心爱的 4 枚印章，在刚刚制作完成的 6 枚手绘封上各钤下了 4 方印鉴。这 6 枚手绘封已成为 4 枚印鉴的绝唱。除了陈全胜收藏的 1 枚和寄给我的 1 枚之外，蒲松龄纪念馆等有关单位也收藏了陈全胜的手绘封。

目前，蒲松龄的 1 枚珍贵印章仍保存在"蒲松龄纪念馆"中，2015 年已被入选"百件齐鲁瑰宝"。

有关《中国艺术节》邮票设计过程中的一段往事

有一位老同学装修房子，他打电话问我：建辉，我想装饰一下书房，做几个墙上的镜框。你给出个主意，如果放邮票的话，放什么邮票最适合，最漂亮？

我脱口而出："艺术节！"

为什么不加思索就把这套邮票推荐给同学呢？原因是对这套邮票的喜爱，远不自今日始。1987年9月5日，为祝贺中国首届艺术节开幕，志号为J.142的《中国艺术节》邮票发行。当时，我在邮电部工作，办公厅专门有一位工作人员义务为喜欢邮票的同事进行登记、收钱、取票、发票。当我拿到这枚邮票时，立即被邮票画面的设计所惊异、折服：大红的，铺满洒金的底，浓墨一笔挥就的"艺"字，红色、金色、黑色三种中国传统文化惯用的色彩搭配，给人一种热烈、喜庆、欢乐的节日气氛。"艺"字出自著名书法家米芾书写的行草繁体"艺"字，画面中的"艺"字，字势飞动跌宕，犹如烟云舒卷，天马行空；用笔沉着痛快，枯润燥湿错落有致。一个"艺"字充满画面，是字，又是图，既代表着各种艺术形式和各种艺术形式的艺术家，也巧妙地点明了"中国艺术节"的主题。妙哉，真是妙啊！画面中没有任何戏曲、音乐、舞蹈等繁复具体的画面，而是剑走偏锋，独出心裁，用一个"艺"字点名艺术节的主题。不用说，设

《中国艺术节》

计者绝对是平面设计的高手！当时，我只订了一套邮票。那时候订购邮票都是"盲人摸象"，根本不能提前看到图稿，等拿到手里，方觉得买少了。如果买一版，装饰在镜框里，一大版大红洒金的邮票，多喜庆、多漂亮啊！我立马找到订票人，遗憾的是，整版的邮票都撕开分到各个订户手里了。后来，工作一忙，购买整版《中国艺术节》邮票一事也就放到脑后了，但是这套邮票的画面已深深地印在脑海里。

那么，这套邮票的选题究竟是谁提出的呢？是出自年度的选题计划吗？经过查找档案，这枚邮票的来龙去脉才逐渐清晰。

1986 年 12 月上旬，中华人民共和国文化部的一份文件送到了邮票发行局。这份文件的内容如下：

邮电部邮票发行局：

我部定于八七年九月中——十月中旬，在北京举办第一届中国艺术节，这将是党的三中全会以来，我国优秀艺术作品的检阅。同时还邀请个别国外著名艺术团体和艺术家前来参加，它将是具有中国特色的丰富多彩的广大群众的盛大节日，是我国文化生活中的一件大好事情。为此恳请你局予以配合，在节日期间发行《中国艺术节》纪念邮票，对艺术节予以宣传和支持。

文化部艺术事业管理局（章）

一九八六年十二月二日

文件上有邮票发行局领导的批示：请邵总、发行处阅处。邵总即邮票发行局的总设计师邵柏林。

这套邮票的选题很快列入 1987 年的邮票发行计划，此时的邵柏林正为这套邮票选择设计者而犯难。为什么呢？这套邮票的选题设计看似简单，实则不简单。实话实说，难度很大。这套邮票要展示的是"党的三中全会以来，我国优秀艺术作品的检阅"。在十年"文革"中，我国文艺界受到严重冲击，各剧种、音乐、舞蹈……全被贴上"封资修"的封条，一些著名的艺术家也遭非难。十一届三中全会后，文艺界如沐春风，霎时间各专业剧种、各文艺院团，都推出了一批又一批的优秀作品，在首都和各地的文艺舞台上大放异彩，群众性的文化活动也呈现一派欣欣向荣的大好局面。在邮票上怎么反映？如何反映这种大好局面？这套有较大难度的邮票由谁来设计才最合适呢？这正是作为邮票总设计师的邵柏林此时需要拿捏的。

在邮票发行部门，设计者参与设计，一般分为特约和征稿两种。特约，一般是按照设计者的设计特点，比如是擅长画山水的，还是擅长画动物的，抑或是画人物的，按照他们的特长来选择适合他们设计的邮票选题，如果本人愿意进行设计，则签订协议，设计完成后的图稿交由邮票图稿评审委员会评审。征稿又分为外部征稿和内部征稿两种：外部征稿范围大，凡是愿意就某个选题进行设计的，都可以参与竞争。内部征稿则主要在邮票设计室内，根据选题，由专业设计师自由选择自己中意的选题并进行报名。设计出的图稿交由邮票图稿评审委员会进行评审。

像《中国艺术节》这样的选题，连设计到印制，只有六七个月的时间。为了保障这套邮票按时高质量的完成，也只能采取特约＋征稿的方式。特约＋征稿的方式就是一方面选择适合设计这种题材的艺术家进行约稿，同时也向各个艺术院校及专业邮票设计师征稿，最后由邮票图稿评审委员会裁决。

邵柏林想到了他的天津老乡——陈幼林。陈幼林 1956 年 7 月生于天津，1983 年毕业于中央工艺美术学院（现清华大学美术学院），毕业后任天津工艺美术学院装潢系教师。陈幼林也是邵柏林当初到中央工艺美院所物色的人选之一，陈幼林在学校就展现出平面设计的天赋，只不过要早于王虎鸣 4 年毕业。

邵柏林作为邮票发行局的总设计师，凡是重点邮票抑或是从来没有设计过邮票的新手，他都会亲力亲为，上门拜访，并详细讲解邮票设计的要领和注意事项。为了让陈幼林了解这套邮票的要点，邵柏林亲自到天津会见陈幼林。作为走出校门仅4年的陈幼林，看到学长邵柏林风尘仆仆亲到天津找自己约稿，甚是感动，遂愉快地接受了设计任务。

陈幼林接受约稿后，虽然有了初步构思，但觉得还不太成熟。一次，他到山西出差，适逢太原二轻职工大学装潢系搞毕业设计，他便给学生出了"艺术节"这个题目，让他们做设计。同时，陈幼林为了让学生们扩大设计思路，还把他的腹稿即采用"艺"字的思路和盘托出。学生们的热情很高，共设计了十几个方案，陈幼林最后选中了刘秀峰同学的图稿，并在原有基础上加工修改，重新绘制，形成邮票图案的初稿。这幅初稿就是大红底上，米芾书写的"艺"字。在邮票设计者一栏中，作为老师的陈幼林没有只写上自己的名字，而是把学生刘秀峰的名字也填上了。

陈幼林和学生刘秀峰图稿送到邮票发行局，连同参与这套邮票的设计者，一共交上来13个方案。在这些方案中，陈幼林、刘秀峰的方案自然成为总设计师邵柏林关注的焦点。这个方案简洁大方，气氛热烈，形式新颖，米芾书写的"艺"字，本身就是一种高超的书法艺术，"艺"字又是艺术的代名词，二者结合起来，很好地诠释了《中国艺术节》的主题，这套必定成为运用平面设计理论设计中国邮票的一个经典。追求设计完美的邵柏林，觉得这个方案中的大红底色，只有"热"，没有"贵"，于是他就在大红底上点缀了些许金片，这看似随意的洒金，却使邮票图稿浓烈的节日气氛立马呈现出来。邵柏林先生说，中国传统的节日色彩必须把红、黑、金搭配到一起才完美。

1987年6月16日，邮电部邮票图稿评审委员会举行第五次邮票图稿评审会议。工作人员把《中国艺术节》邮票图稿的13个设计方案全部隐去设计者的姓名，编上号码，依次排列起来，等待张仃、华君武、黄永玉、周令钊等一众艺术大师评委们的评头品足。

档案中的一份材料记载，"经1987年6月16日第五次邮票图稿评审会评审，评委一致同意采用第四方案作为邮票图稿。认为该方案从色彩到形式具有喜庆的节日气氛和浓厚的中国特色。"

第四方案就是陈幼林、刘秀峰设计的邮票图稿。

紧接着，被邮票图稿评审委员会选中的《中国艺术节》邮票图稿（第四方案）送到了文化部，请他们对图稿进行审定。1987年6月18日，经审定的一纸公函送到了邮电部邮票发行局。

邮电部邮票发行局：

为中国艺术节发行邮票一枚设计图，经我组委会秘书长看过，我们尊重邮票发行局的意见（第四方案）。感谢贵局和设计师对中国艺术节的支持。

中国艺术节将于1987年9月5日—25日在北京举行。

中国艺术节组织委员会办公室（章）

一九八七年六月十八日

1987年9月5日，由首都30多家文艺单位千名乐手组成的民族管弦乐队合奏的大型民乐：《将军令》《金蛇狂舞》《长城随想曲》等三首乐曲组合而成的《中华大乐》，在拥有18000名观众的首都体育馆里奏响，拉开了首届中国艺术节的序幕……

联合国教科文组织总干事姆博称赞说："在一个具有几千年历史的文明古国，第一次举办艺术节活动，充分体现了中国的开放政策，不仅将在世界上引起强烈震动，而且对人类文化的发展会起到很大的促进作用。"

当天，志号为J.142的《中国艺术节》纪念邮票在全国发行，为中国首届艺术节的开幕起到了很好的宣传作用。同时，这枚带有浓郁的中国传统文化特色的邮票也受到集邮者的追捧，一时间追求者众。

就在一切看似归于平静的背后，却无端生出了一场官司。位列该套邮票设计者第二位的刘秀峰，将设计者也就是他的指导老师陈幼林告上法庭，声称自己才是邮票图稿的原作者云云。这起看似荒唐的官司，孰是孰非，是非曲直，就像和尚头上的虱子——明摆着！那结论您还用问吗？

《国际住房年》

前些日子，我拨通了陈幼林的电话，说起这档子荒唐事，陈幼林轻轻一笑：那是我的学生。陈先生看似不经意间的轻轻一笑，以及对此毫不在意的回答，其宽容、豁达，以及这位艺术家的宽阔胸怀令我顿时肃然起敬……

在中华人民共和国邮票目录上，陈幼林所设计的邮票达 8 套之多：

1987 年 9 月 5 日邮电部发行其设计的纪念邮票《中国艺术节》。

1987 年 8 月 20 日邮电部发行其设计的纪念邮票《国际住房年》，并获"首届华人平面设计大赛"全场大奖、"苹果电脑大奖"、"首届华人平面设计大赛"金奖。

1989 年 11 月 1 日邮电部发行其设计的特种邮票《北京电子正负对撞机》；

1989 年 4 月 7 日邮电部发行其设计的特种邮票《群策群力 攻克癌症》；

1996 年 9 月 16 日邮电部发行其设计的纪念邮票《全国议会联盟第 96 届大会》；

1996 年 7 月 15 日邮电部发行其设计的特种邮票《中国汽车》；

2000 年 9 月 15 日邮电部发行其设计的小型张《2000 年奥林匹克运动会》；

2004 年 12 月 23 日邮电部发行其设计的《天津建城 600 周年》纪念邮资明信片；

2007 年 10 月 15 日邮电部发行陈幼林设计的纪念邮票及小型张《中国共产党第十次全国代表大会》，获"第二十八届全国最佳邮票设计奖"。

在这些设计精美的邮票中，我尤其喜欢《中国艺术节》《国际住房年》《2000 年奥林匹克运动会》等邮票，这些邮票的特点之一就是充分发挥设计家对主题的理解和诠释，使平面设计的特点在邮票上发挥到极致！可以这样说，这几套是 20 世纪 80 年代中期一直到现在邮票平面设计的天花板，至今仍无法超越，也无人超越！

邵柏林在《中国艺术节》邮票图稿上添加些许洒金，使邮票图稿锦上添花一事，并没有告诉任何人，而是出于邮票发行局邮票总设计师的唯一心愿——让中国邮票更精彩，让集邮者更喜欢！赠人玫瑰，不留余香，真是令人敬佩。《中国艺术节》邮票发行至今已经过去了35年，我曾经问过陈幼林，是否知道大红底上的洒金是谁的创意？他至今都记不得。如果我没有把这些历史上的点滴公之于众，恐怕就会永远埋没在历史的尘埃中……

一个是曾任中国邮票总设计师的邵柏林，一个是驰骋在中国平面设计界的教授陈幼林，两个人共同的特点都是：品格高尚，德艺双馨！多么希望在中国的邮票设计领域里出现更多的像邵柏林、陈幼林这样的艺术家！那才是中国邮政之幸，中国邮票之幸！

《2000年奥林匹克运动会》双联小型张

那一晚，一个特殊电话惊醒了我

《古代金面罩头像（中国和埃及联合发行）》邮票发行的前前后后

我在国家邮政局任职期间，有个早睡的习惯。爱早睡，从不熬夜。为什么？自打到邮资票品司工作之后，夜里失眠已经成了常态化，痛苦劲就别提了。1998 年国家邮政局成立之时，正是 1997 年邮票市场狂潮过后的骤冷时刻，整个邮票市场犹如一面轰然倒塌的大墙，一些散户纷纷跑路。作为刚刚成立的新机构邮资票品管理司，一方面背负邮政三年扭亏独立经营的压力，另一方面是不断下行的集邮市场以及社会舆论的压力。俗话说，日有所思，夜有所梦。这话不假，只要夜里 2 ～ 3 点钟一醒，脑子里立马就犹如放电影，一幕又一幕，昨天市场的反映，明天需要办的 1.2.3……等。没完没了。此时，睡意全无。没辙，往往一宿就这么过去了。所以，关掉手机，提前休息，以便攒足精神，应对明天繁忙的一天……

一个跨洋电话打到我家的座机上

2000 年 10 月下旬的一天深夜，外屋的电话铃响了。夜深人静的电话铃声出奇地响，我一激灵，翻身下床，看看表，不到 12 点。我揉揉眼睛，心想，是不是打错电话了？拿起听筒，没有声音，隔了几秒钟，里面有微弱的声音。

是建辉吗？我是刘立清。

是我，刘部长，您好，声音好像很远很远。

刘部长，是国家邮政局的同志对刘立清局长的一贯称呼。这个称呼源于 20 世纪

90 年代他曾担任过邮电部的副部长，邮电分营以后，刘立清被中央任命为国家邮政局第一任局长，我们这些从邮电部转到国家邮政局工作的老人，仍然沿袭老称呼。

对，我在开罗。电话那头的刘立清部长说。

这才想起来，刚才接电话有些迟延是由于国际长途的缘故。

建辉，我们和埃及邮政有联合发行邮票的安排吗？

有的，已经安排在 2002 年了。

我驻埃及大使提出，明年是中埃建交 45 周年，这是一个加强两国邮政之间合作，加强两国人民之间友谊的好机会，我们能不能提前一年，在明年的 10 月份发行？有什么困难吗？

可以调整，但时间非常紧。两国联合发行，如果靠公文往来，不仅慢，而且交流不方便。能否请代表团临别时和埃及邮政签署一份联合发行邮票的协议，这样具体的工作就省很多事。有了协议，我们会主动去联系对方，把具体工作做好，全力争取明年 10 月发行。

好的，快休息吧。刘部长挂断了电话。

得，今天又甭睡了。索性起身穿好衣服，把中国和埃及联合发行邮票抓紧要办的几件事整理出来。合上笔记本，窗外晨曦微明，偌大的北京城已经开始甦醒了……

刘立清部长一行出访非常顺利，很快回到北京。

回到北京后，刘部长立刻就邮票事宜做了交代：建辉，中国邮政和埃及邮政关于联合发行邮票的协议已经签好了，你们复印一份，把后续工作安排好。

邮资票品管理司立即就与埃及邮政方面具体协商的内容，如联合发行邮票的选题、设计、枚数、规格以及发行时间等议题，提出了方案。为了力争按照中国驻埃及使馆的要求，按时发行邮票。邮资票品司向局领导签报，建议邀请埃及邮政当年 12 月中旬派团来华。2000 年 11 月，国家邮政局国际司迅疾向埃及邮政部门发出了邀请函（传真）。

埃及邮政回函，来不了。原因呢？"埃及邮政财政比较困难。"并进一步询问，"中方能否来访？"

这令我们始料不及。

接到埃及方面的传真后，刘部长当即批示，由邮资票品管理司组团赴埃及，协商联合发行邮票的具体事宜。

11 月下旬，国际司又发出一封传真，向埃及邮政建议，由中国国家邮政局派出代表团，12 月中旬抵达开罗，就联合发行邮票事进行具体协商。

不几日，埃及邮政回复。大意是，由于 12 月份是伊斯兰"斋月"，埃及邮政无法接待中国邮政代表团，建议中方 2 月份抵达开罗。

时间又要悄悄溜走两个月啊！这让我心里这个急啊！实际上为了准备埃及方面来华，邮资票品司已经准备好了会谈方案，但这次只能就选题、枚数、发行时间做一个初步研讨。如果顺利，选题定下来，还有就是双方根据选题，各自进行设计。根据以往做法，起码要给设计师一两个月的设计时间。双方设计家完成图稿后，还要安排第二次面对面协商，最后确定采用哪个国家设计师的图稿。这些都需要时间啊！图稿完成还要给邮票工艺、印制留出时间，这些环节哪一个都不能少。期间，万一图稿设计双方不满意，那就更糟了。想想这些，当时头都大了，但是急也没用，只好等吧。

率团出访北非埃及

2001 年 2 月 24 日，由我担任团长的三人邮票代表团抵达埃及首都开罗。

我深知，这套邮票能否按时发行，关键是时间！出访前做足了功课，除了将双方讨论的细节充分分解、考虑之外，还请邮票印制局的王虎鸣对代表团拟带去的三个选题方案进行图稿设计，这也是一个打破常规的做法。这样做不仅可以让埃及方面了解选题的内容，也能一目了然地看到根据选题设计的图稿，如果对方认可，那么联合发行 2 枚邮票中的 1 枚就搞定了，余下就等埃及的另 1 枚图稿，这样可以减少最后双方讨论图稿的环节。

王虎鸣接到这个紧急任务后，连夜工作，仅用一个星期就把三幅创作好的邮票图稿摆在了我的办公桌上。经过讨论，图稿获得一致通过。有了这三幅图稿，我才稍稍把心放下。

一下飞机，让代表团大感意外的是，接机的不是埃及邮政部门的人，而是我驻埃及大使馆的办公室主任吴保国。按理讲，我驻外使馆都非常忙，人手有限，里里外外大事又多，据吴保国主任讲，由于埃及在我外事工作中占有重要位置，每年出访的政治、经贸、文化、民间代表团多达上百个，接待任务非常繁重，像我们这种业务部门一般都由对方国家的相关业务部门接待，由我驻当地使馆接送这种待遇在以往出国办事过程中是极其少见的。不过，这也充分说明我驻埃及使馆高度重视联合发行邮票这件事，而且，由于国家邮政局没有阿拉伯语翻译，为了保障和埃及邮政沟通顺畅，还将使馆一位最棒的阿拉伯语翻译派来随团，参加代表团的一切活动。要知道，出访的代表团（除党和国家领导同志外）大使馆是不配翻译的，都由出访团组自己解决。您想，能不让代表团感动吗？

中埃邮政官员第一次会谈

10 月 25 日 9 时 50 分，大使馆汽车将代表团送到埃及国家邮政局。埃及国家邮政局的大楼是一幢英式建筑，已经有 100 多年的历史了。门口等我们的是埃及邮政的一位工作人员，名叫谢里夫。他很谦恭地和代表团成员一一握手，然后引导我们来到一间宽敞的会议室。会议室还没有人，主人未到，客人先到了。谢里夫请我们稍等，他告诉我们，会谈时间还没有到，10 点钟会有埃及邮政的几位官员出席会议。

10 点过后，埃及邮政参加会谈的几位官员进入会议室，分别是埃及国家邮政技术委员会主席、邮政博物馆馆长、埃及邮政印刷厂厂长和埃及邮政外事处处长。双方寒暄后，我介绍了中方一行人的名字和职务，埃及邮政也分别介绍了参加会谈的人员。大使馆派来的陈中芸翻译上手了，这位 30 多岁的女翻译，自小在埃及长大，您想她的阿拉伯语能差吗？翻译过程清晰、快速、准确，令埃及方面都对陈女士的阿拉伯语水平投来赞许的目光。

埃及邮政为了这次会谈，也做了充分的准备。会上，他们提出的选题建议有两个：一是埃及古代法老图坦卡蒙的黄金面具，二是尼罗河题材，并附有两个题材的设计图片。我一看，这两个邮票选题和国家邮政局准备的相对应的题材不谋而合呀！我们当时共准备了三个选题，一个是三星堆黄金面具，第二个是黄河壶口瀑布，第三个是秦始皇兵马俑。我们为什么会选这三个题材呢？大家知道，联合发行邮票一般是 2 枚，这已经成了惯例。2 枚邮票基本上都是相对应的题材，比如建筑，那么两国都会选择最有代表性建筑；又比如是花卉，两国会选择国花，或是本国特有的珍稀花卉。以此类推。

我们在研究选题时曾经猜测过，埃及方面可能会推荐什么题材呢？在仔细研究过埃及的历史和地理后，一致认为图坦卡蒙黄金面具和尼罗河，这两个题材概率比较大。为了保险起见，万一对方提出用其他著名史前文物的话怎么办呢？因此又准备了第三方案：秦始皇陵兵马俑。

图坦卡蒙黄金面具是公元前 14 世纪时的埃及法老图坦卡蒙死后所戴面具，发现于他的陵墓中。他的木乃伊发掘出来的时候，头部罩着一个黄金面具，这使他成为当代所知最著名的埃及法老，面具与真人的面庞大小相称，恰好罩在他的脸上。面具由

中国邮政代表团与埃及邮政代表会谈

金箔制成，嵌有宝石和彩色玻璃。前额部分饰有鹰神和眼镜蛇神，象征上、下埃及（上埃及以神鹰为保护神，下埃及以蛇神为保护神）；下面垂着胡须，象征冥神奥西里斯。图坦卡蒙黄金面具是世界上最精美的艺术珍品之一，也是埃及的国宝。

尼罗河是世界上最长的河流，全长 6670 公里，号称世界第一长河。它比我国的长江 6397 公里，还要长出 200 多公里。尼罗河，从南到北流贯埃及全境，在埃及段长 1350 公里，也是埃及的母亲河。两岸形成宽约 3—16 公里的狭长河谷，并在首都开罗以北形成 2.4 万平方公里的三角洲。在尼罗河的影响下，两岸谷地形成了面积为 1.6 万平方公里的绿洲带。正是尼罗河孕育了埃及的古文明，也滋养了勤劳勇敢的埃及人民。

把主动权拿到手里

这两个题材与国家邮政局推荐的其中两个题材多么契合呀！我们也随即拿出准备好的三幅图稿，其中的尼罗河与黄河这两个题材，埃及的几位邮政官员一直在交换意见。我们也不好打扰，权且等一等。

翻译低头小声对我说，他们正在讨论我们的图稿。尼罗河方案可能是他们的第一方案，但是看到我们拿出的黄河壶口瀑布图稿，明显比他们的要好，有气势，他们准备放弃了。的确，王虎鸣设计的黄河壶口瀑布，气势磅礴，气象万千，蔚为壮观。反观埃及方面的画面平淡，构图也比较杂乱。

不一会儿，埃及方面研究后正式提出，中方图稿中的三星堆金面罩和图坦卡蒙金面罩均为古代面罩，较为接近，是否两国选择这一个题材？这个题材也是中方拟推荐的第一方案，埃及方面也满意，这是最好不过的结果了。三星堆遗址被称为 20 世纪人类最伟大的考古发现之一，其中出土的文物不仅数量多，而且很多珍品惊世骇俗。在中国的文物群体中，属最具历史、科学、文化、艺术价值和最富观赏性的文物群体之一。当时，尽管国内对三星堆出土文物很轰动，但还从未发行过邮票。所以，通过邮票向国际上宣传展示三星堆的重大考古发现和文物珍品，是最恰当不过的方式之一。同时，这种题材在中国发行的邮票中还从来没有见过，从未出现过的画面一定会令集邮者感到新奇。就这样,三下五除二,双方通过了联合发行邮票的题材。

第二项,双方就要讨论邮票图稿的设计。从双方提供的图稿水平来看,埃及方面提供的图稿明显有些缺陷,而王虎鸣设计的要高出一筹。我在琢磨,如果仍按过去的惯例,双方各自去完成邮票图稿的设计和修改,必须要给双方足够的时间,然后再讨论,可是时间太紧啊。我随即提出一个方案:为了 2001 年能够在两国准时发行邮票,双方的图稿能否交给中方做最后的调整?

埃及邮政的几位官员合计了一下,最终同意了我的建议。这个方案一通过,我心里的石头才算落地。

第三项,关于发行时间。中方建议能否安排在 10 月中下旬?(这个时间也是我驻埃及大使馆提出的)埃及邮政几位同行看了看日历,合计了一下,最后双方经协商,确定发行日在 2001 年 10 月 12 日。

接着,双方就联合发行邮票的面值设置、邮票交换数量等议题,一一进行了友好协商。

拜访安大使

从埃及邮政大楼出来,已是下午 1 点了。走出这座古老的英式建筑,任务完成的相对顺利,一行人的轻松都写在了脸上。

由于会议时间延长了,原定下午 1 点半赶到使馆,要来不及了。我心里很着急,第一次拜访大使,迟到可太不礼貌了。

开罗城里的车子怎么也像北京啊,马路上这个堵呦,简直就是停车场,一辆接一辆,走走停停。令人奇怪的是,开罗的马路没有像北京那样的行车线。没有规矩就不成方圆。所以我们的车子只能随着前后左右的车,慢慢挪。还有些不讲规矩的,横冲直撞。陈中芸翻译的手机里不时有大使馆打来的电话,不停地询问车子到哪儿了。我心里十分内疚,大使一天这么忙,还要等我们,心里真是过意不去呀!

下午 2 点,车子才进了大使馆的大门。安大使早已等在那里,见我们到来,大步走过来,和代表团成员一一握手,表示欢迎。安大使身材魁梧,声音洪亮。他的老家在湖北，听得出来，乡音始终未改。

我向安大使详细汇报了中埃邮政双方就联合发行邮票会谈的结果，并表示基本按照出国前的预案，获得了比较满意的结果。安大使听了也非常高兴，预祝中埃联合发行邮票获得圆满成功。

虚惊一场的联合协议文本

翌日 6 点 45 分，埃及接待人员谢里夫带车来接代表团一行。埃及国家邮政的苏里局长将在尼罗河上的一艘游船上举行晚宴，欢送代表团一行。本来今天晚上应该是临走前代表团最轻松的时刻，但上午突如其来的一段插曲，使原本轻松愉快的晚宴罩上了一层沉重的气氛。

原来，当天上午 10 点，中埃邮政关于联合发行邮票会谈所达成的共识，要签署一个协议，这个协议由双方的代表签署，没想到在协议究竟用什么文字方面，卡壳了。

签署协议的地点，就在苏里局长办公室隔壁的会议室里。会议室已经摆好了一张长条桌，两边各六把椅子。木板墙上挂着整齐的镜框，一边是该国邮政委员会历任的局长相片，一边是 1984 年以来埃及邮政每年发行的邮票。会议桌子的一端，墙上挂着当时的埃及总统穆巴拉克的标准照片。这张穆巴拉克总统的标准照在埃及开罗的各个公众场合、政府部门都有，有关穆巴拉克的新闻报道在各种媒体上都是头版头条，电视上也是"大明星"，可见当时穆巴拉克总统的威信在埃及老百姓的心目中是很高的。

10 点刚过，苏里局长和参加会谈的埃及方面成员陆续抵达。苏里身穿一身西服，笑容可掬地和代表团成员握手致意，表示欢迎。

有关双方协议的文本，经协商采用的是中英文两种文本，两种文本具有同等法律效力，埃及方面的翻译和代表团团员马洪科又做了最后的校对。中英文本一份放在了苏里局长的座位前，另一份在我的面前。苏里局长显然事前并没有看到这份英文协议，落座后就急急忙忙地审查协议文本，然后就要在埃方一侧的英文文本上签署名字，我赶紧提议，是否我们坐在一排，共同签署、合影？苏里局长马上抱歉地站起来，我也赶紧走到埃方一侧，和苏里并排坐下。我们共同在英文文本上签下各自的名字，双方人员拿起相机拍照，记录下这珍贵的一刻。轮到双方签署中文文本时，苏里看了一下对翻译说：这个文本我不懂，需要公证一下，或者请中国使馆给我们一个照会，证明这个中文文本和英文文本内容一致。

这令我不可思议，明明两种文本上都已经注明"中英文两种文本内容一致，具有同等法律效力"，怎么对中文文本不太相信呢？难道我们中文有诈？我当即表示，这个中文文本和英文文本都是由中方起草，两个版本内容一致，贵方的翻译也校对过了，不可能有出入。

苏里局长一边握手，一边和我说：晚上我们还要见面，再谈。

峰回路转就在瞬间

从埃及邮政大楼出来后，大使馆的吴主任说，这两天你们太忙了，也没出去转转，明天就要回国了，我带你们去游览一下市区吧。但是中文文本没有签署，等于任务并没有完成，我们哪里有心情去逛街呀！我们婉拒了吴主任的好意，坚持到使馆去一趟。

到使馆后，我们向安大使口头汇报了上午签署文件的情况。安大使讲，要尽量争取双方签署中文文本，但是英文既不是埃及的母语，也不是中国的母语，应该说用第三种文本签署也可以。

尽管大使讲了这个道理，但我仍然有一种遭到不信任的感觉。回到宾馆后，我们立即研究了晚上向苏里局长陈述签署中文文本的几条理由，也向今晚陪同我们参加宴会的中国留学生（大使馆安排的翻译）介绍了相关情况，以便和埃方陈述时能准确表达中方的意见。

晚上6时40分，谢里夫准时到宾馆接代表团。路上车子不多，汽车沿着尼罗河畔疾驰，河边上一对对情侣依栏而立，相依相偎。根据伊斯兰教义，男女是不允许在大庭广众之下拥抱接吻的，不过，至少在开罗的几天内这些镜头的确没有划入过我们的眼帘。

车子大约开行了20分钟，来到一艘豪华的游轮前。游轮布置得很讲究，从岸边一直到游船上都铺着地毯，两边站立着身穿古代军服的侍从，手里握着古代刀剑。开

《古代金面罩头像（中国和埃及联合发行）》

船时间是晚 8 点，由于车子没遇到堵车，所以提前到了。这时船上人还很少，我们一行人直接上了顶舱。整个尼罗河两岸的风光尽收眼底。微风徐来，白天的热浪渐渐褪去，河面上回响着节奏感极强的埃及音乐，一艘艘载着各种皮肤的游客从船边驶过，欢笑声、音乐声不绝于耳。脚下，尼罗河水闪着粼粼的波光，静静地流淌，似乎在默默地诉说埃及数千年来的兴衰历史……

晚 8 点整，苏里局长和埃及邮政的其他领导陆续来到游轮上。苏里局长一脸春风，与代表团成员一一握手寒暄。我一边和苏里聊天，一边历数中埃之间建交 40 多年来的友谊与合作。我的话锋一转，谈到了上午签署中文文本之事。苏里局长笑了，接过我的话头：中国是埃及的朋友，我们相信朋友，可以签署！

我追问了一句：可以签？

苏里：可以，现在就签。他说着，把桌子上的酒杯推到一边，就在这儿签。我们取出中文文本，苏里和我分别在中文文本上庄重地签下了自己的名字。没有想到，我纠结了一下午的难题，就这样顺利地解决了。

此时，晚宴还没开始，酒也没有上来，只有刚刚上来的矿泉水，怎么办？我说了一句，中国民间有句话，只要感情有，什么都是酒！苏里局长笑了，酒杯一端，双方玻璃杯的碰击声、欢笑声充满了船舱……

2001 年 10 月 12 日，由著名邮票设计家王虎鸣设计的志号为 2001-20 的《古代金面罩头像（中国和埃及联合发行）》邮票在中国和埃及同时发行。这套印制精美的特种邮票，不仅获得了全国佳邮最佳印刷奖，还获得了"国际政府间邮票印制者会议"最佳胶印奖。

新中国邮票七十年的十大变化

　　1949 年 10 月 1 日，毛泽东主席在天安门升起了新中国第一面五星红旗。8 天后，新中国第一套邮票——《庆祝中国人民政治协商会议第一届全体会议》发行，从此拉开了新中国邮票发行的大幕。70 年来，新中国共发行了一千五百多套五千多种邮票。新中国邮票 70 年发展的历程并不平坦，曾经遇到过许多困难和挫折。尽管如此，纵观新中国邮票 70 年走过的道路，是健康向上、朝气蓬勃、不断向前发展的，无论是选题、设计、印制和发行都取得了很大的成绩，经得起历史的检验。新中国邮票如同伟大祖国前进步伐的缩影，雄踞世界邮坛而毫不逊色。

一、邮票铭记的变化

　　邮票是国家的名片，每枚邮票上都标有国家和邮政名称。我国邮票的国名标记与邮政标记是连在一起的，随着时代的变迁和发展，邮票上的铭记亦有了相应的变化与发展。

　　新中国的第一套邮票——"纪 1"《庆祝中国人民政治协商会议第一届全体会议》于 1949 年 10 月 8 日向全国发行，邮票铭记是"中华人民邮政"，这是中央人民政府

《庆祝中国人民政治协商会议第一届全体会议》

邮电部尚未成立时，由华北邮政总局代为发行的。邮票铭记同为"中华人民邮政"的还有两套，分别是1949年11月16日发行的"纪3"《世界工联亚洲澳洲工会会议纪念》邮票和1950年2月1日邮电部发行的"纪2"《中国人民政治协商会议纪念》。新中国邮票铭记为"中华人民邮政"的仅此三套。

1949年12月邮电部召开全国邮政会议，决定我国邮政定名为"中国人民邮政"。从1950年2月10日发行的"普1"《天安门图案（第一版）》普通邮票起，开始使用"中国人民邮政"铭记，直到1991年底一直沿用了42年。

从1991年12月1日起，我国发行的贺年有奖明信片邮资图上，首次使用了"中国邮政"的邮政铭记，并依照万国邮政联盟（UPU）对会员国的号召要求，添印英文国名"CHINA"（中国）。1992年1月25日发行的《壬申年》特种邮票，在志号改变的同时，铭记也改为"中国邮政"，并加英文国名"CHINA"，这是新中国邮票首次使用的带英文标注的邮政铭记。

这次邮政铭记的更换，有着重大的政治意义。正是由于将"中国人民邮政"改为"中国邮政 CHINA"，使"一国两制"条件下香港特别行政区和澳门特别行政区邮票铭记的标注方式有了遵循。1997年7月1日，香港回归祖国，香港特别行政区发行的邮票开始使用"中国香港"铭记。1999年12月20日，澳门回归祖国，澳门特别行政区发行的邮票开始使用"中国澳门"铭记。至此，我国现有的"中国邮政CHINA""中国香港""中国澳门"铭记，充分体现了"一国两制"这一伟大创举在邮政领域的成功实践。

二、邮票志号的创设与变化

创设邮票志号——新中国邮票的志号，是我国邮票区别于其他国家邮票的标志之一，它以直观、实用的特点，对邮票发行及集邮产生着较大的影响。

万事开头难。新中国邮票的开局正是由于有一批熟悉邮票、热爱邮票的明白人主办此事，不仅使新诞生的邮票题材广泛、设计典雅，具有鲜明的民族特色，而且有不少创新之举。邮票上采用志号自新中国发行纪念、特种邮票开始，这是世界邮票发展史上的一项创举。

新中国第一套邮票是《庆祝中国人民政治协商会议第一届全体会议》，全套四枚。为了便于邮票发行管理和集邮者的收集，邓连普先生首创了邮票志号，并编印在纪念邮票上，其志号为"纪1"。

邮票志号使集邮者在没有任何资料的情况下，能够知道有关邮票的发行年份、全套有几枚、该枚排列第几，极大地方便了邮票的出售、选购、收集和整理，因而深受国内外集邮者的好评，这一做法也逐渐被其他一些国家效仿采纳。我国继"纪"、"特"、"文"、"编号"、"JT"、"编年"等邮票志号之后，在新千年伊始又新推出了"特"字头的新志号（此"特"指"特别发行"与之前"特种邮票"的"特"有本质区别）。

2000年1月1日发行的"特1"M《港澳回归 世纪盛事》小型张，志号为"2000-特1"M，这是新中国邮票上出现的新志号。从特2开始，邮票上的志号标注方式改为"特2-2001"。

这个志号带有"特别发行"的意思，如今在编年邮票中的"特"字头邮票已经成为系列，这些"特"字头邮票都有一个共同的特点，即都属于"特别重大事件"的纪念。这些发生在我国政治、经济、科技、文化等领域的重大事件，对全国、全民、全社会有重大的现实意义和历史意义，在国内和国际上都产生了重大影响。用"特别发行"来反映我国发生的特别重大事件以及关乎国计民生的巨大成就，有别于一般的事件纪念，从2000年以来它清晰地记录了我们祖国发展的步伐。

三、邮政资费与邮票面值的变化

1949 年 11 月中华人民共和国邮电部成立，12 月召开第一次全国邮政会议，统一全国邮政机构，确定经营管理、业务发展、人事制度等方针政策。

中华人民共和国成立初期，中央人民政府于 1949 年 12 月规定，以财政小米 12 两（新衡制 7.5 两）的价格为一件平信基本资费的标准；1950 年 5 月平信邮资调整为旧人民币 800 元，折合现人民币 0.08 元。

1955 年 3 月全国开始实行新币，新币 1 元等于旧币 1 万元。邮资按新币计算，国内普通函件每重 20 克 800 元改为 8 分，本埠互寄 4 分。1955 年 6 月 25 日发行的"纪 31"《中国红十字会成立五十周年纪念》邮票，从这套邮票开始新中国邮票改用人民币新币面值单位。

从 20 世纪 50 年代至 70 年代，中国长期实行以计划经济体制为主的管理模式，物价稳定成为一项值得自豪的成就。80 年代开始实行改革开放以后，中国逐步实行以市场经济体制为主的管理模式，成本、物价、利润都随着市场需求而变化，不再是被冻结的固定值。

由于邮政资费自 1950 年调整后 40 年未变，邮政收支出现亏损，经国务院批准，自 1990 年 7 月 31 日起，对国内邮政资费进行了全面调整。平信每重 20 克的资费，本埠由 4 分提高到 1 角；外埠由 8 分提高到 2 角。其他邮政资费也作了调整。其后，我国又分别于 1996 年、1999 年、2006 年三次调整邮政资费，国内平信每重 20 克已调至 1.2 元。国内信函邮资从 40 年保持不变，到 2006 年的四次调升，这些邮票面值的变化反映出我国由长期计划经济体制向市场经济体制过渡的发展历程。

四、邮票种类与时俱进的变化

新中国成立以后，邮票种类曾有普通邮票、纪念邮票、特种邮票、欠资邮票、航空邮票、包裹邮票等，1953 年还发行了属于专用邮票性质的军人贴用邮票。1957 年以后，邮票种类由多种简化为五种：普通邮票、纪念邮票、特种邮票、专用邮票、附捐邮票。

　　纪念邮票和特种邮票是新中国邮票中最具魅力的票种，其发行历程变化最大，经过多次变更，分别由"纪"、"特"字头邮票、"文"字邮票、编号邮票、"J"、"T"字头邮票、按年份编号邮票等几个阶段组成。

　　尽管世界各国发行过许多类别的邮票，存在各种各样的邮票分类方式，但作为主要类别的普通邮票、纪念邮票、特种邮票、专用邮票、附捐邮票等五类，为世界各国所公认。

　　从 20 世纪 70 年代末开始，中国社会进入改革开放的历史新时期。随着邮票发行不断步入正规化、多样化、市场化、个性化的发展时期，新的邮票品种不断出现：

　　1979 年 8 月 25 日发行的"J.41"M《里乔内第 31 届国际邮票展览会》是新中国首枚加字小型张。

　　1980 年 3 月 20 日发行的"T.49"《邮政运输》是新中国首套磷光邮票。

　　1980 年 6 月 1 日发行的"SB（1）"1980《童话——"咕咚"》是新中国首次发行的小本票。

　　1984 年 2 月 16 日发行的"T92"《儿童》是新中国首套附捐邮票。

　　1989 年 10 月 12 日发行的"普 24 甲"《中华全国集邮展览'89·北京》小型张，是新中国首次为全国邮展筹集经费发行的特殊邮品，也是新中国首枚普通邮票小型张。

　　1991 年 9 月 14 日发行的"T168"《赈灾》是新中国首套赈灾特种邮票。

　　1997 年 7 月 1 日发行的"1997-10GM"《香港回归祖国》50 元小型张，是新中国首次发行的金箔小型张。

　　1999 年 12 月 1 日启用电子邮票，又称自动化邮票，属于普通邮票，电子邮票面值种类非常丰富，没有背胶。

　　2001 年 8 月 22 日，国家邮政局邮资票品司经过调研后试办的"个性化邮票服务业务"在第 21 届世界大学生运动会上亮相。2002 年 5 月 16 日新中国首次发行了个性化服务专用邮票《如意》，利用个性化专用邮票上的附票为用户提供个性化服务业务。

　　2004 年 10 月 28 日发行的"2004-23T"《中华人民共和国国旗国徽》邮票小版张版式二，是新中国首次发行的不干胶邮票。

2006 年 10 月 26 日发行的"2006-23T"《文房四宝》绢质邮票小版张，是新中国首次发行的绢质邮票。

2010 年 5 月 15 日发行"2010-11T"《中国古代书法—行书》特种邮票宣纸小版张，是新中国首次发行的宣纸邮票，整张枚数 12 枚（两套），整张规格 186×120mm。

小本票因其设计精美，包含的知识信息量大，具有很高的收藏和欣赏价值。1980 年 6 月 1 日至 1991 年 1 月 5 日，中国一共发行了 18 种小本票，此后小本票停止发行，原国家邮政局成立后，于 2000 年 6 月 1 日将中断了十年的小本票恢复发行，《小鲤鱼跳龙门》这款时尚又不失传统的小本票终于跃上了新世纪。

《小鲤鱼跳龙门》（小本票）

五、指导方针的调整与变化

新中国成立以来，我国邮票发行的指导方针与时俱进，始终坚持邮票选题、设计和印刷的中国特色；不断做好中国特色的邮票发行、集邮服务，取得了从传承到创新的历史业绩。

集邮业务的指导方针是邮政部门针对不同时期的社会环境、经济发展水平、集邮队伍与集邮市场的发展状况并结合国家精神文明与社会文明建设的总体要求，确定的集邮业务的服务宗旨、服务目标和服务要求。

新中国成立初期，集邮作为一项有益的文化活动，备受提倡。集邮业务顺应社会

《中国梦—国家富强》

发展，从无到有，逐渐成为邮政部门的一项新业务。作为起步和摸索阶段，尚未提出完整的集邮业务方针。粉碎"四人帮"以后，随着我们党的中心工作转移到经济建设上来，邮电部对新成立的中国邮票总公司规定的业务方针是："提高邮票的设计和印刷质量，搞好邮票发行和扩大出口，充分发挥邮票在宣传我国社会主义革命和建设的成就，促进国际交往中的重要作用。"

1983 年，邮电部根据改革开放以后集邮队伍逐渐扩大这一形势，颁布了"为集邮者服务，对集邮者负责，为两个文明多做贡献"这一新的集邮业务指导方针。

《北京申办 2022 年冬奥会成功纪念》

《改革开放四十周年》　　　　　　　　　　　　《"一带一路"国际合作高峰论坛》

　　1986年，邮电部针对当时集邮者反映强烈的"买票难"问题，针对性地提出了集邮业务新的指导方针"传播社会主义精神文明，尽力满足集邮爱好者的需要，在此前提下努力为社会主义建设积累资金。"

　　1998年，原国家邮政局成立以后，集邮业务市场、服务对象以及发展环境都发生了很大变化。为适应形势的发展变化，原国家邮政局于2002年提出了新世纪集邮业务的指导方针"传播文明，诚信服务，面向市场，健康发展"。其中，传播文明是职责，诚信服务是宗旨，面向市场是出路，健康发展是目标。

　　"十六字"方针的内涵，包括如下内容：传播文明。传播社会主义精神文明和物质文明，传播历史和现代文化，是邮票发行与经营部门的光荣职责。

　　诚信服务。集邮企业只有以诚信服务为前提，才能赢得信誉、拓展市场。要树立用户至上、全心全意为用户的经营理念，不断提高经营与服务水平，为集邮者和社会团体的收藏、礼仪、公关、纪念等方面的需求，提供优质的多元化的服务。

　　面向市场。集邮企业要针对经营环境和集邮群体的变化，注重市场的分析与研究，不断调整经营思路及经营手段，不断创新产品，开拓市场，并注重培育和保护市场，不断开辟企业发展的空间。

　　健康发展。集邮业务的健康发展要走可持续发展之路，坚持"两个效益"并重，坚决克服短期行为，以赢得不断发展的长久动力，实现健康、稳定、持续、高效发展。

　　正是中国邮政根据集邮市场的需求和形势的变化，不断调整集邮业务的指导方针，使其适应与符合社会的发展需要，促使中国集邮事业呈现出长盛不衰的文化奇观。

《中华人民共和国成立五十周年——民族大团结》

六、邮票版式与时俱进的变化

进入新世纪，面对近50年一成不变的邮票版式，是继续一成不变地走下去，还是给收藏者一些不一样的视觉冲击，换一种思维看待邮票？国家邮政局邮资票品管理

《中国神舟飞船首飞成功纪念》

司坚定地选择了后者。

1999年10月1日，《民族大团结——庆祝中华人民共和国成立五十周年》邮票面世，全套56枚票组成的超大版张，规格243×300mm，设计与版式俱佳。这是新中国全套枚数最多的邮票，规格最大的版张。

2000年11月20日，《中国"神舟"飞船首飞成功纪念》如期发行，时隔近50年后群众喜欢的"三角形"邮票重新回到消费者的视野中。《中国"神舟"飞船首飞成功纪念》小版张新颖的设计，让跨入新世纪的第一个小版张好评如潮。

《中国神州飞船首飞成功纪念》（小版张）

《君子兰》（小全张）

　　2000 年 12 月 12 日，《君子兰》邮票面世，小全张图案是在浅灰色底衬托下，美丽的君子兰栩栩如生，花的下方是一排精美的拼音文字镂空设计，这种在版面上的镂空设计在国内尚属首次。

《昭陵六骏》（小版张）

此后，陆续又有新的版式问世：特殊的小型张——"双联"张、四联小型张，还开始创新小版张。

小版张是在发行一个含多套（枚）票邮局全张的同时，又发行一款含有较少套（枚）票的邮局全张，前者称为"大版张"，后者就是"小版张"。国家邮政局从2003年之后，将"小版张"发行公告明确改为"版式二"的称谓。例如，2004年生肖猴票出现了"版式二"和"版式三"，即同时发行了两种"小版张"。

2001年10月28日，《昭陵六骏》特种邮票发行，一套6枚，该套邮票采用连印形式，犹如一幅历史画卷在我们面前慢慢展开。同时还印制两枚小版张，邮票前三枚后三枚各为一组。小版张最大亮点是压凸，邮票上的浮雕图案向外突出，具有强烈的立体感，

《2000年奥林匹克运动会》双联小型张

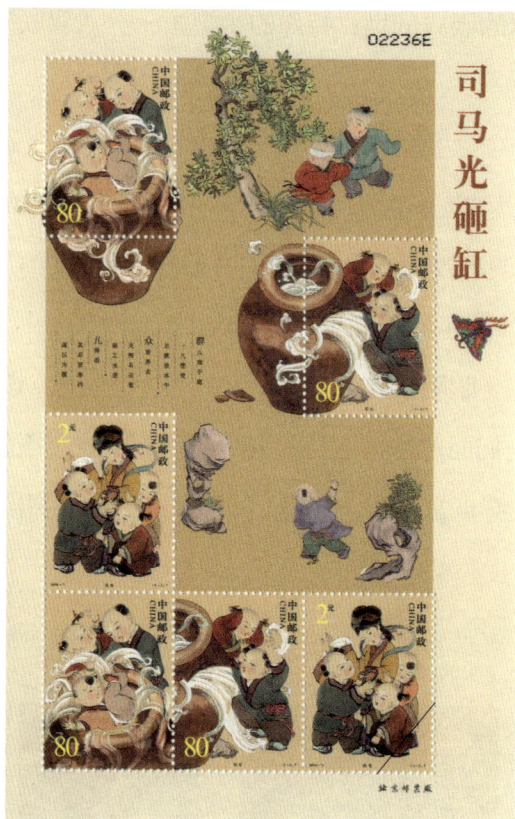

《司马光砸缸》（小版张）

从小版张背面看尤为明显，这是新中国首次采用压凸工艺印制的小版张。

在 2003 年和 2004 年的小版张中出现了很多精品，增加一些新的设计元素，例如《杨柳青木版年画》《苏州园林——网师园》《司马光砸缸》等。

第 27 届奥林匹克运动会于 2000 年 9 月 15 日至 10 月 1 日在澳大利亚悉尼举行，中国共夺得 28 枚金牌，名列参赛国第三名，成为中国迈向世界体育强国征程中的一座里程碑。9 月 15 日中国发行《第二十七届奥林匹克运动会》纪念邮票小型张一枚，图案为艺术化的奥运旗帜，五环与"2000"巧妙组合，同时还发行了一种双连体小型张，这是新中国首次发行双连体小型张。

2011 年 9 月 12 日发行的《关公》特种邮票，一套两枚，小型张一枚，面值 6 元。同时，还发行了一种绢质《关公》小型张四连张，这是新中国首次发行绢质四连体小型张。

《甲申年》（版式二）

《甲申年》（版式三）

2004 年 1 月 5 日发行的《甲申年》赠送小版张，是新中国发行的邮票枚数最少、版幅最小的小版张，也是新中国首次发行的向全额预定纪特邮票用户赠送的特殊品种。这一用途特殊的新品种，版式新颖，设计精美，令人耳目一新，被集邮爱好者俗称为"黄猴"。这件人见人爱的小版张不在窗口公开出售，只是赠送给全额交付预定款的邮票预订者。这个意外的惊喜，令集邮者兴奋异常，不少集邮者来信肯定了国家邮政局的这项亲民措施。

七、邮票票型由传统向时尚变化

长期不变的票型面临挑战。截至 20 世纪 90 年代后期，新中国邮票一直沿用矩形票型，几乎 50 年不变的票型成为一种定式。特例之一是 1951 年 8 月 15 日发行的一套三枚三角形邮票《保卫世界和平》，另外还有为数不多的正方形邮票。

长期发行以矩形为主的邮票，束缚了设计者的选择余地，只能在矩形票幅的长宽比例上有所变化，求得一些突破。例如：1967 年 10 月 1 日发行的"文 7"《毛主席诗词》邮票，全套 14 枚，其中《七律·长征》《清平乐·六盘山》两枚邮票采用 81×20mm 规格的票型。设计者选择这种纤细的票型，是力求使全套毛主席诗词邮票的票型多一些变化。通过采用四种不同的矩形票型，使全套邮票显得错落有致、各有千秋。特别值得一提的是，如此细长的票型堪称中国矩形票幅的长宽比例之最。

进入新世纪以后，中国邮政对国外邮资票品的发行工作做了多方面的调研，并且

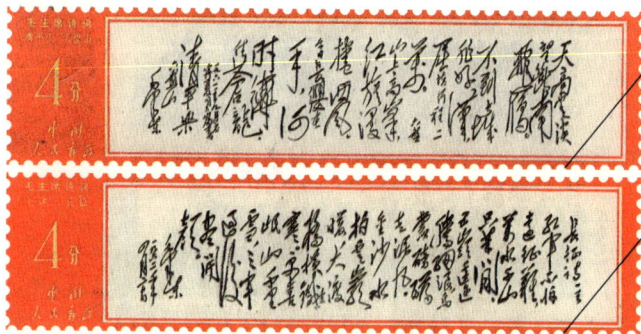

毛主席诗词《清平乐·六盘山》和《七律·长征》

明确了要从顶层设计入手，突破墨守成规，推出新颖、喜闻乐见的新品种的设想。

为了纪念 2002 年世界杯足球赛，中国邮政于 2002 年 5 月 16 日发行了两枚一套的邮票，票面一为跑动射门的队员，一为两名队员激烈拼争的瞬间。这套邮票的特点是，每枚邮票均有两种齿孔——圆形和方形，这就使邮票既可以撕成方形，也可以撕成圆形，完全由收藏者根据自己的喜好而为。这是新中国首次发行圆形并有两种票型齿孔的邮票。

《2002 年世界杯足球赛》

2004 年 7 月 30 日发行的《神话——八仙过海》邮票小型张，是首次发行异形邮票。2007 年发行的《第 29 届奥林匹克运动会——竞赛场馆》小型张上，首次发行"五边"形邮票。此后，又出现了"心"形、六边形、扇形、梯形等邮票。

《神话——八仙过海》

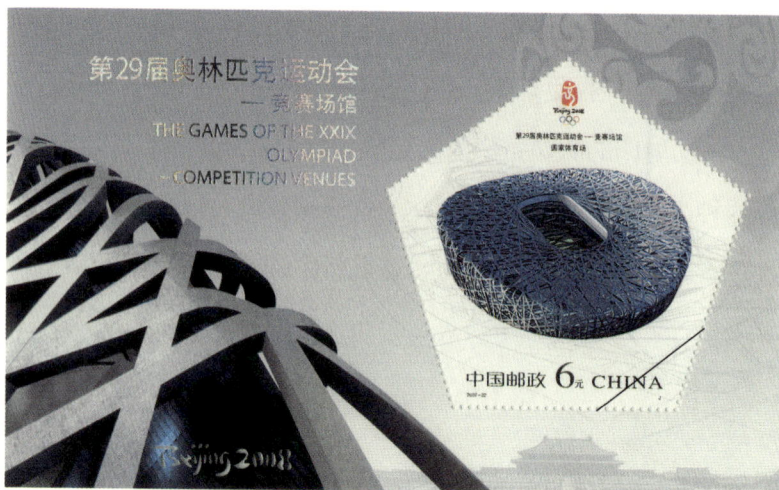

《第 29 届奥林匹克运动会——竞赛场馆》（小型张）

发行异型邮票最大的技术难题是如何解决异型齿孔制作，其中几个难度较大的异型齿孔制作特别值得一提：

2008 年 12 月 18 日发行的《改革开放三十周年》纪念邮票一套一枚，小型张一枚，是首次发行阿拉伯数字"30"形异型齿孔邮票。

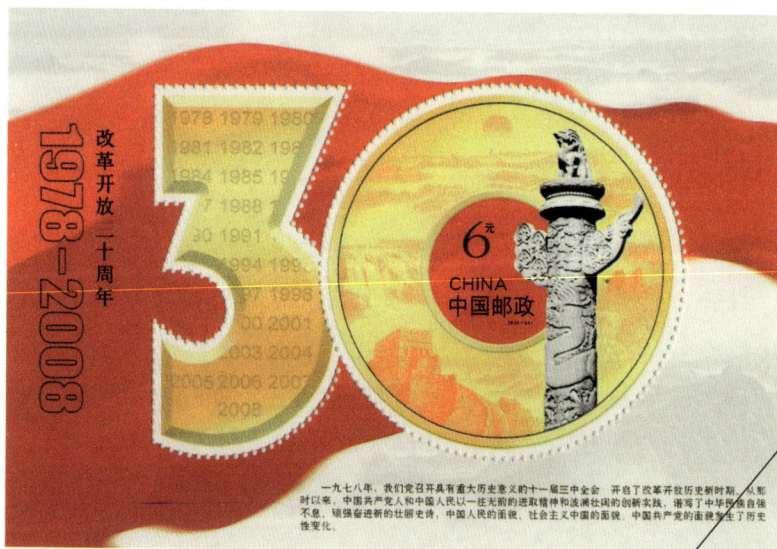

《改革开放三十周年》

《广州 2010 年亚洲残
疾人运动会》

《亚洲—太平洋邮政联盟成立五十周年》

2010 年 9 月 3 日发行的《广州 2010 年亚洲残疾人运动会》邮票，是首次发行六边形邮票。

2012 年 4 月 1 日发行的《亚洲——太平洋邮政联盟成立五十周年》邮票，是首次发行平行四边形邮票。

2014 年 12 月 1 日发行的《婚禧》个性化服务专用邮票，是首次发行"心"形邮票。

2015 年 2 月 4 日发行的《二十四节气（一）》邮票，是首次发行扇形邮票。

《婚禧》

《二十四节气（一）》

八、新邮宣传由平面向立体变化

新中国成立 70 多年来，邮票发行的对外信息发布形式发生了较大变化。1955 年《集邮》杂志创刊，新邮发行预告主要由《集邮》杂志对外发布。中国邮票总公司自 1979年起，开始向国内各界发布新邮预报，加强集邮业务宣传。此后，《集邮博览》《中国集邮报》《集邮报》等集邮报刊也先后开始刊载新邮发行预告。

直到 20 世纪 90 年代初期，新中国邮票面向社会的新邮发行报道主要是依靠报刊对外发布的，例如《人民日报》《集邮》等，还有对外发行的《中国建设》英文杂志、《人民中国》日文杂志等，都刊有新中国邮票的新邮报道。

为了及时将新邮的消息告知公众，邮票发行主管部门采取了多种方式对公众进行宣传：

从 1981 年起印制纸质新邮预报（或新邮预告）宣传卡，免费赠送。

从 1999 年起印制新邮预报招贴画、部分邮票图稿宣传画，对外张贴。

我国改革开放之后，利用传播范围广、传播速度快、生动形象的电视新闻进行新邮预告，成为邮票发行主管部门优先考虑的方式。在重大题材邮票或重点邮票发行前夕，邮票发行主管部门都会提前将邮票发行的相关信息告知中央电视台，央视新闻也在第一时间发布。

在新邮的对外预报中，不论是平面载体还是电视媒体，所发布的新邮信息量是有限的，不可能对新邮进行详细的解读。对一些信息量较大的或需要进行详细解读的邮票，则必须借助另外的形式。比如，运用电视专题片对某些邮票进行深入的宣传介绍，成为邮票发行部门的首选。电视专题片从性质来说不是纯新闻，它不要求时效性，而是追求历史的、文化的和社会的价值，它的重要功能就是"对事实和对真实的高度尊重与揭示"。

2004 年底，原国家邮政局发布年度邮票发行计划，2005 年将发行我国晋代画家顾恺之的著名长卷画《洛神赋图》邮票。邮资票品管理司为了做好这套邮票的前期宣传工作，决定拍摄一部电视专题片，对邮票内容和《洛神赋图》的创作、传承情况以及邮票印制采用的新工艺等内容进行详细解读，力争在《洛神赋图》邮票发行前在中央电视台播出。

这部名为《千古流芳》的电视专题片由全国邮政新闻中心拍摄制作，在《洛神赋图》邮票发行之前，终于在中央电视台第十套节目的黄金时段播出，获得了良好的宣传效果。

中国邮政政企分开之后，中国邮政集团公司邮票发行部也组织了若干套邮票电视专题片的拍摄，如《长江》《黄河》《长城》等。这些专题片不仅在邮票首发式时放映，还被各省邮票公司推荐到当地电视台放映，起到了很好的前期预热和预告的作用。

1999 年为了加强发行新邮票和集邮业务的宣传力度，国家邮政局采取了两项新措施。一是从 1999-1《己卯年》生肖兔票开始，在每套邮票发行前，印制八开单面彩色的新邮预报招贴画，将新邮发行日期、枚数、邮票规格、邮票图案等详细资料向社会广为宣传。二是于 1999 年 10 月印发 2000 年纪、特邮票发行计划，及时向公众介绍和宣传我国纪特邮票的文化内涵和艺术魅力，这对下一年度的新邮预订无疑会起到积极的促进作用。这两项新措施在新中国邮票发行史上均属首次。

九、邮票发行方式的创新变化

发行邮票是对外展示国家形象、有益国际间文化交流的一种手段。采用不同国家的民族文化形象来表达友谊与合作，是邮票艺术的特色之一，从而使邮票文化又多了一层外交色彩。

中外联合发行邮票，被誉为"邮票外交"，不仅增进了中国与有关国家的文化交流和友好往来，加强了邮政部门的合作和交往，而且对邮票的选题、设计、雕刻、印制和发行等方面都提供了互相借鉴的机会。

20 世纪 90 年代，与外国联合发行邮票在中国开始兴起。1990 年至 2019 年，中国已同 39 个国家联合发行了 42 套邮票。

1990 年 3 月 3 日中加联合发行的《诺尔曼·白求恩诞生一百周年》邮票，全套两枚，这是新中国第一套与国外邮政联合发行的邮票。

中外联合发行的邮票，由双方协商确定共同的主题，各自提出一枚邮票的内容，在邮票设计和雕刻方面又采取联合行动，有的虽由一方设计，但经过方案竞争，取长补短，因而效果较好。

为特定集邮活动和特定人群而发行的邮票简称"特发"邮票，也被称为"特供"邮品。20世纪80年代以来，新中国"特发"邮票的发行目的和范围主要包括四大类：一是为邮展筹款或纪念而特发；二是为中华全国集邮联会员而特发；三是为预订下一年度新邮票的预订户而特发；四是为邮政百年纪念向邮电职工而特发。

1989年10月12日至21日，"'1989中华全国集邮展览"在北京举行。邮电部邮票发行局决定参照国际上通行的做法，专门发行一枚10元面值的小型张"普24甲"，将小型张部分销售所得款项作为举办全国性邮展的经费。

"普24甲"小型张面值10元，图案选用"普24"《中国石窟艺术》邮票的第三枚——"麦积山石窟菩萨像图"，"普24甲"小型张开创了新中国发行邮票收入作为赞助集邮展览的先河。

2003年11月20日在四川绵阳举办的第十六届亚洲国际邮展上，国家邮政局邮资票品司专门策划了一枚特定发行的邮品——邮票印刷叠色样张，这是一种将邮票分色印刷过程展示出来的样张，无面值，带有趣味性。这枚全新的品种，成为这届亚洲邮展的亮点。

2000年秋，国家邮政局策划了一个改写中国邮票有史以来发行方式的邮票，这枚邮票的名称为《北京申办2008年奥运会成功纪念》。发行的方式是：申奥一旦成功，国家邮政局第一时间对外宣布邮票发行计划，提前策划、印制好的邮票立即在全国各地出售、发行。即时发行邮票会产生极大的轰动效应，是对申奥成功最及时的庆祝与祝福，但奥运会申办是否成功面临着极大的不确定性，即时发行邮票必然承担着巨大的风险。

在国家邮政局邮资票品管理司的周密组织和指导下，《北京申办2008年奥运会成功纪念》邮票在图稿设计、印制工艺、印刷、发运、接收、开箱、出售等方面均采取了特殊措施和运作要求。

2001 年 7 月 13 日 22 时 11 分，经过国际奥委会委员投票表决，萨马兰奇最终宣布 2008 年奥运会的主办城市：北京。几乎就在萨马兰奇宣布投票结果的同时，国家邮政局"关于北京申办 2008 年奥运会成功纪念邮票及相关邮品销售工作的通知"以传真电报的形式，随着电波传向各地，传向四面八方。就在这一刻，《北京申办 2008 年奥运会成功纪念》邮票、邮品同时在全国各地的集邮营业厅、集邮柜台即时出售。在世界邮票发行历史上，创造了无以复制的邮票发行奇迹。

十、邮票首发式的开放型变化

邮政是国家的通信服务机构，是国家主权的组成部分，邮票作为一种邮资凭证，发行新邮票本是邮政部门业务范围内的工作。20 世纪 80 年代，随着集邮活动的蓬勃兴起，发行纪念和特种邮票渐渐成了备受社会各界关注的事情。

1987 年 3 月 31 日，潍坊市为发行《风筝》（第二组）邮票举行了隆重的首发庆祝会。中央顾问委员会副主任、中华全国集邮联合会名誉会长薄一波为这套邮票题词"潍坊风筝邮票"。

为发行新邮票举行首发庆祝会并由国家领导人题词，这在新中国邮票发行历史上均属首次。新邮票的发行能产生如此大的社会反响，是过去难以想象的。因此，1987 年"T115"《风筝》邮票首发活动开创了国内举办邮票首发式的先河。

新邮票的发行声势越来越大，各地组织的邮票首发式一浪高过一浪，有的甚至是一套邮票几个地区分头举办首发式。不少历史文化题材邮票的首发式活动，往往掀起多地争办的热潮，甚至引发原地之争。

1990 年 12 月 10 日发行的《中国古典文学名著——<三国演义>（第二组）》邮票中，"三顾茅庐"发生地是南阳还是襄阳一直有争议。两地引经据典论争，试图通过首发式争个名正言顺。结果是南阳卧龙岗、襄阳古隆中同时举办邮票首发式，争论遂平息。首发式把"三顾茅庐"所在地的学术考据从史学研究中解放出来，不少集邮者也撰文参加讨论。由于邮票"首发"对历史文化的再宣扬，重新点燃"三国"故事热，使"三国"邮品受到热烈欢迎。

多年来，中国举办的新邮票首发式活动具有开放、包容、多元化的胸怀，呈现出文化性、政治性、国际性鲜明的中国特色。

值得一提的是，中国发行传统文化题材邮票和举办新邮首发式的影响也波及海外华人。祖国的日益强大，中华文化的特殊魅力，五千多万海外华人的优良品格，都赢得了世界各国的尊重和赞誉。

1992年12月30日，美国邮政总局发行中国鸡年生肖邮票，全套一枚。图案为一只红色的公鸡剪影，邮票上还有中文"鸡年"和英文"新年快乐"。美国邮政总局与当地华人社团为这套邮票发行举行了隆重的首发仪式，为此美国邮政史上还第一次出现了使用中文的纪念邮戳，这枚富有中国民族艺术风格的邮票印数达1.05亿枚。随着中国在国际舞台上的影响与日俱增，生肖文化与生肖邮票已逐渐走出国门，目前已有一百二十多个国家和地区发行了生肖邮票。

大开大合，此消彼长。如今，邮票的邮资凭证功能正以惊人的速度向宣传、纪念、集藏功能转化与拓展。当集邮品、集邮礼品日益成长为邮政特色业务之一时，新中国邮票经历过与时俱进、灵气凝聚、涅槃梦想、浴火重生的转型升级后，必将迎来更加美好的明天。

中国，1999 世界邮展从这里起步

纪念新中国第一次举办世界邮展 24 周年

1999 年我国承办的万国邮政联盟第 22 届大会和中国 1999 世界集邮展览，至今已经整整过去了 24 年。不论是国际邮政界还是国际集邮界，对我国承办的邮联大会和世界邮展都留下了极其深刻的美好印象。身为北京 1999 世界集邮展览总协调人的郑炳贤和许少全，在邮展结束后临踏上返程的飞机前对我说："这是史无前例的一次成功邮展，太棒了！相信以后都无法复制。谢谢你们。"

可是有谁知道呢？真正成全这次大会和世界邮展的，却是欧洲的一个国家——荷兰。您一定会问，和这个远隔重洋的国家到底有啥关系呢？

这还要从 30 年前来自万国邮政联盟的一封公函说起。1993 年 7 月，我国邮电部收到了万国邮政联盟（简称"邮联"）的来函，信中称：由于荷兰邮政主管部门正在进行机构改革，改革之后所承担的义务将使其无法实现 1989 年华盛顿大会时曾表示过的承办 1999 年邮联第 22 届大会的愿望。为此，特邀请邮联各会员国报名承办第 22 届大会。根据规定，1994 年 8 月将在韩国汉城举行邮联第 21 届大会时，将决定 1999 年大会的举办地。

邮联的这封来函，说明了两个问题。一是荷兰的临时退出，打乱了邮联原有的一

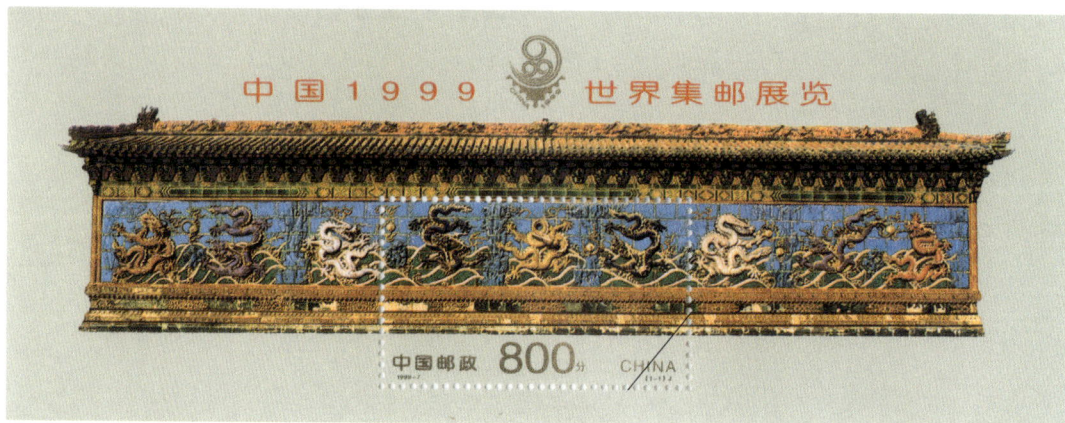

《中国 1999 世界集邮展览》

系列计划；二是面对翌年就要召开的邮联 21 届大会，只好仓促发函，征询会员国接盘。邮联的这封信，相信当时所有成员国都懵了。

　　万国邮政联盟成立于 1874 年 10 月 9 日，1948 年成为联合国的一个专门机构。20 世纪 90 年代，一共有 185 个国家和地区，我国于 1914 年加入该组织。1972 年 4 月邮联恢复了我国的合法席位，到 1993 年邮联举行过四届大会我国均担任大会的副主席，并担任过三届执行理事会的理事国和四届邮政研究咨询理事会的理事国。

　　邮联大会是万国邮政联盟的最高权力机构，一般每 5 年举行一次，至今已举行过 25 届大会。大会的主要任务是制定和修改邮联的各项法规，确定下一个 5 年期间邮联活动的总纲领，选举执行理事会和邮政研究咨询理事会理事国和邮联国际局正、副总局长，邮联大会由联盟各会员国派出的全权代表组成。按照传统，东道国在邮联大会期间都需要举办世界集邮展览，这是邮联大会的一项重要活动，同时也可为东道国筹措经费，以补偿承办大会的费用开支。

　　邮联的这封来函，引起了我国邮电部领导的高度重视，立即责成相关司局进行研究并提出意见。邮政、外事、财务等几个部门紧急行动起来，就承办邮联大会的利弊、时间衔接、接待能力、财务收支等一系列问题进行了深入细致的研究。据统计，1989 年邮联华盛顿大会时，与会国 156 个，参会嘉宾一千七百多人，包括与会各国邮政部门领导人，其中有政府部长 50 人、副部长 22 人。按惯例，由东道国元首在开幕式上宣布大会开幕并致辞，因此邮联大会是一次层次高、规模大、历时长的重要国际活动。1999 年，是中华人民共和国成立 50 周年，是即将跨世纪的一年，如我国承办大会和举办世界邮展，将构成我国 50 周年国庆活动的一个方面，用以展示我国改革开放取得的巨大成就，扩大我国在国际上的影响，并推动我国邮政事业和集邮文化事业的发展。各司局经会商后，向部领导提出了拟承办第 22 届万国邮政联盟大会并举办世界邮展的建议。邮电部党组经过研究决定：拟承办万国邮政联盟第 22 届大会并举办世界邮展，并立即起草文件向国务院请示。

1994 年 1 月 3 日，邮电部向国务院的请示报告，经外交部和文化部会签同意，由邮电部副部长朱高峰签发了（1994）1 号文件《关于拟承办万国邮政联盟第 22 届大会并举办世界邮展的请示》。此时，距离当年 8 月举行的第 21 届邮联大会仅有整整的 7 个月时间。

时间紧迫，国务院办公厅收到邮电部的请示报告后，立即标注了"急件"，直送国务院领导。1994 年 1 月 7 日，国务院副总理邹家华批准了邮电部的请示。至此，中国 1999 世界集邮展览的申办工作正式踏上征程。

面对 7 个月之后在韩国召开的第 63 届国际集邮联代表大会，全国集邮联必须立马行动起来，抓紧完成一系列的申办准备工作，以迎接国际集邮联第 63 届的大考。对于中华全国集邮联来说，在缺乏举办大型国际集邮展览经验的情况下，要在今后的 5 年时间里接连承办两项大型国际邮展，困难确实不小。两年之后的 1996 年，第九届亚洲国际邮展就要在北京举办，现在集邮联的上上下下正全力以赴进行筹备，这其中进一步提高我国的邮集水平是当前工作的重中之重，几十位邮集作者要在有限时间里补充素材、扩充框数，向高奖冲击，难度可想而知；国内尚无标准的展框，急需抓紧汇集国外的展框资料，确定我国邮展展框的标准并尽快实施；《中国集邮大辞典》《中国解放区邮票史》《中国集邮史》等三部集邮文献要作为向 1996 年亚洲邮展献礼的重点书目的撰写、会审、统稿，每一部书都是一项大工程……

现在，面对两项我们没有任何实战经验的大型国际邮展，一方面要统筹兼顾，合理安排，持续推进；另一方面，韩国举办的世界邮展和在邮展期间举办的国际集邮联第 63 届会员代表大会正一步步走来。1999 年世界邮展的申办权，就要在第 63 届会员大会上投票决定，现在国务院已经批准了 1999 年举办世界邮展，我们能顺利拿到主办权吗？ 1999 年还有哪些国家和地区申办，我们的胜算几何等，在当时都是未知数。

全国集邮联的当务之急，是立即提出 1999 年世界邮展的名称（中英文）、举办地点、举办时间、邮展规模等，并尽快向国际集邮联提出承办 1999 年世界邮展的申请，同时要积极联系亚洲集邮联和国际集邮联，与主要领导层沟通，为我国顺利申办做铺垫。世界邮展中英文名称的起草交给了展外部的李捷，李捷是北邮毕业的高才生，从事展览外事工作多年，经验丰富、认真细致。很快，初步意见提出来了，经过秘书处研究，在以前意见基础上吸纳多方面的意见，最后形成了 1999 年世界邮展的总体框架。

一、邮展的中文名称：1999 中国世界集邮展览，简称"中国'99"。

二、英文名称：CHINA 1999 World Philatlic Exhibition

英文简称：CHINA '99

三、邮展的时间和地点：

邮展时间：1999 年 8 月 21 日至 30 日，展期 10 天。

邮展地点：北京。

四、邮展规模：拟控制在 4000 框以内。其中：非竞赛性展品 500—800 框，竞赛性展品 3500—3200 框。

五、邮展的类型和类别：

1. 邮展为综合性世界邮展，分非竞赛和竞赛两部分。

2. 邮展所设类别，将包括国际集邮联（FIP）所设的全部类别。

经报邮电部批准，由我带团参加韩国 1994 年世界邮展并出席国际集邮联第 63 届会员代表大会，代表团中还有团员兼翻译李捷、外事局的刘春明和《人民邮电报》的周家奎。我深知，这绝不是一次轻松的旅行。

由于在韩国召开第 21 届邮联大会，以邮电部刘平源副部长为团长的邮电部代表团已先期抵达汉城（韩国当时的首都名称为汉城，后改为首尔）。

我和李捷一行则在邮展之前才抵达汉城。下榻后，我们立即拜访了中国驻韩国大使馆，并介绍了此次来访的主要目的和任务。使馆的参赞热情地接待了我们，听取代表团的介绍后，向我们详细介绍了韩国的有关情况，以及在韩需注意的事项。并嘱，过去我们和韩国没有外交关系，1992 年 8 月中韩建立了外交关系，互设了大使馆。虽然只有短短的两年时间，但两国关系发展良好，特别是经贸发展很快。台湾当局在韩国已经营多年，在韩较大的势力，一定要注意他们搞一些小动作。大使馆叮嘱的话犹然在耳，回到展场我和李捷就发现了问题。

邮展的展场很大，也很高，主办者就把参展各国和地区的旗帜用绳子拉起来，置于参观者进出口的上方作为装饰。就在鲜红的五星红旗不远处，我们惊异地发现居然夹杂着一面"青天白日旗"，这是谁干的？如果是主办单位，这不是明目张胆地制造"两个中国"吗？第二天就是邮展的开幕日，如果在观众涌动的当天出现这种情况，势必造成极其恶劣的影响！我一看表，已经是当地时间晚上 6 点，距开幕时间只有十几个小时！时不我待，找组委会交涉！我和李捷几乎是小跑着找到了世界邮展组委会办公室，严正指出：台湾问题在 1982 年已由国际集邮联明确表态，必须按照国际奥委会的方式参展，即名称使用中华台北，旗帜使用白底梅花图案。在邮展现场出现"青天白日旗"，这是粗暴干涉中国内政，制造"两个中国"的严重问题，必须立即改正。

韩国组委会工作人员一听问题如此严重，不敢怠慢，急忙找来了他们的头头，那位负责人当面向我们致歉并答应晚上一定将台湾当局的旗帜撤换下来。

开幕时间是当地的上午 10 点，我和李捷不到 8 点就赶到了展场，果然观众进出口大门头顶上的"青天白日旗"不见了，悬了一夜的心总算放下了。事后，我们把情况向中国驻韩国使馆作了汇报。

我参加韩国世界邮展的身份是两个，一是出席国际集邮联第 63 届大会的中方全权代表；二是韩国世界邮展的中方邮集征集员。两项任务相对独立，但又互有联系，我心里清楚，保证申办 1999 年世界邮展成功是代表团没有后路的选择！

　　根据国际集邮联的相关规定，凡是申办世界邮展的会员，必须经过国际集邮联代表大会的投票表决，只有取得出席大会代表的多数票，才能获得认可。对于中国第一次申办世界邮展的前景如何，代表团心里还是七上八下没底的。来韩国之前，全国集邮联已经收到了国际集邮联的来函，通知我们参加第63届代表大会，并准备申办报告在大会上宣读。这些都已经准备停当，现在的关键是在大会开幕之前要多做疏通工作。代表团利用征集员会议的间歇、招待会的空档及各种机会，与各会员代表都进行了接触。令我们没有想到的是，各会员代表听说中国要申办1999年世界邮展，都表现出了极大的兴趣，纷纷表示到中国参加世界邮展。这是大家梦寐以求的期待，会全力支持我们！

　　与几十个国家和地区的代表不停地沟通交流，不仅仅是口干舌燥，更是一种对体力的考验。每天晚上，我都感觉脚部粗了一圈，不过还好，大会的前一天，参会的82个成员，大部分都已经向代表团明确表态：支持。

　　国际集邮联（FIP）大会共安排两天时间，除了主席代表国际集邮联作大会报告、选举新一届国际集邮联（FIP）领导层等流程外，最后就是对申办世界邮展的有关会员进行表决。大会上，我们更关注的就是中华台北的态度，在台北的代表团中，这次出现了一个生人，既不是征集员，也不是评审员，做派像是官员。我们分析，也可能是官方来督战的。所以，对中华台北代表团来说，是支持全国集邮联申办世界邮展，还是反对，抑或是弃权？每一项选择，都是一种截然不同的态度。作为海峡两岸的同胞，我们更希望得到他们的支持，因为这是中华民族第一次申办世界邮展，也是海峡两岸邮人盼望已久的期待！

　　中华台北的代表座位离我们不远，现在就看他们的态度了。我们落座之后，发现座位前桌子上摆着三个小牌子，一个红色，一个绿色，一个白色。我们正对小牌子纳闷之际，大会主持人作了解释，三个牌子是用来做大会表决用的。绿色牌子表示同意，红色牌子表示反对，白色牌子表示弃权。哦，这倒是第一次领教代表大会用来表决的方式。很快，大会主席宣布，由中国代表宣读申办报告。我和李捷走上主席台，郑重地向82个参会的会员申明，中国要做1999年世界邮展的东道主。宣读申办报告后，我们再一次向国际集邮联的各会员发出邀请：中国欢迎你们，北京见！

紧接着，大会主席宣读了投票的注意事项，并一再说明，虽然每一个成员面前有三个牌子，不管是同意，还是不同意，或是弃权，都只能举一次牌子，不允许第二次举牌。

大会投票开始了。大会主席宣布，同意中国举办 1999 年世界邮展的请举起绿色的牌子。话音刚落，会场四周的绿色牌子黑压压举起了一片，而我们关注的中华台北代表没有举牌！

大会主席第二次宣布，反对中国举办 1999 年世界邮展的请举牌。我们环顾会场，没有一个国家代表举起红牌，中华台北居然也没举牌。是不是他们要弃权？

大会主席第三次宣布，对中国举办 1999 年世界邮展投弃权票的请举牌。李捷几乎站起来，看来一圈，兴奋地说：没有。再看中华台北的座席，他们也没有举牌。三次不同态度的投票，中华台北都没有举牌，看来在有人督战的情况下，海峡对岸的集邮组织以这样的方式表达了他们的态度。

大会主席紧接着宣布，经国际集邮联第 63 届代表大会表决，中国承办 1999 年世界邮展的申请通过！全场立即响起了长时间的掌声。散会后，不少各国朋友纷纷向中国代表团表示祝贺，我们一一对他们的热情支持表示感谢。同时，我们也第一时间向国内报告了申办成功的消息。接着，代表团又得到了另一个振奋人心的消息：中国申办第 22 届邮联大会也取得了成功，真是双喜临门！

是的，中国 1999 世界邮展从这一刻开始起步。就在北京 1996 年亚洲邮展如火如荼地紧张筹备时，中国以邮电部邮政司名义向万国邮政联盟各会员国的邮政主管部门发出邀请，请他们参加中国 1999 年世界邮展并提供官方展品来华的公函发出了……

邮电部邮政司向国际集邮联 82 个成员发出邀请，请他们参加 1999 年世界邮展并提供竞赛级各类别邮集来华展出的函也已发出……

这些函件带着中国邮政部门及全中国集邮者的热情，飞向世界五大洲的各个角落……

回顾邮票印制六十年发展的几个重要节点

兼答朋友的几个相关疑惑

最近有朋友问我，邮票印制局和北京邮票厂是什么关系，是上下级吗？京外两厂，即河南邮电印刷厂、辽宁沈阳邮电印刷厂和邮票印制局又是什么关系，它们之间是隶属关系吗？

邮票印制局和邮票厂的关系，涉及邮票印制发展的重要节点，还真不是一两句话说得清的。2019年既是北京邮票厂建厂60周年，也是我国专业邮票印制企业自主承担邮票印制生产整整一个甲子，真是值得纪念的重要年份，但邮票印制局根据上级，秉持简朴、务实的精神，没有举行重大的纪念活动。而是集中精力，全身心投入到《中华人民共和国成立七十周年》纪念邮票的印制任务中，为新中国70周年华诞，交出了一份满意的答卷。

下面简要回顾一下我国邮票印制发展的几个重要节点，兼答朋友的有关疑惑。

新中国成立初期，邮电部没有专门的邮票印制厂，邮票印制交给社会上的一些印刷厂来印制。1949年至1959年我国邮电部共印制发行了113套邮票，其中纪念邮票65套、特种邮票34套、普通邮票10套、航空邮票两套、欠资邮票两套。这些邮票，分别由11个印刷厂家承印（均指原版邮票的印刷厂）。由于邮票生产的环节多，制版要求高，而各印刷厂设备又千差万别，所以邮票印刷方式只能迁就于工厂的设备，同时邮票的生产周期也要服从于承印厂的生产计划安排，与生产计划撞车了，邮票印制只能等人家的设备空了再说，而且有的印制厂又不在北京，为一套邮票要多次往返。那时候，要完成一套邮票的生产可费老劲了！鉴于邮票印制具有一定的特殊性和重要性，而中国没有专门的邮票印刷厂，在制定新中国第一个五年计划时，建设北京邮票厂项目被正式列入其中。这还是得益于周恩来总理的关心支持。

1956 年，邮电部向国务院呈交一份关于迅速提高我国邮票质量水平的报告，朱学范部长还在一次会议上当面向周恩来总理进行了汇报。周总理听完汇报后说，请把中华人民共和国成立后印制的全部邮票及外国部分邮票找来，有比较最能说明问题。两

邮电部朱学范部长为北京邮票厂建成剪彩

时任中国科学院院长的郭沫若为北京邮票厂题写厂名

个星期后，周总理向朱学范部长下达了建设北京邮票厂的批示。

北京邮票厂的技术设计和筹建施工被列入中国与捷克斯洛伐克邮电技术合作项目之一，捷方先后派出筹建邮票印刷厂的各方面专家，中方也派出技术人员到捷克斯洛伐克学习邮票印制专业，并引进了瑞士制造的邮票印刷专用设备，全部生产过程都用自动光电系统管理和控制。在印刷过程中，同时进行邮票烘干、打齿孔、编印码、自动记数并切成单张邮票等工序。生产的邮票以照相凹版和雕刻版为主，每台机器一小时可印制普通邮票五十余万枚。邮票厂设有自动刷胶机，从此结束了新中国邮票不带背胶的历史。工厂还有胶印设备，可以印刷彩色明信片和邮简。

1959年9月18日，邮电部召开第196次部长办公会议决定，9月25日举行北京邮票厂落成典礼，邮票厂定名为邮电部北京邮票厂。1959年9月25日，作为向新中国成立十周年献礼，北京邮票厂举行了落成典礼，邮电部部长朱学范出席落成典礼并剪彩。

1959年11月21日，中共中央政治局常委、全国人大常委会委员长朱德视察了北京邮票厂。当代著名学者、中国科学院院长郭沫若为北京邮票厂题写厂名。

北京邮票厂的建立，使新中国邮票的印制工艺、水平、质量都发生了翻天覆地的变化。从1959年到1965年，一大批印制精美的特种邮票和纪念邮票成为新中国邮票发行史上的经典。

进入20世纪80年代，我国集邮事业迎来了爆发式的"井喷"。井喷的标志之一，就是纪念邮票和特种邮票的需求量大幅度跃升。党的十一届三中全会以后，1979年我国套票的发行常量基本安排在100万套至600万套，长腿票安排在1000万枚至2000万枚不等（由于当时通信用票数量大，长腿票基本在通信窗口消耗）。但到了20世纪80年代末、90年代初，如1990年纪特邮票套票的发行量已跃升至1500万套以上，长腿票都在 2000 万枚以上，但供给依然不足，邮票消费者"买票难"的问题十分突出。解决集邮者"买票难"的提案居然上了两会！对于邮电部来说，当时压力可想而知。

现在总结起来，这种"井喷"式的需求大致由五个原因促成；一是随着党和国家对集邮活动、集邮文化的倡导，集邮爱好者的群体迅速扩大，20 世纪 90 年代初当时估算全国的集邮爱好者已达到 1000 万人以上；二是随着 1982 年中华全国集邮联合会的成立，各省区市、各地区（市），以及各县都陆续成立了集邮协会，到 20 世纪 80 年代末全国四级集邮协会体制已基本建成；三是全国陆续建成了以中国邮票（集邮）总公司为龙头的，以省区市、地区（市）、县为网络的四级集邮经营服务体制；四是以群众自发形成的集邮市场已出现在大型城市，并且规模越来越大，已经开始向各地扩展；五是 20 世纪 80 年代中期和 90 年代初的邮市大潮凸显了一些经典邮票的投资效应。

1990 年 7 月，经国务院批准，新中国成立后 40 年未曾调整过的邮政基本资费由 8 分调整为 20 分，其他的邮政资费也相应作了调整。加大新面值邮票的印制，成为当时极为迫切的任务。在这种情况下，北京邮票厂的生产能力开始变得捉襟见肘。为了保证通信需要和尽量满足集邮业务需要，1991 年 8 月 19 日邮电部做决策在辽宁、河南两省邮电印刷厂内设立邮票印制生产车间，与北京邮票厂形成邮票印制合同管理的关系，承担部分胶版试印邮票，并指示两厂必须做到"环境起点要美，技术起点要高，管理起点要严，作风起点要快"。邮电部责成中国邮票总公司负责这次试印邮票的组织协调工作，对两省试印邮票的全过程进行统筹安排。

为了上马快、便于投产，确定先以胶印为生产手段。胶印的工艺比较简单，通用性强，制版暂时可就地搞协作，引进一台新型的胶印印刷机即可投产。其中，关键生产设备胶印印刷机选用德国海德堡 MOF 型 4 开 5 色全自动胶印机。该机装有 CP Tronic 数字电子控制系统，可以控制和监测印刷机的全部功能，适合于邮票印刷。打孔机采用北京邮票厂现有的打孔机，这种打孔机虽然型号较老，但打孔质量可靠。

在中国邮票总公司的领导下，北京邮票厂对此事非常重视，建立了专门机构落实对两厂的支援工作。

1. 多批次指派邮票生产工艺技术人员到两厂协助进行邮票的印制管理工作，北京邮票厂两位退休的副厂长董纯琦、顾博涛分别担任了河南厂和辽宁厂的邮票印制顾问。

2. 两个印厂参照北京邮票厂的邮票生产管理规章制度，制定了邮票印制管理办法。

3. 试印初期，北京邮票厂协助两个印厂制版，提供胶版邮票的阳图片。

4. 两厂的每个生产工序都派骨干人员到北京邮票厂培训，在实际生产中学习基本的管理方法和操作技术。

两厂试生产的第一套邮票是非常重要的，中国邮票总公司做了精心安排，选择"1992-12T"《妈祖》邮票在沈阳厂印，《党的好干部——焦裕禄》邮票在河南厂印。这两套邮票都是单枚一套的人像图，图稿色调层次比较单纯简练，只要颜色找准、层次印足，不难印出好的效果。6月，两厂分别试印的第一套邮票获得成功。

1992年6月，中国邮票总公司、北京邮票厂组织邮票印制工作验收组，对两个印厂大批量印制邮票及全线投产前的工作进行验收。验收组审核了沈阳厂印制的"1992-12 T"《妈祖》邮票和河南厂印制的"1992-15 J"《党的好干部——焦裕禄》邮票样张，批准了两枚邮票的印制。

在1992年我国发行的纪特邮票中，10月4日发行的"1992-12T"《妈祖》邮票、11月20日发行的《中国现代科学家（第三组）》邮票，是在沈阳邮电印刷厂生产的。10月28日发行的《党的好干部——焦裕禄》邮票、12月15日发行的《青田石雕》邮票，是由河南省邮电印刷厂印制。集邮者亲眼看到上述四套邮票以后，对两个加入邮票印刷行列新厂的生产能力和质量感到宽慰。

20世纪50年代末，北京邮票厂的开工典礼，结束了我国依赖社会厂家承印邮票的历史。20世纪90年代第二个金秋时节，河南邮电印刷厂和辽宁沈阳邮电印刷厂投产印制邮票，标志着邮电部扩建南北两条生产线的决策初见成效，由此改变了独家生产邮票的旧格局。

1994年1月，在邮电部体制改革中，为使中国邮票印制有一个一体化的生产管理机构，邮电部邮票印制局应运而生。新组建的这一单位由原中国邮票总公司邮票设计室、邮票编辑室、生产调度部和部分综合处室组成，并领导北京邮票厂。1994年6月，成立不到半年的邮票印制局又面临二次改革，撤销原北京邮票厂建制实行局厂合并。

邮电部成立邮票生产新的管理机构，在工商登记注册时却遇到了麻烦，工商认为邮票印制局是组织机构，不是企业名称，不同意在工商注册。首任邮票印制局局长最后还找到了国家工商管理总局的一位司长，详细介绍了国外政府邮票印制企业的管理模式和名称，理由说尽，邮票印制局的工商注册仍没能解决。直到今天，邮票印制局的工商注册和资金账户仍然沿用北京邮票厂的名称。现在邮票印制局局长的任命，都要跨上另一个衔：北京邮票厂总经理。

邮电部邮票印制局（原北京邮票厂）成立之后，曾经承担过一段时间河南省邮电印刷厂与辽宁省沈阳邮电印刷厂邮票印刷业务的主管部门。但由于邮票印制局不光具有印制管理职能，它本身也是邮票印制企业，这种"既当运动员，又当裁判员"的做法，也引起一些议论。

1998 年，原国家邮政局成立。2004 年 9 月，为了加强对全国邮资票品生产的调度及协调工作，国家邮政局决定在邮资票品管理司内增设印制调度管理处。

关于增设邮票印制调度管理处的通知

根据国家邮政局国邮 [2004]11 号文件精神，将国家局授权由邮票印制局承担的印制管理职能，交给邮资票品管理司承担。在国家邮政局邮资票品管理司增设邮票印制调度管理处。

成　员：处　长：马丕中

副处长：韩　玮

（工作人员略）

特此通知

国家邮政局邮资票品管理司

2004 年 9 月 1 日

主要职责是：1. 拟定邮资票品印制生产计划；2. 组织邮资票品印制生产的调度及

协调；3.组织邮票印制工艺、防伪、印制价格、新产品开发、质量标准、原材料供应；4.邮资票品印制监督管理等。从此，国家邮政局邮资票品管理司成为邮票印制局、河南省邮电印刷厂、辽宁省沈阳邮电印刷厂以及其他承印邮资票品印制任务的主管部门。邮票印制局不再承担京外两厂的生产调度及协调工作。

2005年第三季度，邮资票品管理司主持召开了全国邮资票品印制管理会议，除了邮票印制局和京外两厂外，全国承担邮资票品（主要承担贺年有奖明信片、企业金卡等印制任务）的9家印制企业也参加了会议。会议正式出台了《邮资票品印制管理办法》，对印制企业的考核监管、生产要求、印制质量、库房要求、安全管理、印制档案等做了详细的规定和要求，把邮资票品的生产管理纳入了科学化、规范化、制度化的轨道。

2007年，中国邮政实施政企分开改革后，中国邮政集团公司仍在邮票发行部内设置邮票印制监管处，继续履行对邮票印制局、河南省邮电印刷厂、辽宁省沈阳邮电印刷厂以及其他承担邮资票品生产企业的生产调度及协调工作。

自2008年起，中国邮政主管部门为了在邮票印制企业中鼓励工艺创新，提高邮票印制质量，打造邮票精品，从即将发行的《颐和园》特种邮票开始，每年选择一套要打造的邮票精品，在三家邮票印制企业中采用工艺竞争方式，择优选择印制厂，这种择优劣汰的方式一直延续至今。正是这种竞争方式，打造了一批邮票精品，也使邮票的印刷质量得到了整体提升。

中国邮政邮票印制企业从无到有、从小到大，经历了整整60年的风雨历程，为邮政事业的发展，为广大的集邮爱好者作出了历史的贡献。

邮票发行工作的"兰德"现象

记邮电部邮票图稿评审委员会的创立

　　什么是兰德？什么是兰德现象？

　　兰德，是美国一家智库的名称，它是美国最重要的以军事为主的综合性战略研究机构。它先以研究军事尖端科学技术和重大军事战略而著称于世，继而又扩展到内政外交各方面，逐渐发展成为一个研究政治、军事、经济、科技、社会等各方面的综合性思想库，被誉为美国现代智囊的"大脑集中营""超级军事学院"，以及世界智囊团的开创者和代言人，它可以说是当今美国乃至世界最负盛名的决策咨询机构。长久以来，兰德公司影响和左右着美国的政治、经济、军事、外交等一系列重大事务的决策。在为美国政府及军队提供决策服务的同时，兰德公司利用它旗下大批世界级的智囊人物，为商业企业界提供广泛的决策咨询服务，并以"企业诊断"的准确性、权威性而享誉全球。说穿了，兰德公司就是美国政府的"外脑"。那么，兰德公司和邮票发行工作有什么关系呢？这还要从 30 多年前的一段往事谈起。

　　1985 年，邮电部对中国邮票管理体制进行了一次重大改革，将中国邮票总公司原有的职能一分为二，即邮票发行管理部门和邮票经营部门分开，组建邮电部邮票发行局和中国集邮总公司。这是改革开放以后，邮电部对政企合一的中国邮票总公司第一次作出带有政企分开性质的重大调整。新组建的邮电部邮票发行局为正局级单位，主要负责邮票发行等政府职能。中国集邮总公司为邮电部直属正局级企业，主要负责集邮业务经营工作。邮电部在这次改革中，认真贯彻中央关于落实知识分子政策的决定，作出了一个在当时堪称破天荒的决定，就在邮票发行局的领导职数中，增加了一名专业领导干部。1985 年 7 月 3 日，邮电部部长杨泰芳签署了（1985）部任字 31 号，任命邵柏林为邮票发行局总设计师。

邮电部任命书

邵柏林，一个对邮票事业的热爱几近痴迷程度的人、曾被打成"右派"达 22 年之久的老知识分子，坐不住了。他知道，刚刚改组成立的邮电部领导集体，都是邮电部门出类拔萃的年轻知识分子。改变邮电通信的面貌，非他们莫属！历史机缘可能稍纵即逝，邵柏林秉笔直书，他要把憋在肚子里多年的话痛快淋漓地向部领导报告！

很快，邵柏林亲自撰写的《关于提高我国邮票设计质量的报告》，送到了邮电部杨泰芳部长和主管邮政工作的朱高峰副部长的办公室，他在报告中向邮电部提出了两项改革措施。

一、敞开大门，邀请社会美术家和平面设计方面的精英参与邮票设计。建议邮票图稿由专职人员设计的同时，向社会美术家广泛约稿、征稿，使全国千百万美术家也有机会参加邮票设计工作，使一个题材多几人设计、多几个方案，从中择优选用。这样既发挥了专职设计人员的积极性，又调动了广大社会美术家的积极性。我们既邀请著名的美术家参加邮票设计工作，又注意发现名不见经传富有才华的青年人一试身手。

二、组成以著名美术家为主的，包括集邮家、出版家、专业设计人员和邮电部、邮票发行局的行政领导参加的评审委员会，对邮票图稿的思想性、艺术性为邮电部咨询把关。这项措施的实质是实行尊重知识、尊重科学、尊重人才，尊重内行的意见，按艺术规律办事，以保证决策的科学化、民主化。

邮电部部长杨泰芳在听取邮票发行局汇报时，充分肯定了邵柏林提出的两项改革措施，指出：邮票评审委员会是我们请来的专家，好比是我们的外脑，我们的"兰德公司"，我们要尊重专家的意见。

这是邮电部杨泰芳部长对成立邮票图稿评审委员会这样一个非常设机构的充分认可，并将设立邮票评审委员会的作用比作美国智库兰德公司，这种评价不可谓不高啊！

邵柏林提出的这两项改革措施的目的只有一个：即在不太长的时间内尽快提高我国的邮票设计质量，第一步先达到国内最好水准，第二步再进入世界先进行列。

这条路走得通吗？对改革触及的阻力有充分的准备吗？邵柏林没有瞻前顾后，而是像一个战士，既然冲锋号已吹响，就必须一往无前向目标冲锋！

我曾经问过邵柏林，你的前面充满荆棘，为什么还要义无反顾？邵柏林拿出一份保存完好的资料，这是中国邮票总公司多年前的一份内部简报，名为"集邮动态"。在第14期上刊登了一篇群众来信，但这封来信的作者身份有些特殊，他是当时澳门的集邮者苏兆雄先生。他在给邮电部领导撰写的这份长达近7000字的亲笔信中，对国内的邮票设计质量提出了十分尖锐的批评。邮电部领导将这封信批转到中国邮票总公司，总公司领导把这封信在"集邮动态"全文发表，还在这篇来信前加了编者按：

"澳门苏兆雄先生最近给邮电部寄了一封长信，谈他对我邮票的意见和建议，语意恳切、批评尖锐，对我们改进邮票工作很有帮助，特转载于此，供作参考。"

苏兆雄先生的来信比较长，为了让读者大致了解这封信的主要内容，笔者特摘录其中部分如下：

邮票的画面设计是邮票制作的首要部分，我国不乏优秀的美术工作人才，为什么不少邮票的画面设计，水平却如此低劣？

1. 用色：我国邮票的色调不够和谐，用色过分鲜明，尤其红色用的太滥，请多参考英、美、德的邮票用色。

2. 技法：有些邮票画面绘制的不够成熟，像《五业兴旺》T39,《公众服务中的妇女》T75，人物呆滞。还有些群众看似木偶，缺乏生气。

3. 构图：构图在很大程度上影响画面的优美。像《长城》T38的构图缺乏雄伟的气势，尤其第4枚不知所谓。中国邮票在处理人物位置布局方面，很多时候都喜欢用排列的方式，就像人物排成小合唱一般，又像摄影全家福一般，缺乏生动活泼。

4. 风格：我们当然要有自己的民族风格，近年来极少看到像《首都名胜》T15那样精彩的雕刻版邮票，不知是什么缘故？

5. 套金套银：中国邮票常见套金套银，这种处理，间可为之就好了，不可太滥。

6. 主题表现：邮票无疑是宣传的有力工具之一，正因为如此，邮票既要突出主题，又须力避做作。在我们国家突出政治是理所当然的事，但必须避免教条式地来突出政治。

7. 小型张：在小型张中，《长城》那枚最差，底色灰暗，构图零乱。我不明白为什么选这张小型张加印金字来作纪念里乔内第31届国际邮票博览会？但这枚小型张也说明了中国邮票制作水平的低劣。总之，小型张必须有其特色，如果像《全国科学大会》那样的小型张，就没有什么意思了。"

苏兆雄先生最后质问"我们优秀的美术工作者都到哪里去了！"

这封信我没有全部照搬，一是文字过长；二是举例过多，涉及太多的邮票设计者。我相信，澳门的苏兆雄不是对我们的邮票设计师有成见而措辞尖锐、直抒意见，而是以一颗爱国之心对我国邮票设计的水平痛心疾首，同时也对邮票发行部门的工作提出了批评。

这封信对邵柏林等邮票设计者的心头不啻是狠狠一戳！邵柏林把这期简报看作警钟长鸣而珍藏起来，他不相信中国邮票的设计永远停留在这个水平上。他认定，只要中国的优秀艺术家参与进来，中国邮票走向世界指日可待！

邵柏林决定亲自登门一家一家拜访，众位艺术家听到"为了尽快提高我国邮票的设计水平"这样一项重任，纷纷举手赞成。

第一届邮票图稿评审委员会的成员如下：

主任委员：赵永源（邮票发行局局长）

副主任委员：华君武、张仃、黄永玉

委员：刘天瑞（邮政总局局长）、周令钊、郁风、伍必端、邱陵、邵柏林、王仿子、成志伟、林丰年、董纯琦、李印清

秘书长：邵柏林（兼）

从邮票图稿评审委员会成员构成来看，我国著名美术家7人、出版印刷专家1人、集邮家2人、专业人员2人、邮电部和邮票发行局有关领导3人，共15人。

其中，成志伟是中宣部的干部，也是集邮界代表，另一位集邮界代表为林丰年，王仿子是出版印刷界专家。

1985年10月15日，第一届邮票图稿评审委员会正式成立，邮电部副部长朱高峰和邮票发行局党委书记许宇唐、局长赵永源出席成立大会。朱高峰向每一位评委颁发了盖有国徽图案的邮电部大印的评委证书，并代表邮电部对邮票图稿评审委员会的成立表示祝贺。他在谈到邮电部成立评审委员会的目的时说："新中国成立以来，邮票的发行数量有了很大的发展。邮票图稿设计上也出现了一些受群众喜爱的邮票，有了一支专业设计队伍。但是随着人们对邮票需求的不断提高，在邮票设计和印刷质量上都不能满足需要。因此，他也不断收到人民群众的批评和建议。由于邮票流传很广，一枚邮票设计的优劣在一定程度上反映一个国家文化艺术水平的高低，因此，为迅速提高我国邮票设计质量，我们一方面采取专业设计与向社会约稿、征稿相结合的方式

组织邮票图稿创作；另一方面邀请各方专家组成评委会，加强对图稿的评审工作，择优选用，以期尽快提高我国邮票设计、印刷质量，这就是我们成立邮票图稿评审委员会的目的。"

秘书长邵柏林宣读了评委会工作规则，主要是为把我国邮票艺术质量迅速提高上去：一、搞事业，不搞山头；搞科学，不搞关系学；搞艺术，不搞权术；二、为了保证邮票图稿评审的公开、公平、公正，参加评审的邮票图稿一律不署名，只标注第一方案、第二方案等；三、邮票图稿的作者严禁私自找评委说情，一经发现，立即取消邮票图稿评审资格。

这些规则形成了邮票图稿评审委员会评审邮票图稿时每个人必须遵循的纪律，也使每一幅邮票图稿都得到公开、公平、公正评审的保证。那么，这些大艺术家如果参加邮票图稿的竞争，是不是有特例？抑或是否得到特别关照呢？邵柏林讲了在评审邮票图稿时的一桩往事。评委周令钊先生是我国著名美术家，第一轮生肖鸡票就是周老担纲。他也曾参与了一套邮票图稿的创作，并送来图稿参评。由于送评的邮票图稿都不记名，在认图不认人的情况下，另一套邮票图稿被评委选定，周令钊先生的图稿落选。事后评委们才知道谜底，这件事成为各位评委印象极其深刻的一桩往事。

当时邮电部的这两项改革措施究竟执行得怎么样？效果如何？我国 1986 年和 1987 年邮票设计水平有没有提高？有没有对这两年邮票设计水平的总体评价？

我在翻阅 1987 年 2 月 6 日出版的《人民日报》时，发现了这样一篇报道：

我 7 种邮票被日本评为世界杰出邮票

据日本《邮趣》杂志 1986 年 12 期报道，我国 1986 年发行的《木兰》邮票被评为世界 25 杰邮票之一，这是去年我国发行的邮票被该杂志评出的世界第 7 套世界杰出邮票。被评为世界杰出邮票的中国其他 6 套邮票是：《民居》《哈雷彗星回归》《白鹤》《国际和平年》《十二生肖虎年》（应为《丙寅年》）和《航天》。

看了这则报道，让人大跌眼镜。细想一下，也不奇怪。对各国发行的优秀邮票或称杰出邮票，无论是西方国家还是东方国家，尽管民族不同、观念不同、意识形态不同，但是对艺术的美丑妍媸的赏识却是相通的。特别是《邮趣》的评选完全出自民间、出自民意的自由选择。因此，对美的事物的标准，对艺术的理解，是可以有共识的。

在日本评出的中国7套世界杰出邮票中，有一套值得一提，这就是《哈雷彗星回归》。这套邮票的作者是当时还就读于中央工艺美院的学生袁加。30年后，还是这个袁加参与了《长江》和《黄河》特种邮票的设计，这两套邮票都被评为当年的"最佳邮票"。还有一套设计水平与《哈雷彗星回归》比肩的，就是1986年9月10日发行的《教师节》纪念邮票，设计者也是中央工艺美院当时在读的学生张磊，他们的设计天赋在学校已经初露锋芒。被称为中央工艺美院高才生"三杰"的还有一位，就是王虎鸣。可惜的是，"三杰"中的两杰，后来被留校任教，没能和王虎鸣一起专职从

1986年~1990年邮票管理体制改革后发行的邮票设计佳作

事邮票设计工作。

在1987年日本《邮趣》评出的25套世界杰出邮票中,中国又有10套中选。对此,《光明日报》的一篇文章给出了答案。这篇题为"我国邮票艺术质量显著提高的原因是——邮票设计向整个美术界敞开大门"的文章开门见山指出:

"邮票被称为'国家的名片',过去邮电部的邮票设计,基本上由专业设计人员负责,常常一个题材一个人画,没有选择的余地,形成一种封闭的、缺乏竞争的局面。

1985年下半年,邮电部确定了两条改革措施。两年过去了,改革的效果究竟如何呢?"

文章借用几位美术界人士之口进行了评说:

中央美院教授孙美兰指出,近期我国邮票从总体上说发生了值得注意的转向:设计观念由封闭转向开放;审美意趣由单薄转向厚重,由平庸转向高格调;由小景观转向大国风范。这种发展趋势是可喜的。《中国古代体育》借鉴了汉画像砖,以古拙之美诱人;《濒危珍稀木兰》则典雅、大方;《辛亥革命》有时代风云的悲壮氛围,人物与背景的关系处理得相当出色;《孙中山》则刻画出一个泱泱大国领袖的风度。邮票艺术是美育的神奇通道,人民需要开拓性的、多样化的设计风格。

中央工艺美院教授刘巨德说,发动全国的画家来设计邮票有利于多种艺术风格并存,实践证明现在的风格是多样的。我们需要写实的东西,也需要写意的、象征的、抽象的、变形的东西。

中央工艺美院教授袁运甫说,邮票艺术不能完全用"大众化"的语言,还应当有思想性和艺术性。采取广泛招标、集思广益的办法是很好的。

评委之一、著名美术家张仃教授说,我参加过几次邮票图稿评审会,可以说是严肃认真的,始终把质量放在第一位。评的结果,也是令人满意的,对太差的稿子就行使否决权。我认为这样坚持下去,中国邮票艺术水平的提高是大有希望的。

20世纪80年代后期,由于两项改革措施的实施,我国邮票设计质量得到明显的提高，形成了新中国邮票设计的又一个高峰。

1998 年，国家邮政局成立。1999 年，国家邮政局第一届邮票图稿评议委员会成立，全国政协常委靳尚谊被国家邮政局聘为第一届邮票图稿评议委员会主任。邮票图稿评议委员会这一实践证明提高邮票设计质量是行之有效的措施，应该继续坚持下去。坚持数年，必有好处。

《故宫博物院建院六十周年》邮票发行始末

公元 1925 年秋天的一个早上，天际间刚刚露出鱼肚白，兴奋的北京市民纷纷走出家门，涌向了市中心的紫禁城。这座历朝历代的违禁宫苑，今天将向公众敞开它不为人知的另一面。下午 2 时整，北京已然万人空巷。万头攒动的群众在乾清宫广场亲眼见证了这座历时八百年历史的皇宫禁地，成为国家之公物。从这一天开始，皇家私第的故宫将向所有人开放，为所有人所共有。这一天就是 1925 年 10 月 10 日，世事沧桑，弹指一挥间，到 1985 年 10 月 10 日故宫博物院建院已经整整一个甲子。就在此时，一封落款为"故宫博物院"的公函从这里发出了。

事情的提出

1984 年 1 月 27 日，故宫博物院的公函摆在了位于北京和平门西南角的邮电部邮票发行局办公室。在这封公函里，故宫博物院首次提出了发行《故宫博物院建院六十周年》邮票的建议。

邮电部邮票发行局：

故宫博物院成立于1925年，1985年10月恰逢建院六十周年纪念，为此建议发行《故宫博物院成立六十周年》邮票，兹将提议缘由说明如下：

一、党的十二大以及六届人大有关文件指出，大力加强博物馆的建设是精神文明、文化建设的需要，故宫博物院是我国最大的国家博物馆，也是世界上屈指可数的著名博物馆之一。按照我国传统习惯，六十周年要组织各项纪念活动，以扩大宣传。

二、故宫博物院以保存最完整的古建筑群而闻名。故宫博物院收藏九十多万件珍贵文物，集中反映了中华民族悠久的历史文化艺术。解放前夕，国民党当局将故宫一部分文物运往台湾，在台北新建了博物馆，并也用"故宫博物院"的名称。台湾先后发行故宫博物院藏品邮票三百多枚，根据台湾发行邮票的规律，故宫博物院成立六十周年，台湾很可能发行邮票，而北京故宫博物院为故宫真正所在地，国家发行邮票应当势在必行。这不仅是宣传古代文化艺术的需要，也是政治斗争的需要，对于祖国统一大业以及海内外华人爱国主义教育会有积极作用。

三、根据我国以往发行邮票的选题分析，有关故宫博物院的邮票，如《北京风光》（应为《首都名胜》—作者）中太和殿一枚，《磁州窑》邮票中双虎纹瓶、黑釉剔花瓶及《明清扇面画》六枚为故宫博物院藏品情况表明，发行故宫博物院六十周年邮票的题材，内容是丰富的，条件是成熟的。

关于纪念故宫博物院成立六十周年，我院已专设机构筹划这一工作，并受到上级领导的关注，适时将举办隆重纪念活动。目前诸多工作业已开展，如图书、画册的编撰出版、中央新闻电影制片厂已开始开拍纪念故宫博物院六十周年的影片等等。故请发行邮票事宜惟望酌定，签复为盼。因涉及诸多工作的统筹安排。

我们对发行故宫博物院邮票的初步设想，希望能反映古代建筑、各类文物藏品精粹及宫廷历史陈设三部分内容，若能印制高空摄影古建筑群小型张将会收到良好效果，其他或可一套多枚，或可拟今后发行故宫博物院系列邮票。有关资料、图片及设计等技术问题，我院将给予积极配合。

故宫博物院（章）

1984年1月27日

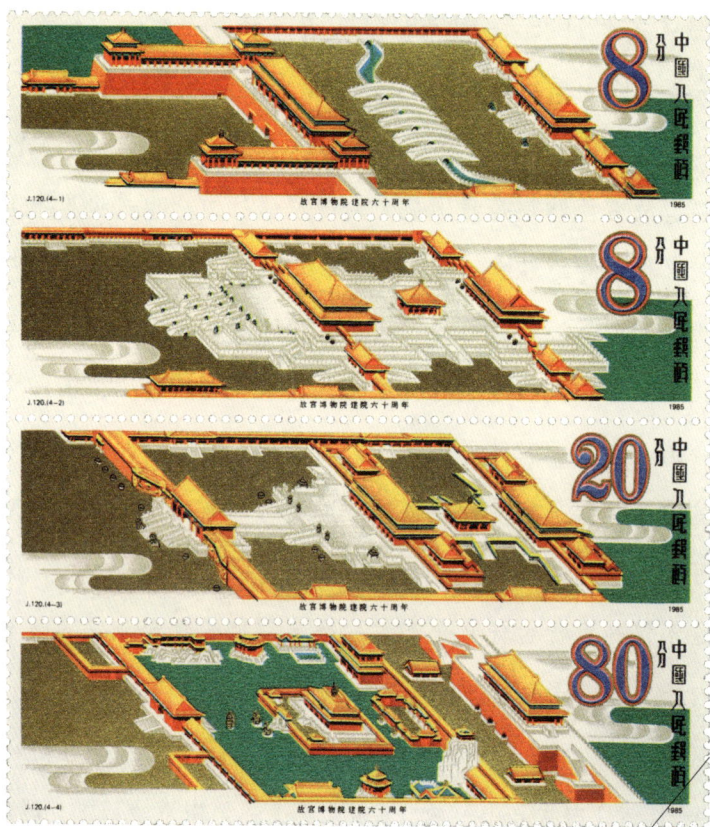

《故宫博物院建院六十周年》

距 1984 年 1 月 27 日不到两个月，故宫博物院又于是年 3 月 20 日，第二次致函邮电部邮票发行局，再一次表达了迫切希望能在 1985 年发行故宫博物院成立六十周年邮票的建议。

故宫博物院的两次来函，引起了邮电部邮票发行局领导的高度重视。时任邮票发行局局长的宋兴民在来函的空白处批示：

请周、曹、倪（注①）并计财处、设计室阅。我原则同意列入 1985 年计划，请设计室安排与故宫博物院商谈。

邮票发行局的三位副局长周保昌、曹双禄、倪贯一都画圈同意。

经过一系列的报批手续，《故宫博物院建院六十周年》邮票选题正式列入了 1985年的邮票发行计划。

他被"馅饼"砸中

邮票设计室的众位邮票设计师对《故宫博物院建院六十周年》这个既光荣又艰巨，且对设计师极具诱惑力的邮票选题，个个摩拳擦掌、跃跃欲试。当时邮票设计室实行的体制是"自报、公议、领导批"。翌年的邮票年度发行计划公布以后，邮票设计室的设计人员可以根据自己的兴趣上报自己选中的邮票选题，经过设计室讨论，最后呈报局领导批准，指定某人完成设计。

对于 1953 年就毕业于中央美术学院的邵柏林，自然很喜欢《故宫博物院建院六十周年》的邮票选题，并在第一时间上报了自己中意的这套选题。作为一个设计家，对没有接触过的邮票题材，又是这样的大题材，无疑是十分诱人的。面对设计室多人申报这个选题，邵柏林并没有抱着志在必得的决心，毕竟申报的人太多了，这块馅饼怎么可能就砸中自己了呢？但让他万万没想到的是，经过局领导批准，公布出来指定的设计人，居然是自己！这种无以言表的兴奋心情，即便已过去了 30 多年，依然写满了这位饱经沧桑的九十岁老人的脸上。

对于邮票发行局一把手的宋兴民，为什么一下子就把这么重大的题材指定由邵柏林来设计呢？应该说，宋兴民是知人善任的。他经历的一件事印象深刻，当时就已经对还戴着"右派"帽子的邵柏林刮目相看了。

1963 年，中共中央宣传部给邮电部邮票发行局下来一项政治任务，要求发行一套反映知识青年在农村的邮票。中宣部直接下达邮票选题，可见这套邮票选题的分量不一般。邮票发行局非常重视这项任务，局领导在邮票设计室做了动员，要求不仅要完成，而且要完成好。但是，这个题材经反复动员后，设计室居然没有一个人愿意设计这个选题。

为什么呢？难！用画面表现起来太难。这个选题上级要求表现的是：

一、农村广阔天地大有作为；

二、知识青年上山下乡接受贫下中农再教育；

三、强调表现阶级斗争、生产斗争、科学实验三大斗争。

方寸之地的邮票要表现和承担如此重大的内容，它不仅仅是邮票的难题，放到任何人肩上都是一个不堪重任的难。

没有人报这个选题，局里的领导犯难了，中宣部下达的任务必须不折不扣要完成啊！宋兴民没办法，找到邵柏林：老邵啊，还是你来吧。最后，邵柏林把这个极难反映的选题接下来了。由于邵柏林被打成"右派"后，有多年在农村劳动的"生活"。所以四枚邮票中的前三枚比较好办，收麦，植树等是表现生产斗争的，科学实验也比较好表现。最难的是第四枚，要表现阶级斗争。这里不能不佩服邵柏林构思的巧妙，他用一张打开的 1964 年 2 月 4 日《人民日报》来表现，这张报纸的头版是中共中央发表的"九评"中的第"七评"。"九评"是当时中共中央对苏联赫鲁晓夫修正主义集团公开发表的九篇批判文章。他设计这套邮票时，正赶上中共中央发表第七篇批判文章。图中摊开的《人民日报》正是当时"七评"的版面。60 年代最大的阶级斗争是什么，是和"苏修"的论战，因此，用这样的画面反映阶级斗争是既含蓄又恰当。

图稿交到局里去以后，宋兴民亲自带着图稿到中宣部征求意见，中宣部的同志高度肯定了四枚图稿，并一直以为是中央工艺美院周令钊先生设计的，令他们万万没有想到的居然是一位邮票设计师完成了这么精彩的画稿。

随后，《知识青年在农村》顺利发行。

是不是《知识青年在农村》这套难度极大的邮票让宋兴民从此对邵柏林的设计能

邵柏林

力刮目相看了？是不是这个原因宋兴民才把这么重要的邮票选题戴帽交给邵柏林？因宋兴民先生早已作古，无从对证。但不管怎么说，他在众多设计师中点将，让邵柏林担纲《故宫博物院建院六十周年》邮票的设计任务，无疑是对邵柏林设计能力的高度认可。

又是一次大考

邵柏林领到设计《故宫博物院建院六十周年》的任务后，首先想到的是，这套邮票究竟要反映什么内容？他想听听院方的意见。

故宫博物院给出的建议有三个内容：一是故宫古建筑群；二是故宫收藏的 90 多万件珍贵文物；三是反映宫廷历史陈设内容。如此重大的题材，如此丰富的内容，如何在邮票上选取典型画面设计出历史的厚重感，是摆在邮票设计者面前的一个难题。邵柏林琢磨，如果邮票表现院藏文物，外界会疑为文物邮票。如果表现宫廷历史陈设和生活，则冲淡了这套邮票发行的重大历史意义。他认为，还是以表现故宫建筑为好，不仅画面饱满、恢弘，而且故宫古建筑群是故宫博物院所独有的，这是台北故宫方面远不能比的珍贵遗存。

邵柏林把初步想法和故宫博物院的有关专家进行了商谈，最终获得了院方的认可。关于具体方案，邵柏林提出了发行 4 枚邮票和 1 枚小型张的建议。故宫这么大，邮票那么小，如何把故宫 72 万平方米的紫禁城浓缩在方寸中，是邵柏林首先遇到的难题，难就难在如何取舍。经反复踏访故宫的中路、东路和西路路线经过的建筑群，邵柏林已经有了一个初步的画面轮廓，他最终把邮票要反映的重点放在了故宫的中路上。故宫的中路，是紫禁城的中枢，是故宫建筑群最核心的部分。从午门进，过金水桥，进太和门，这里是著名的三大殿，即太和殿、中和殿、保和殿。三大殿是封建皇帝行使权力或者举行盛典时用的宫殿，太和殿是三大殿中最大的宫殿，俗称金銮殿，在故宫的中心部位，建在高约 5 米高的汉白玉台基上。太和殿红墙黄瓦、朱楹金扉，在阳光下金碧辉煌，是故宫最壮观的建筑，也是中国最大的木构殿宇。穿过乾清宫门，入后宫，依次是乾清宫、交泰殿、坤宁宫。最后从坤宁宫入御花园，出神武门。这就是整个故

《故宫博物院建院六十周年》（首日封）

宫中路的精华。

    从此，在故宫中路的景观道路上，总能看见一个戴着高度近视眼镜的中年人，身上跨着相机，反复浏览在金碧辉煌的建筑物身边，选取多种角度，取景，拍照，这个人就是邵柏林。除了拍照，邵柏林终日思考的就是如何把故宫中路的众多景观合理地分割成四幅邮票图案？这也是对邵柏林设计能力的又一次大考——对众多元素重组、重构的能力！

有没有神助一说？有人肯定不相信，但邵柏林相信了。故宫博物院珍藏的《康熙南巡图》《光绪大婚图》，既让邵柏林领略了这些中国古代散点透视构图的精华，也如神助一般找到了 4 枚邮票元素构筑的思路。

第一图：

午门、金水桥、太和门

第二图：

太和殿、中和殿、保和殿

第三图：

乾清门、乾清宫、交泰殿、坤宁宫

第四图：

坤宁门、御花园、神武门

这样的布局，既可将中路的主要建筑浓缩在有限的方寸之中，又能使观者对中路的总体布局了然于心。但这样安排必然使邮票的规格变成横长条形。邵柏林把每枚邮票长度的天花板确定在 93mm。为什么呢？这个尺寸能够从容地展开故宫里恢弘的皇家建筑群，邮票画面不显得憋屈。但是，这种安排却碰到了难题。由于当时整版的邮票用纸规格只有 235mm×330mm，也就是说，邮票用纸的长度只有 330mm，而 4 枚邮票横向连成长卷起码要 372mm 才能行，现有的纸张放不下！这可愁坏了邵柏林。没办法，在天花板下只能低头。不得已，邵柏林只能把 4 枚邮票上下排列。

在邮票画面的表现上，邵柏林采用的是金碧重彩界画手法，以展示故宫建筑群金碧辉煌的灿烂色彩和富丽堂皇的气势。红墙黄瓦、白栏绿树，渲染出皇宫古墙的主要色彩，并用大块金色衬托。整套邮票采用俯视构图，故宫建筑群的恢弘壮观跃然纸上。邮票面值的颜色也一改黑色，使用古建筑中的佛头青，使整个画面融为一体。

故宫著名的明清史专家朱家溍看了邮票图稿后，大呼漂亮！欣然为 4 枚邮票提名：丹阙凌云、太和晴旭、乾坤交泰、琼苑春晖。

邮票发行局对邮票图稿研究后，认为原计划发行的小型张，现在邮票图稿比较适合发行小全张。但发行小全张，只能按面值出售，收入将减少。而且一张邮票用纸上，只能印两枚小全张，再加上4200万枚邮票加500万小全张的印刷任务难以在邮票发行日完成。经权衡利弊，邮票发行局最终取消了发行邮票小型张的计划，决定全套邮票为4枚。同时，宋兴民又让邵柏林再搞一个方案，以供故宫博物院选择。为此，邵柏林又选了四张照片，做了必要的设计，作为第二方案。

节外生枝的第三方案

故宫博物院具体负责此事的是时任故宫紫禁城出版社的社长李毅华。一天，李毅华给邵柏林打来电话：你送来的是几套方案？

两个。邵柏林答。

你们发行局某个人又送来一个方案，是在黑卡纸上，用广告色画的故宫，是你设计的吗？李毅华问。

不是，发行局不是只报送了我设计的两个方案吗？怎么又多出来一个方案呢？邵柏林一头雾水地回答。

最让邵柏林无法理解的是，这是谁背着设计者另搞一套，且未经过设计室讨论，就暗箱操作呢？

1985年5月16日，故宫博物院召开院长办公会议，邀请各方专家认真研究讨论后，最终选定了邵柏林的第一方案。

1985年5月20日，故宫博物院正式给邮票发行局发来复函：

经我院邀请各方专家认真研究，讨论后。现将有关意见函复如下：

第一方案：

一、总体设计好。四幅图案前后衔接，将故宫中路的各建筑物依次顺序连成一气。

二、有较浓厚的民族风格。该方案汲取了院藏《康熙南巡图》《光绪大婚图》的传统界画方法，与现代绘画技法很好地结合起来，气势、色彩与故宫格调均甚为和谐。

三、很像邮票。

唯建议加上"故宫博物院建院六十周年纪念"。对此方案我院深感满意。以上等情，前已函复，不另赘述。

另悉，贵局因印刷问题，已将原计划中的小型张去掉。对此，我院深表理解。鉴于邮票乃国家之名片，小型传世的艺术品。当以质量为依归。台湾当局自江南事件（注②）后，为挽回影响，拟借故宫博物院建院六十周年之机（台北亦建有故宫博物院新址），大事张罗。对我发行《故宫博物院建院六十周年》邮票事亦格外关注，拭目以待。据此，望贵局继续鼎力协助，勿因票幅问题在做删削，以利后续工作顺利进行，是乃至祷！

谨此函复

故宫博物院（章）

1985 年 5 月 20 日

邵柏林获奖证书

暗箱操作的第三方案最终没能，也不可能通过故宫各位专家的法眼。

1985 年 10 月 10 日，《故宫博物院建院六十周年》纪念邮票发行。1986 年，《故宫博物院建院六十周年》纪念邮票荣获 1985 年最佳邮票奖。

　　1992年，中国迎来了首个面向全球的大型综合性设计竞赛年展活动，也是中国大陆第一个平面设计专业大展。1992年的"平面设计在中国92展"收到全国各地五千余件（套）参赛作品，共选出一百七十四件（套）获奖作品，其中6个金奖分别是：海报和招贴、包装和招纸、书籍设计、报纸广告、商业摄影、其他。

　　在以著名艺术家张仃先生为主席的"平面设计在中国展组织委员会"的严格评审下，其中的一个金奖授给了邵柏林设计的首日封。

　　注：①即邮票发行局周保昌、曹双禄、倪贯一副局长

　　注：②江南案发生于1984年10月15日，背景复杂的华裔美籍作家刘宜良（笔名"江南"）在美国遭到台湾情报局雇用的台湾黑道分子刺杀身亡。

后 记

　　《珍邮背后的历史印记》原计划在 2020 年出版，书号有了，稿子也基本定下来了。万事俱备，只欠东风。但人算不如天算。2020 年 1 月 23 日，突如其来的"新冠"疫情，让武汉、上海先后"封城"，北京封楼、封区的消息也不绝于耳。隔离、居家成了常态，整个快速运行的社会，突然就像踩了刹车一样……

　　于是，书稿也不得不暂时束之高阁，一搁就是 3 年。寅虎告退，卯兔上位。城市恢复了原有的生气，餐厅、咖啡馆纷纷开门迎客；清静了好长时间的马路，又成了成千上万辆汽车的停车场；公园里，晨练的老人来了，吊嗓子的也来了……北京恢复了活力，上海恢复了活力……整个中国恢复了活力！

　　准备启动。2 月 3 日，人民政协报文化传媒有限责任公司左依兰主任在微信上传来了令人兴奋的好消息。随即，沉睡了三年的稿子重新被唤醒！

　　全书共 45 篇文章，介绍了 30 多套邮票发行的历史背景、策划过程、设计与印制生产中的秘闻，其中有不少邮票的主题直接与人民政协相关。比如 1949 年 10 月 1 日开国大典之后第 8 天发行的《庆祝中国人民政治协商会议第一届全体会议》邮票，既是新中国发行的第一套邮票，也是新中国第一套纪念邮票。笔者曾多年主持邮票的发行工作，不少邮票的策划和发行工作都是笔者亲自领导的，这会使读者在阅读过程中产生亲身经历之感。此外，笔者在离开工作岗位后，由于爱好使然，仍痴迷于中国邮政史和中国邮票史的研究，对多年来邮票界和集邮界存在的一些久久不能破解的谜团，进行了深入的探访，陆续搞清了诸如《庚申年》邮票的存世数量究竟是多少？为什么长达 9 个月不能报批？《全国山河一片红》究竟有几个人参与了设计？为什么《无产阶级文化大革命全面胜利》要 3 个人一起设计？究竟什么原因造成了红印花加盖邮票的发行？等等。围绕邮票多年的谜团得以澄清，谬传始得更正，这些结论一一弥补了中国邮票史的空白。

很多重大题材邮票的发行，既有历史的背景，也有沉睡的印记。在这些邮票的策划和设计过程中，有哪些不为人知的细节和故事？有哪些惊心动魄的曲折经历？笔者作为过来人，给您娓娓道来，还原它们本来的面目。

本书成书得到人民政协报文化传媒有限责任公司和中国文史出版社第五编辑部的大力支持和帮助，在此表示感谢。

刘土辉

2023 年 2 月

刘建辉

原国家邮政局邮资票品管理司司长；石家庄邮政专科学院客座教授、中华全国集邮联合会会士；《邮票鉴别技术条件（国家标准）》起草专家；主持编撰《中国集邮大辞典（1999 版）》《中国集邮史（1999 版）》等大型集邮工具书。

主要作品

央视十集电视系列片《国脉所系》/总撰稿

央视电视系列片《来自邮电行业的报道》/总撰稿

三集电视剧《遥远的群山》/编剧（合作）

电影文学剧本《香格里拉的女儿》/编剧（合作）

电影文学剧本《我的家在西双版纳》/编剧

电影文学剧本《战邮》/编剧

央视大型纪录片《中国珍邮》/总策划、撰稿人

电视纪录片《千古流芳》/总撰稿

主要著作

《国脉所系》/1992 年出版

《邮资票品发行与经营管理》（石家庄邮政专科学院邮政系教材）/2006 年出版（两次再版）

《见证跨世纪重大事件》/2014 年出版

《情系方寸责所寄》/2016 年出版

《邮史钩沉寻初心》/2018 年出版

《新中国邮票七十年》（合作）/2019 年出版

《珍邮背后的历史印记》/2023 年出版